파도의 춤

해경의 노래

이동욱 편

파도의 춤 - 해경의 노래

펴낸날 • 초판1쇄 2018년 5월 21일

엮은이 • 이동욱
펴낸이 • 이동욱
펴낸곳 • 도서출판 자유전선
출판등록 • 제 2015-000228호

주소 • 서울시 종로구 신영동 2-3번지
전화 • 02-356-9902
팩스 • 02-6442-4677
이메일 • freedomfront@naver.com

ISBN 979-11-957172-0-003300

Copyright © 2018 by Dong Wook, Lee
All rights reserved.

* 값은 뒤표지에 있습니다.
* 잘못 만들어진 책은 바꾸어 드립니다.

우리가 바다를 알고자 하는 것은

단순한 호기심에서가 아니라

우리의 생존이 달려있기 때문이다.

- John F. Kennedy -

이 책에 보내는 찬사

이 책이 증언하고 있는 것들

류근일(언론인)

해경의 노래 '파도의 춤'을 보고 대뜸 느낀 것은 누군가가 내가 모르는 사이 밤을 지새워가며 사람의 생명을 구하고 있었다는 사실의 경이로움이다. 그걸 모르고 있었다는 것에 대한 자괴감도 들었다.

어느 해경은 말한다. "사람을 구하는 일, 아무나 할 수 없고, 아무나 하도록 해서도 안 되며, 그 기회조차 선택받아 태어난 몇몇 사람들만 가질 수 있는 신과 같은 특권이다. '이것이 해양경찰의 소명'이리라."

자신의 직업을 단순히 먹고살기 위한 도구로 아는 것을 넘어 하늘이 부여한 천직으로 받아들이는 자세가 아름다워 보인다. 그러면서도 "국민이 바라는 평온한 세상을 우리가 만들고자 한다면 현장이 더 유능해야 하고, 현장이 더 유능하기 위해 수사 인력은 절대 보강되어야 한다"고 역설한다. 그렇다! 그들은 잘 준비되어 있다. 우리가 그 동안 너무 무관심했었을 뿐이다.

"진짜 해경들'은 임무를 받으면 '진짜' 열심히 달려가고, 헤엄치고, 잠수해서 국민의 생명과 재산을 지켜내고 있는 데, 육지의 배운 바 많은 분들에 의해 오늘도 건국 대통령처럼 온갖 수모와 홀대를 받고 있는 중이다."라고 쓴 대목에서는 가슴이 먹먹해짐을 느낀다.

일선 해경들의 이런 절절한 이야기를 편저자 이동욱 씨는 일목요연하게

개념화시키고 의미부여도 하고 있다. 그가 왜 이토록 해경의 문제에 열심인 지를 나는 너무나 잘 안다. 그리고 공감한다. 세월호 사건은 우리 가슴에 영구히 해소될 길 없는 한(恨)의 응어리를 심어놓았다. 문제는 그 탓을 해경이 몽땅 지게 하는 게 과연 옳은 가하는 것이다. 이 책을 읽어보면 오히려 해난 사고와 구조임무에 대한 육지에서 배운 바 많은 분들의 무관심과 무지에 더 큰 책임이 있지 않나 하는 느낌을 지울 수 없게 만든다.

우리는 반도국가로서 바다와는 떼려야 뗄 수 없는 지정학적 운명을 타고 났다. 그럼에도 조선왕조는 바다 멀리 나가는 것도 금지하고 섬에서 살지도 못하게 했다. 이래서 우리는 우물 안 개구리처럼 바깥세상 넓은 줄 모른 채 이 좁은 땅덩어리를 서로 찢어발겨가며 아옹다옹 소모적인 내홍(內訌)을 되풀이해 왔다.

이런 좁디좁은 세계관에서 이젠 벗어나야 한다. 그러기 위해선 저 넓은 해양으로 뻗어나가야 한다. 무관심과 몰이해에도 불구하고 그 동안 우리 해경은 부족한 여건에서나마 최선을 다했다는 것을 '파도의 춤'은 증언하고 있다. 그들은 해양국가 대한민국의 최전방 첨병이었던 것이다.

오늘의 동북아 국제정치의 최대 이슈는 중국의 태평양 진출이다. 그 연장선상에서 중국은 황해의 우리 국가이익에 중대한 위협으로 부상하고 있다. 바다에서도 그렇고 하늘에서도 그렇다. 이 위협에 대해 우리 해경들은 이미 충분한 경험적 인식들을 전하고 있다. 이순신 장군은 일찍부터 왜군의 동향이 심상치 않았음을 알고 있었다. 그러나 조정은 무관심했다. 오늘의 우리는 과연 그 때의 조정과 얼마나 다르다고 자임할 수 있을까?

이 책에 보내는 찬사

   위정자들과 국제정치를 전공하는 지식인들이 이 책을 읽어봐야 할 이유는 너무나 많고 탄탄하다. 바다는 영토인데, 그 영토를 해경에게 "당신들이 알아서 하라"는 식으로 내맡겨두고 나 몰라라 할 일이 아니기 때문이다. 자신들이 직접 그런 일을 할 수 없으면 그 대신 장비와 예산과 인력과 훈련이라도 충분히 제공해야 할 일이다.

   일선 해경들이 과중한 임무에 몰입하는 가운데서도 이런 현장의 생생한 원음(原音)을 듣게 해 준 데 대해 경의를 표한다. 진실은 역시 책상 위에 있지 않고 현장에 있다는 것을 새삼 확인하면서 오늘도 저 먼 수평선을 응시할 바다의 전사들이 더 이상 고독하게 남겨지지 않아야 할 것임을 모두가 다짐했으면 한다.

   브라보 해경!

2018.5.9.

대한민국 수많은 국민들이 널리 읽어야 할 책

이춘근 (한국해양전략연구소 선임연구위원)

　월간 조선 기자 시절부터 탐사보도(investigative report)에 탁월한 재능을 보였던 이동욱기자는 「연속변침」이라는 제목의 세월호 침몰 정밀 탐사 보고서를 간행한 바 있다. 이 책을 통해 이동욱 기자는 세월호의 침몰은 불법 개·변조로 인한 좌현 기울기 현상, 화물 과적, 화물 불량 고박(固縛), 평형수 덜어내기, 항해사의 미숙한 변침 등 다섯 가지 원인이 맞물려 빚어진 사고라고 분석했다. 이동욱 기자는 사건의 진실을 파헤치기 위해 세월호가 침몰한 바다에 뛰어드는 일도 마다하지 않았다.

　대한민국 국민들 대부분은 그 자세한 내막을 모른 채 세월호 사건에 대한 '악마'들을 몇몇 상정하고 이들을 비난하기에 급급해 왔다. 세월호 사건을 일으킨 악마들에는 대통령도 포함되었고, 해양경찰도 포함되어 있었다. 물론 세월호 사건은 일어나면 안 될 참사요 비극이었다. 그래서 세월호 사건에 대한 객관적이고 정직한 탐사와 보도는 차후 이 같은 사건이 결코 일어나면 안 된다는 명제를 구체화시키기 위한 필수적인 선행 작업이었고 이동욱 기자는 그 같은 중요한 작업을 스스로 행했던 몇 안 되는 대한민국의 우국지사다.

　세월호 사건은 단원고 수학 여행단을 태우고 인천항을 출발할 때부터, 아니 세월호가 운행을 하던 처음 운항하던 때부터 축적 되어온 잘못들이 모두 다 종합되어 야기된 복합적인 사건이었다. 「연속변침」이 분석한 대로 누적된 잘못들은 2014년 4월 16일 궁극적으로 배를 침몰 시키고야 만 직접적 원

이 책에 보내는 찬사

인이 되고 말았다. 수백 명 꽃다운 고교생의 목숨을 앗아간 이 사건은 사건 이후 4년여가 지난 오늘에 이르기까지 집중적으로 손가락질을 받고 있는 몇몇 악마 (인물과 조직)들의 잘못만으로 야기 된 것은 아니다.

집중적으로 손가락질 받았던 악마중 하나가 해양경찰이었다. 당시 박근혜 대통령은 세월호에 대한 잘못을 물어 해양경찰청을 '해체' 시키는 황당한 결정을 내렸다. 해양에서 발생한 선박 조난 사고를 잘 처리하지 못했다는 책임을 해양경찰 해체로 몰아가는 논리라면 큰 불을 제대로 진압, 처리하지 못할 경우 소방경찰도 해체해야 할 것이고 큰 교통사고를 잘 못 처리할 경우 교통경찰도 해체해야 할 것이다. 보다 더 합리적으로 정책 결정이 이루어 졌다면 해양경찰청은 해체 될 것이 아니라 그 기능과 인력이 확대, 보강 되었어야 할 일이었다.

대한민국과 같은 지정학을 가진 나라에서 바다를 지키고 보호하는 일은 국가의 명운을 가르는 사활적인 일이다. 발전과 안보의 결정적인 부분이 바다에서 유래하기에 대한민국은 해양국가로 분류된다. 해양국가인 우리나라가 바다를 알고, 지키고 활용하는 일은 국가의 필수적인 임무가 아닐 수 없다. 이를 위해 대한민국 해군과 해양경찰은 상호 보완적인 기능을 가지고 대한민국의 바다를 지켜왔다.

해양경찰은 대한민국의 미래 설계도를 만든 이승만 건국 대통령에 의해 창설된 조직이었다. 한국전쟁이 끝난 1953년 부산 앞바다를 침범해 오는 일본의 불법조업선 단속과 북한의 공작원 남파 방지를 위해 해양경찰대를 발족한 것이 그 시초였다. 1996년 해양수산부가 생기면서 해양경찰청으로 독립, 그 후 경찰청과 동격의 기관으로 승격했었지만 2014년 4월 세월호 참사에

대한 책임을 지고 해체당하여 국민 안전처 산하 차관급 해양경비안전본부로 흡수된 바 있었다. 현 정부에서 국민안전처를 다시 행정안전부로 통합시키면서, 해양수산부 산하의 외청으로 환원되고 대한민국 경찰청에 넘겨줬던 범죄 수사 등, 경찰권도 되찾게 되었다.

 세월호 사건으로 인해 명예와 품격이 많이 훼손되었고 방황해야만 했던 해양경찰이었지만 우리나라에서 해양경찰의 기능과 업무는 그 중요함을 아무리 강조해도 지나치지 않을 것이다. 해양경찰의 마크를 단 제목을 입은 대한민국의 많은 젊은이들이 오늘도 이 나라 바다의 안전을 지키기 위한 업무에 묵묵히 종사하고 있다. 이들은 칼과 도끼와 쇠파이프로 살벌하게 무장한 중국의 불법 어선들을 단속하기 위해 생명을 각오해야 할 때도 왕왕 있다.

「연속 변침」을 간행 한 후 이동욱 기자는 해양경찰들을 위해 많은 강연을 해왔었다. 강연을 통해 이동욱 기자는 그들을 격려하고 그들이 담당해야 할 고유 임무가 무엇인지를 가르쳐 주었다. 그러는 과정에서 이동욱 기자는 자신이 만난 많은 해양경찰 대원들이 자신들의 조직을 탄생시킨 우남 이승만조차 잘 모르고 있다는 사실과 또한 낙하산식으로 임명된 해경 책임자들부터 보여지는 여러가지 문제점들을 안타깝게 생각했다고 한다.

 이동욱 기자는 대한민국의 해경세력을 애틋하게 생각하고 그들의 조직이 강화되어 대한민국의 바다를 더욱 안전하게 지킬 수 있도록 만들자는 뜻으로 이 책을 만들기로 결심한 것이다. 그래서 해경 대원들의 글을 수집했었고.

 이 책은 젊은 해양경찰대원들이 자신들의 업무에 대한 자부심은 물론 애환을 솔직담백하게 표현한 글들을 모은 것이다. 이 같은 쉽지 않은 작업은 대한

이 책에 보내는 찬사

민국과 해경을 위해 일말의 좋은 변화가 생기기를 바라는 마음에서 연원한 것이었다.

젊은이들이 쓴 글이라 내용들이 싱싱하다. 대한민국 젊은이들의 기상과 희망이 담겨 있고 그들의 분노와 좌절도 솔직하게 표현되어 있다. 그래서 이들의 글을 읽으면 우리나라 바다의 모습이 떠오른다. 그들은 우리나라의 때로는 험악하고 때로는 슬픈 바다를 결국은 '뜨겁게 사랑하는 곳'이라고 말한다. 이들은 옳은 일을 하는 사람들이다. 편저자 이동욱 기자는 옳은 일을 하는 사람들이 존경받는 세상을 만들자고 호소한다.

지구위에 떠있는 화물선 물동량의 약 14 % 정도가 한국의 항구들에서 출발 했거나 혹은 한국의 항구들을 향해 오는 것이라 말 할 정도로 우리는 바다를 통해 삶을 영위하는 나라다. 우리나라 인구가 세계 인구에서 차지하는 비율과 더불어 계산하면 우리 국민은 바다에 대한 의존도가 세계 평균보다 무려 18배 높은 나라다. 그런 바다의 안전을 묵묵히 지키고 있는 이들 덕분에 우리는 오늘도 세상 편하게 살고 있는 것이다.

「파도의 춤 : 해경의 노래」라는 책의 제목은 의미심장하다. 이들은 험난한 파도를 춤추는 파도라고 인식하며 온갖 어려움에 맞서고 있다. 우리 국민들이 바다의 중요성을 인식하고 바다를 지키는 이들의 노고를 이해해야 하리라고 믿는다. 그래서 이 책은 대한민국의 수많은 국민들이 널리 읽어야 할 책이라고 주저치 않고 말하고 싶다. 이 책을 만드느라 수고하신 이동욱 기자님과 좋은 글들은 기고해 준 우리나라의 젊은 해경 여러분들께 감사드린다.

2018.5.6.

잊혀지는 미덕을 실천하는 미련한 사람들의 이야기

배진영 (월간조선 기자)

　C.S 포레스터의 《혼블로워》라는 소설이 있다. 호레이쇼 혼블로워라는 젊은이가 나폴레옹전쟁 직전에 해군 견습사관으로 임관, 이후 20여 년간 수많은 전쟁을 겪으면서 인간으로, 해군 장교로 성장해 가는 과정을 담은 해양소설이다. 혼블로워는 톤 수로 따지면 해군 참수리 경비정급이나 될까 싶은 목조범선을 타고 대서양과 태평양을 누볐다. 대양에서 폭풍우라도 만나면 그야말로 가랑잎이나 다름없는 배였다.

　함장이 되어도 혼블로워는 트렁크 하나 겨우 놓을 수 있는 공간을 배정받았다. 커피나 홍차가 떨어지면 '대용(代用) 커피'라는 걸 마셨다. 뜨거운 물에 태운 빵 껍질을 우려낸 것이 '대용커피'다. 이들 덕분에 '대영제국'이 가능했고, 그 후손들은 과거만은 못해도 지금도 그 음덕(陰德)으로 살고 있다. 14년 전 《혼블로워》을 읽으면서 '조상이 고생하면 후손이 편하고, 조상이 편하면 후손이 고생한다'는 생각을 했다.

　조선시대 우리 조상들은 바다로 뻗어나갈 생각은커녕 눈앞에 보이는 대마도(對馬島)조차 우리 땅으로 만들지 못했다. 왜구(倭寇)의 침입으로부터 백성을 보호한다고, 혹은 부역이나 세금을 피해 백성들이 섬으로 도망하는 것을 막는다고 섬을 비우는 공도(空島)정책을 펴기도 했다.
　그래서 대마도는 '쓰시마'가 됐다. 나라는 가난하고 약해졌고, 결국은 망국과 분단의 고난을 겪어야 했다.

이 책에 보내는 찬사

반면에 일본은 임진왜란 이듬해인 1593년 본토에서 1000km 떨어진 서태평양상의 오가사와라제도(諸島)를 발견, 자기 땅으로 만들었다. 덕분에 오늘날 일본은 중국보다 훨씬 넓은 영해를 갖고 있다. 일본정부가 오가사와라제도를 행정구역상 도쿄도(都)에 편입시킨 것만 봐도, 일본이 이 섬들을 얼마나 애지중지하는 지 알 수 있다.

얼마 전 대박이 났다. 오가사와라제도 미나미토리섬 인근 해저에서 전 세계가 700년 동안 쓸 수 있는 희토류가 발견된 것이다. 일본은 그동안 첨단산업에 반드시 필요한 희토류를 중국에서 수입해 오는 바람에 센가쿠(중국명 다오위다오)분쟁 등에서 열세에 몰렸었는데, 상황이 바뀐 것이다. 수 백 년 동안 해양영토의 중요성을 잊지 않고 본토에서 아득히 멀리 떨어진 작은 섬들조차 소중히 지켜온 데 대한 보답이라고나 할까?

우리가 바다의 중요성을 깨닫기 시작한 것은 1945년 해방 이후부터였다. 남북이 분단되면서 대한민국은 유라시아대륙과 단절된 섬나라가 되어버렸다. 때문에 대한민국은 수백 년동안 이어져온 낙후되고 전제적인 대륙문명의 질곡(桎梏)에서 벗어나 자유와 민주주의를 바탕으로 한 해양세력과 연대(連帶)할 수 있었다. 민족사상 유례없는 자유와 번영은 대한민국이 해양세계와 연결된 덕분이었다.

대한민국 번영의 바탕이 되는 것은 무역이다. 연간 1조 달러에 달하는 수출입 물품들이 대부분 바닷길을 통해 오고간다. 삼성의 스마트폰, 현대자동차의 쏘나타, 중동에서 들여오는 석유…. 바닷길이 막히는 순간, 대한민국은 정말 '헬조선'의 나락으로 떨어지고 만다.

그 바다를 지키는 파수꾼들이 해군이고 해경(海警)이다. 바다에서 해군이

나서는 것은 전쟁상황이다. 평시에 바다를 지키는 것은 대부분 해경의 몫이다. 때문에 많은 나라들이 일찍부터 명칭은 다르지만 해양경찰력 강화에 힘을 쏟아왔다. 미국의 해안경비대는 일찍부터 육·해·공군 및 해병대와 동격의 대접을 받아왔다. 일본의 해상보안청은 웬만한 나라의 해군력에 필적할 만한 함선과 무장을 갖추고 있다. 오랫동안 해양문제를 소홀히 다루어 온 중국도 근래 해경국(海警局)을 두고, 1만 톤급 순시선까지 배치했다.

반면에 한국은 세월호 침몰 이후 해양경찰에 그 책임을 뒤집어 씌워 해양경찰청을 폐지하는 바보짓을 저질렀다. 당시 세월호가 가라앉은 바다에 직접 들어가 구조대원들과 함께 수색작업에 동참했던 이동욱 선배는 기회 있을 때마다 해경이 얼마나 고생을 하는지, 해경을 해체한 것이 얼마나 어리석은 짓인지, 그 일로 일선 해경들이 얼마나 통분해 하고 있는지를 이야기 해주었다.

그 이동욱 선배가 이번에 해경들의 이야기를 모아 한 권의 책으로 냈다. 한번 읽고 의견을 말해달라는 선배의 강청에 못 이겨 원고를 읽기 시작했다. '글쟁이'들이 아니라 일선 해경들이 쓴 글이어서 투박했다. 그런데 몇 편 읽지 않았는데도 가슴이 상쾌해지기 시작했다. 해경들이 이야기하는 것은 원칙, 정직, 솔선수범, 헌신, 희생, 열정, 동료애, 정의, 프로페셔널리즘이었다.

사연은 저마다 달랐지만, 그들은 선동과 조작, 위선, 권력에의 영합이 판치는 우리 사회에서 잊혀져가고 있는 미덕들에 대해 이야기하고 있었다. 좋은 게 좋다고 서로 봐주고, 반칙하고, 특권을 요구하고, 거짓말하고, 뒤통수치고, 원칙과 법치를 망가뜨리고, 그러다가 일이 터지면 남 탓하거나 떼쓰고, 자기가 세상을 그렇게 만들어놓고도 '헬조선'이라고 악을 써대는 병든 세상

이 책에 보내는 찬사

에서, 아직도 그런 미덕들을 묵묵히 지키며 실천하고 있는 미련한 사람들이 눈물 나게 고마웠다. 이 나라에서 크게 덕 본 거 없으면서도 그런 사람들을 기억해주는 나라를 만들어보겠다고 이 책을 펴낸 이동욱 선배도 미련하기는 매한가지지만 …. 그런 미련한 사람들이 고맙다. 그들에게서 대한민국의 희망을 본다.

2018. 5. 7

매일 생명의 위협 속에 근무하는 그들을 위하여!

이춘재 (전 해양경찰청 차장)

이 책 「파도의 춤」에는 해양경찰관들이 그동안 한 번도 드러내놓고 이야기 해보지 못했던 그들만의 수줍고도 진솔한 이야기가 담겨있다. 국가와 국민을 위해 봉사해 온 60여년이 넘는 조직의 역사에도 불구하고 업무공간이 바다라는 이유로 언론에 노출되는 기회가 적어 '해양경찰'이라는 이름을 항상 낯설게 접해온 국민들에 대한 서운함도 담겨 있고, 2014년 발생한 여객선 '세월호' 사고 때는 사고의 실체적 진실과 관계없이 마치 죄인집단처럼 한없이 초라해져야만 했던 못내 아쉬운 가슴앓이도 있으며, 설혹 아무도 우리를 알아주지 않을지라도 우리는 그저 묵묵히 우리들이 해야 할 일을 해나가겠다는 해양경찰관들의 다짐도 담겨 있다.

해양경찰 전체 역사중 절반가량을 나는 해양경찰이라는 이름으로 이들과 함께 했다. 그들과 함께 호흡하며 땀 흘리고, 생사의 갈림길을 함께 넘으며 뜨겁고 진한 동지애를 나누었다.

나는 현직에 있을 때 해양경찰을 소개할 일이 있으면 항상 이런 질문을 했다.
"현재 대한민국 공무원 중에서 생명의 위협을 느끼면서 일상적인 근무를 하는 공무원은 누구일까요?".

그렇다! 해양경찰은 일상근무 중에도 생명의 위협을 느껴야하는 몇 안 되

이 책에 보내는 찬사

는 대한민국 공무원인 것이다. 바다에서는 아무런 외부적 위협이 없이 단순히 파도만 높아져도 심한 배멀미로 정상적인 임무수행에 어려움을 겪게 되는데, 대부분의 해양사고가 파도가 높고 강풍이 몰아치는 기상이 매우 나쁜 상태에서 발생하는 경우가 많아 구조에 투입된 해양경찰관들은 자신의 안전도 제대로 담보할 수 없는 위험한 상황을 감수하면서까지 조난자 구조에 나서고 있다.

또한, 우리 바다에 들어와 불법조업을 일삼는 중국어선을 단속하다보면 칼이나 쇠몽둥이 등 온갖 흉기를 동원하여 단속에 저항하는 중국선원들과 전투 아닌 전투를 치르다 보면 부상을 당하기도하고 심지어는 순직하는 경찰관이 발생하기도 한다.

이외에도, NLL해역을 경비하다보면 수시로 북한경비정과 조우하게 되는 긴장상황도 발생하게 되고, 해상 강·절도나 불법어업 등 해상범죄를 단속하는 과정에서 선박을 사용해야하는 해상의 특수성으로 인해 충돌 등 예기치 않은 사고가 발생하는 경우도 많다.

이렇게 힘들고 어려운 여건속에서도 꿋꿋하게 근무하고 있는 해양경찰관들을 정말 힘들게 하는 것은 무엇일까? 선진국에서는 가장 존경받는 직업 중에 하나가 각종 재난에 대응하는 소방관이다, 우리 주변에서 발생하는 각종 사고를 사전에 예방할 수 있다면 좋겠지만 현실적으로 이를 모두 예방하는 것은 불가능하다. 우리나라에서는 육상에서는 소방, 해양에서는 해양경찰이 재난대응 업무를 담당하고 있고, 지금 이 순간에도 사고신고가 들어오면 이들은 생명의 위험을 무릅쓰고 최선을 다해 구조현장에 뛰어든다.

최근에 우리 언론들은 특정 사고에 의해 피해가 발생하면 사고의 원인 규

명보다는 소방이나 해양경찰의 구조작업에 문제가 있어 피해가 발생한 것으로 몰아가는 경향이 많아졌다.

　물론, 구조과정에 근본적인 문제가 있는 것은 지적하고 개선해 나가야 되겠지만, 지엽적인 사안으로 생명을 담보하면서까지 최선을 다한 현장직원들의 사기를 꺾는 일은 없어야 할 것이다. 이들 조직은 사명감과 사기로 살아가는 조직이다. 생명의 위험을 무릅쓰고 과감히 사고 현장에 뛰어든 이들에게 격려와 성원을 보내지 못할지언정 사고대응과정의 일부 지엽적인 문제를 꼬투리 잡아 구조과정 전체를 문제 삼는가 하면, 그 조직을 무능한 집단으로 매도해버리는 언론의 행태는 하루빨리 개선되어야 할 것이다.

　이번에 「파도의 춤」 출간에 앞장서 준 이동욱 기자님께 진심으로 감사의 말씀을 드린다. 세월호 현장을 직접 경험하고, 해양경찰을 가장 가까이 지켜본 사람으로서 「연속 변침」을 통해 세월호의 이야기를 세상에 알리고, 가슴 따뜻한 해양경찰의 이야기도 새롭게 정리해 준 고마움에 감사드린다.

　배는 부두에 정박해 있을 때 가장 안전하다. 하지만, 배는 바다를 항해하기 위해 만들어진 것이다. 바다에 바람이 불고 파도가 높아지면 다른 배들은 모두 안전한 항구로 입항을 서두르지만, 해양경찰은 저 거친 바다로 나가야 한다.

　출항은 언제나 새롭고 가슴이 설레인다. 오늘도 해양경찰관들은 저 거친 바다를 향해 힘찬 출항의 뱃고동을 울리며 나아간다. 나의 귓가에는 지금도 그들이 외치는 출항의 구호가 생생하게 들려온다.
　"폭풍이 몰아쳐도 국민이 부르면 해양경찰은 달려간다!"

2018. 5. 7.

이 책에 보내는 찬사

짓밟힌 해양구조세력들의 자긍심을 회복시킬 책

황대식 〈전 해양구조협회구조본부장/현 베스트CPR센터장〉

세월호 참사를 겪으면서 우리나라의 해양구조세력은 지금까지의 자긍심이, 보람이, 가치가 무참히도 무너지고 짓밟혔다. 우리 민간해양구조대원들은 해양경찰과 함께 국가와 국민의 해양안전을 위해 삭풍한설의 얼음장 같은 바다 속에서도 모든 것을 집어삼킬 것 같은 성난 파도 속에서도 망설임 없이 소중한 생명을 구하기 위하여 초개같이 위험을 마다하지 않았던 민·관 해양구조세력이었다. 하지만 세월호 이후에 어느 누구도, 정부와 언론이 말하는 "구조하지 않았다", "구조실패다"라는 말에 동의하지 않았지만 아무런 항변도 하지 않았다. 안타까운 죽음의 충격이 너무 컸고 그런 충격을 고스란히 몸으로 겪어야 하는 유가족들의 아픔을 너무나 잘 알기에 이들은 말할 수 없었다.

항공기 추락사고가 발생하면 아무리 많은 희생자가 발생해도 어느 누구도 구조 실패라니 구조가 가능했다느니 하는 이의를 제기하지 않는다.
왜? 구조가 가능한 상황이 있고 가능하지 않은 상황이 있다는 걸 알기 때문이다.

세월호 수색구조 현장에서 7개월 동안 밤잠을 이루지 못하며 당시 희생을 줄이고 구조할 방법은 없었는지 수없이 고민했지만 아직도 그 답을 얻지 못했다.

내가 이 책의 편저자인 이동욱 기자를 만난 것도 세월호 사고현장이었다. 수많은 방송과 신문들이 앞 다투어 시청률과 구독률을 높이기 위해 장삿속이 보이는 속성보도를 했지만 적어도 이동욱 기자만큼은 편견과 선입견 없이 사실을 쫓아다녔고 주변의 만류에도 아랑곳없이 직접 그 험한 맹골수로 속 가라앉은 세월호로 잠수까지 했었다.

우리는 육상에서 편히 숨 쉬며 땅을 딛고 살아가기 때문에 바다를 잘 알지 못한다.
더구나 선박이나 조류, 파도, 수온, 시정, 잠수 수면하 구조 등은 극소수만이 이해 할 수 있는 영역이다. 육상적 상식과 이해로 접근하거나 판단할 수 없는 특별한 상황들이 바다에는 상존하는 것이다. 적어도 이동욱 기자처럼 바다를 알고 해양구조의 어려움을 이해하는 언론인들이 세월호를 취재하고 보도했더라면 지금까지도 이어지는 국민의 혼란과 갈등은 없었을 것이라고 생각한다.

이동욱 기자가 발간한 〈파도의 춤·해경의 노래〉는 말도 잘 못하고 표현도 미숙한 해양구조세력의 답답함과 꺼낼 수 없는 가슴 속 애환들을 진솔하게 잘 그려내고 있다.

아직도 부둣가 한 귀퉁이의 컨테이너 막사를 전전하는 해경 구조대.
전용부두와 야간 항해장비가 없어 발을 동동 구르는 해경 구조대.
가슴 찢어지는 아픔을 겪고도 우리는 여전히 제 자리 걸음이다.

어떻게 하면 해양사고를 막고 또 유사시 인명피해를 줄일 수 있는 구조대응역량을 키울 수는 없는가를 고민하고, 힘을 모으고, 누구를 탓하고 원망할

이 책에 보내는 찬사

것이 아니고 미래로 함께 나아가야 하는데 말이다.

　많은 국민들이 〈파도의 춤〉을 읽고 바다를 이해하고 모든 해양구조세력이 자긍심을 회복하고 다시는 불행한 일이 되풀이 되지 않길 희망한다.

　힘들고 어려운 환경 속에서 굴하지 않는 소신으로 〈파도의 춤〉을 발간해 주신 이동욱 기자에게 해양안전 활동가로서 감사와 함께 그간의 고생에 대하여 깊은 위로의 말씀을 드립니다.

2018. 5. 4.

감사의 글

이 책이 완성되기까지에는 보이지 않는 수많은 분들의 도움이 있었다. 그 출발지는 여수 해양경찰 연수원이었다. 강연을 하러 들렀다가 우연히 해경들이 쓴 바닷물 냄새나는 원고를 보게 됐다. '누구나 해양경찰이 될 수는 없다'라고 인쇄되는 내부 교육용 [해양경찰 핵심가치 교재]를 위해 모아둔 것이라고 했다. 필자는 원고를 개편해 외부에서 출판하자고 제안했다. "해경들은 바다를 안다. 그러나 대다수 국민들은 해경을 모르고 바다도 모른다. 그런 마당에 이보다 더 좋은 국민교재가 어디 있겠는가." 내 설득에 담당교수인 이은상 경감이 해양경찰의 진짜 모습을 외부에 알리는 취지에 공감하고 출판에 협조해 주었다.

이런 책을 내겠노라고 했을 때 대부분은 "미쳤다"고 했다. "요즘처럼 해경이 몰살 직전으로 몰린 때에 누가…" 하는 식이었다. 몰살 직전에 몰린 바다의 전사들이 그래도 있어 준다는 사실만으로도 나는 이 책을 내야만 했다. 겨울바다에서 영흥도 낚싯배 생존자들을 구조했던 구조대원들이 풀죽은 채 감찰 조사를 기다리던 모습들이 자꾸만 떠올랐다. 아무도 몰라주는 그들의 노고에 대한 국민 한 사람으로서의 감사표시를 해야만 한다는 생각이었다. 그런 마음을 알아주시고 격려해 주신 이인호 선생님과 조덕영 회장님의 현실적인 지원 덕분에 또 한 고비를 넘어섰다.

일단 한 권 분량으로 72건의 원고를 건져서 문장을 손보는 동안 옛 조선일보 동지 김자영의 헌신적인 편집 디자인이 뒤따라 주었다. 얼추 책 모습이 갖춰지자 과연 '추천사'를 받을 수 있을까 내심 고민이 많았음을 고백한다. 그런데 보시다시피 단 사흘 만에 류근일 선배님, 이춘근 박사님, 배진영 기자까지 뭍에서 살아온 바쁘고 쟁쟁한 분들의 뜨거운 격려와 찬사가 이어졌다. 세월호 현장에서 함께 고생했던 황대식 이사, 이춘재 차장, 멀리서 응원해 준 최원이 국장의 추천사도 더 해졌다. 이대로 가다가는 추천사로만 책이 한 권 나올 판이었다. 그만큼 해경과 바다를 응원하는 분들이 많다는 사실에 너무 기뻤다.

세월호 취재 때부터 세르파처럼 동고동락해준 중부지방해경청의 이대행 경위가 이번에도 끝까지 지켜 주었다. 항상 멀찍감치서 지켜봐 주시는 김박 회장님, 자신의 한 달 용돈을 덥썩 쥐어 주던 속초의 김철 형님, 아들 걱정하듯 간간이 염려와 전화를 주시던 이주영 선생님과 용인의 정영진 선생님, 뉴데일리 인보길 선배와 정규재 선배 그리고 신혜식 후배의 관심과 명지대 강규형 교수의 격려도 빼 놓을 수 없을 것이다. 더 이상 나의 외상장부 명단을 계속해서 이어갈 수는 없기에 감사의 글은 여기서 맺어야겠다. 한 권의 책이 나오기까지에는 너무 많은 분들의 신세를 져야 하는 게 사실이다.

비록 여기 언급되지 않은 많은 분들의 고마움도 부도내지 않고 반드시 기억하고 있음을 글로 남기면서...

"모든 분들께 진심을 담아 감사드립니다!"

2018. 5. 14.
편저자 이 동 욱

목차

이 책에 보내는 찬사···10

감사의 글···28

들어가는 글···34

한결같은 바다처럼 / 37

- ⚓ 편저자의 글···38
- ⚓ 생명 앞에 타협은 없다···43
- ⚓ 선장의 이상한 행동···46
- ⚓ 해양경찰의 원칙은 국민과의 약속···49
- ⚓ "아따, 이 큰 배에서 뭔 일이 난다고 그라요 잉~"···53
- ⚓ 무언가 이상한 어선···57
- ⚓ 비록 아무도 몰라주어도…···60
- ⚓ 공무원이 돈을 받으면 '을'이 된다!···64
- ⚓ "해양경찰의 눈과 귀로 보고 들어라"···67
- ⚓ 뻔뻔한 피의자의 마음열기···70
- ⚓ 16시간 소요된 검거···75
- ⚓ 해양 경찰 안됐으면 어쩔뻔 했어?···78
- ⚓ 몸을 던져 일하는 동료들을 위하여···81
- ⚓ 해양 경찰없는 바다는 앙꼬없는 찐빵···85
- ⚓ 작은 헌신과 노력이 모여 신뢰를 만든다···89
- ⚓ 공직자로서의 정의감···92
- ⚓ 경찰의 임무···96
- ⚓ 항상 기본에 충실하라···99
- ⚓ 아는 것이 힘···102
- ⚓ 공권력과 신뢰의 함수관계···106
- ⚓ 협로에서 당황스런 기관고장···110

바람과 파도를 견디는 갯바위처럼 / 115

- 편저자의 글 ··· 116
- 사람 구하는 일.. 그것이 소명 ··· 119
- 우리만 믿으세요! ··· 122
- 무모한 모험 ··· 126
- 어떤 생명이든 구조하는 우리는 생명의 전사 ··· 130
- 전문성은 헌신할 자의 필수 덕목 ··· 133
- 사소한 일들의 이면 ··· 137
- 어려울 때 누군가를 지키는 보호자 ··· 140
- 구조자의 의지가 생사를 가르다 ··· 144
- 약취당한 섬 노예의 해방 ··· 147
- 항상 위급한 구조상황 ··· 152
- 메이데이 메이데이... ··· 155

끊임없이 몰아치는 파도처럼 / 161

- 편저자의 글 ··· 162
- 끝을 봐야하지 않나 ··· 165
- 동료를 돕는 일은 나를 빛나게 하는 일 ··· 168
- '긍정의 힘' ··· 171
- 하려고 하면 길은 열린다 ··· 174
- 원칙과 기본은 우리 해경의 구명복 ··· 178
- 오늘보다 나은 내일을 위해 ··· 181
- 바다를 압수수색? ··· 186
- 실체적 진실 ··· 190
- 의심을 확신으로 ··· 193
- 한 수사 경찰관의 노력 ··· 197
- 방화범이 사망한 방화사건 ··· 200

목차

반짝이며 빛나는 물보라처럼 / 207

- ⚓ 편저자의 글 ··· 208
- ⚓ 나에게 영웅이 된 그 '노인' ··· 211
- ⚓ 다시 한 번 같이 근무하고 싶다 ··· 214
- ⚓ 나도 그런 지휘관이 될 수 있을까 ··· 217
- ⚓ 동기에게 형님으로 불리던 선배님 ··· 221
- ⚓ 내 마음 속의 멘토 ··· 224
- ⚓ 훌륭한 사람의 모습 ··· 227
- ⚓ 관계를 형성하는 리더의 역할 ··· 230
- ⚓ 나는 성실히 살아가고 있나 ··· 233
- ⚓ 나를 진짜 해양경찰로 만들어 주신 분들 ··· 236
- ⚓ 하급자를 존중하는 리더십 ··· 239
- ⚓ 작은 친절이 키우는 감동 ··· 243

눈물로 이룬 바다 / 247

- ⚓ 편저자의 글 ··· 248
- ⚓ 다시 그 상황이 온다면 우리는 어떻게 해야 하나 ··· 251
- ⚓ 미안하다. 얘들아... ··· 259
- ⚓ 가장 힘들 때 곁에서 함께 해준 해경 ··· 262
- ⚓ 시시각각 위험이 도사리는 해안 ··· 265
- ⚓ 평생 잊지 못할 차분했던 그 음성 ··· 269
- ⚓ 극한 상황 속 생명의 가벼움 ··· 272
- ⚓ 해양경찰의 갑옷 속은 상처 투성이 ··· 275
- ⚓ 따뜻한 리더십과 동료들의 배려 ··· 278

그래도 뜨겁게 사랑하는 바다 / 283

- ⚓ 편저자의 글 ･･･ 284
- ⚓ "왜 해양경찰에 지원했습니까?" ･･･ 289
- ⚓ 양치기 소년같은 파도 속에서 진실 찾기 ･･･ 293
- ⚓ 가슴 뿌듯했던 보람 – 내 인생의 선외기 ･･･ 297
- ⚓ 어려운 일과 쉬운 일은 없다 ･･･ 301
- ⚓ 성과지표보다 의미있는 일 ･･･ 303
- ⚓ 해양경찰의 서글픈 숙명 ･･･ 308
- ⚓ 6대2의 목숨 건 싸움 ･･･ 312
- ⚓ 부끄럽지 않은 공직자 ･･･ 317
- ⚓ 상황을 뒤바꾸는 작은 성실 ･･･ 321
- ⚓ 처음부터 해경은 내게 과분한 직업 ･･･ 325
- ⚓ 누구를 위하 공소권인가 ･･･ 330

각국의 해안경비대 ･･･ 334

참여한 해경들 ･･･ 337

들어가는 글

파도의 춤

옳은 일을 하는 사람들이 존경받는 세상이 왔으면 좋겠다.
부자가 아니라도, 억대 연봉이 아니라도, 심지어 아주 가난하더라도,
옳은 일을 하는 사람들이 존경받는 세상이 왔으면 좋겠다.

언제부터인지 우리는 옳고 그름의 기준을 잃어버렸고
언제부터인지 우리는 선과 악의 기준을 잃어버렸고
언제부터인지 우리는 미래와 희망을 잃어버린 채
암흑의 긴 터널을 지나고 있다.

우리가 사는 공동체의 한 모서리에서는
종종 예기치 못한 사고나 재난으로 생명이 경각에 달리곤 하는데
그럴 때마다 생면부지의 젊은이들이 달려와
타인의 생명을 구하기 위해 자신의 목숨을 걸곤 한다.
그리고 우리의 공동체는 그런 이타적인 친구들의 노력으로

정말 다행히도 아직 무너지지 않고 있다.

바다에 무지한 사람들의 숱한 손가락질과 욕설과 매질에도 불구하고
파도와 싸우며 해상 재난에 묵묵히 뛰어들던 바다의 전사들이
길지 않은 토막글에 남긴 애환과 각성과 삶의 환희를 만나다 보면
누구나 마음속을 훑고 지나가는 한 줄기 빛을 볼 수 있지 않을까.

구조작전을 마치고 석양을 받으며 젖은 몸으로 돌아가는 그대들에게
붉게 물든 바다가 보답하는 것은
파도의 찬사일 것이다.
파도의 춤일 것이다.

2018년 5월 1일
편저자 이동욱

제 **1** 장

한결같은 바다처럼

편저자의 글

숱한 오해와 능욕 속에서도
굳은 비 맞으며
묵묵히 행진하듯

'숱한 오해와 능욕 속에서도 굳은 비 맞으며 묵묵히 행진하듯 뚜벅뚜벅 걸어가는 바다의 전사들'.

세월호 사건부터 4년 넘게 해경을 만나 취재해 오다보니 해경을 간단히 묘사하면 이런 문장이 되곤 한다. 대개 그들은 변명을 잘 못한다. 거짓말을 해도 어리숙하다. 바다와 가까이 있는 한, 말 잘하고 살기는 틀린 듯싶다. 그래서 묵묵히 걸어가는 듯하다.

그러나 이들의 속이 타는 것은 마찬가지다. 2017년 12월 4일 인천 앞바다 영흥도 부근에서 10톤급 낚싯배가 300톤급 급유선과 충돌 전복된 사건에서도 그랬다.

몰려든 기자들은 '왜 빨리 구하지 못했냐'고 해경 구조대를 다그쳤다. 설명에 나선 해경의 말빨은 독을 품은 기자들을 설득해내지 못했다.

현장으로 취재 나온 젊은 기자들은 정작 사고 현장이나 구조대로 가서 구조대원들과 인터뷰한 적이 없었다. 그런데 신문이나 방송으로는 황당한 내

뚜벅뚜벅 걸어가는
바다의 전사들.

용들이 보도되고 있었다. 그들은 대개 브리핑 자료를 통해 부분을 낚아서 전체 그림을 제멋대로 그려 보도하곤 했다. 세월호때와 하나도 다를 바 없었다.

인천 해경서에서 열리는 브리핑에 몇 번 참석해 보았다. 기자들이 연신 데스크와 전화통화를 했다. 대략 이런 내용이었다.

"부장님, 말씀하신 부정 보도가 어렵겠습니다. 와 보니까 해경들이 안 한 게 다른 이유가 있어서였습니다."

그러자 저 쪽에서는 다그치는 소리가 새 나왔다. 어쩔 수 없이 "아, 예. 예..."하고 답하는 소리가 들렸다. 또 어떻게든 돌려쳐서 쓰라는 것이리라. 아닌 게 아니라 그날 저녁 뉴스도 오보 천국이었다.

모르긴 해도 그 젊은 기자는 내심 자신의 직업에 회의가 들지 않았을까?

필자는 인천 구조대와 평택 구조대 사무실을 전부 들렀다. 사고 난지 5일이 지났지만 아무도 오지 않았다고 한다. 프리랜서인 필자가 처음이라고 했

편저자의 글

다. 이 시대의 언론사 직함이 부끄러운 이유다.

　구조대원들이 들어가는 겨울 바닷물은 8도가 안 된다. 저체온증과 싸우며 死神과 줄다리기를 해야 하는 임무다. 아무리 빨리 가더라도 이미 간 사람은 보낼 수밖에 없다. 그것은 구조대원의 책임이 아니다. 그러나 언론은 살려내지 못했다고 난리다.

　언론들은 해상사고를 육상의 교통사고처럼 대했다. 사고가 발생하면 패트롤카가 빨리 달려와야 하고 그보다 더 빨리 견인차량이 달려오듯 바다도 그럴 수 있다고 아는 모양이다.

　해경 구조대원들은 대개 해군 UDT, SSU 출신들로 못해도 세계 일류급 구조대원들이다. 그런 구조대원들이 사람을 구조하고 돌아오면 감찰실로부터 조사를 받아야 하는 실정이 됐다. 언론과 방송에서 두들겨대니 감찰실은 도리 없다는 식이다. 어린 영웅들에게 동정심이 생겨나는 희한한 상황이었다.

　언제부터인지 이 나라는 선한 일을 하는 사람들이 대접 받지 못하는 나라가 됐다.

  선한 일을 하면 오히려 나쁜 의도로 몰아버린다.
  열 가지 선한 일을 처리하다 한두 가지 흘리면 여덟 가지의 선행은 묵살되고 흘린 두 가지의 일로 생매장이 된다.

  세월호 이후 필자는 그런 세태에 절망적이었다. 그런데 이 친구들은 절망을 모른다. 그저 묵묵히 경보가 울리면 또 다시 일어나 뛰어 나간다.

  이 친구들은 바위에 부서지는 바닷물처럼 시퍼렇게 멍이 들어도 다시 일어나는 풋풋함이 있다. 저 먼 과거, 조선시대에 찾아 볼 수 없는 힘이다. 바다가 가르쳐 준 자유의 힘, 젊음의 맥박일 것이다. (편저자)

생명 앞에 타협은 없다

이익과 안전 사이의 기준은?

　인천해경서 해상교통계 여객선 담당자로 근무하고 있던 2005년 6월 중순경, 인천서 관내에는 연평, 백령 항로 등 서해 5도 접적해역을 포함하여 14항로 19척의 여객선이 운항 중이었고 나는 여객선의 안전운항 관리에 최선을 다하고 있었다.

　그 날은 7월 여름철 특별수송을 위해 유관기관 합동 특별점검을 끝내고 특별수송 대책본부 설치를 의논할 목적으로 운항관리실을 방문했다.

　07:10분 인천발 백령행 초쾌속 여객선이 출항할 당시만 해도 항로상 시정이 5km이상 확보되고 저시정 설정도 없다는 운항관리실의 보고가 있어 관내 여객선 전항로에 대한 정상운항 운항에 동의했다. 그런지 두 시간쯤 지나 갑자기 운항관리실이 분주해지기 시작했다.

　'관내 백령항로를 포함한 3개 항로에 짙은 국지성 안개가 발생하고 있다'는 여객선 선장의 보고가 있었고 '견시와 전탐강화를 지시'했다는 운항관리실장의 답이 있은 지 채 5분쯤 지날 무렵, 초치도 부근을 지나던 백령행 여객선에서 어선과 충돌했다는 선장의 다급한 무전소리가 귀를 때리고 있었다. 즉시 사고경위 및 피해상황을 확인해 보니 다행히도 인명피해가 없는 경미한 사고로 판단되었다.

어선(승선원 4명)은 인명피해 없이 우현 선미부분이 긁히고 페인트가 벗겨지는 경미한 피해로 자력항해가 가능하여 제원 파악 후 즉시 입항 조치했고, 여객선(승객 235명 승선) 또한 인명피해는 없고 선수좌현에 수면상 세로로 30센티가 찢어지는 피해를 입어 즉시 터미널로 회항 조치시켰다.

여객선 입항 후 즉시 해상교통계와 운항관리실은 점검팀을 구성하고 손상부위에 대한 확인에 들어갔다. 여객선을 확인해 본 결과 선박검사 전문기관의 임시검사가 필요하다는 결론을 내렸다. 이렇게 되면 그 배는 출항할 수 없는 것이다.

생명의 안전에 타협은 없어

임시검사가 필요하다고 사업자에게 통보했더니, 사업자는 경미한 손상이니 임시검사 없이 자체수리 하고, 다음날 바로 출항하겠다고 한다. 사업자와 해경간의 갈등이 생기는 순간이었다.

사업자는 임시검사에 많은 비용과 시간이 들고 또한 손상부위가 경미하며, 곧 여객이 폭주하는 특별수송이 시작되는데, 승객들도 불편하고 여러 상황을 고려해 자체수리 하고 다음날부터 운항하겠다며 통보해 왔다.

전화로 그렇게 할 수 없다고 했더니 그는 *"영세한 사업자에게 무리한 요구 좀 그만 하고, 좋은 게 좋은 거 아니냐. 더 문제 삼지 말자"*며 협박성 사정을 하는 것이다.

고민해 보았다. 사업자는 이익을 위해 살아가지만 해양경찰관인 나는 생명을 지키기 위해 살아간다. 경제적 이익보다 생명의 안전이 더 소중하지 않은가. 내가 지키는 법과 원칙은 생명의 안전을 지키는 기준이다. 생각이 이렇게 정리가 되자 나는 그 사업자에게 해양경찰관으로서의 법과 원칙을 제시했다.

"승객안전과 여객선의 안전운항을 무시하고는 어떤 것과도 협의할 수 없습니다. 사업자가 통제기관의 요청을 거부할 경우 사업개선명령을 받아야 하고 불이행시 처벌을 받게 됩니다."

그 사업자는 어쩔 수 없다는 듯 KR(한국선급)에 임시검사를 요청하고 밤새워 무리한 수리작업을 강행했다. 그리고 다음날 KR이 발행한 임시항행증을 받고서야 정상운항을 하게 됐다. 사업자는 수리 과정에서 발생한 비용을 모두 '융통성 없는 해경' 탓으로 돌리며 욕을 해 댔을 게 틀림없었다.

그런데 임시항행증으로 출항한 여객선은 1시간이 채 안돼서 수리부위로 바닷물이 스며드는 바람에 우리 해양경찰 경비정의 호송을 받으며 돌아오고 있었다. 내가 만약 사업자의 요청을 받아들여 임시검사 없이 허술하게 운항을 재개토록 했더라면 대형 사고를 불러일으킬 뻔 했다. 그로인해 발생될 우리 조직과 명예의 실추는 물론이고 나 자신에 대한 질책을 생각하니 아찔한 생각이 들었다.

다음날 사업자와 검사전문기관은 언론과 여론의 호된 질책을 받고 도크에 올리는 검사를 진행하여 시간과 비용이 처음보다 몇 배나 크게 부담되는 결과를 만났다. 게다가 선사 이미지도 먹칠하게 되었다는 소식을 접했다.

새삼 여객과 선박의 안전을 두고는 무엇과도 타협하지 않고 원칙을 지킨 내가 몹시 자랑스러웠고 흐뭇했었다. 이 사건으로 인해 서장님과 과장님의 칭찬과 표창을 덤으로 받았다. 법과 원칙을 따르게 한 덕분이었다.

선장의 이상한 행동

한 척의 이상한 예인선

 2001년 여름의 기억을 되짚어 본다.
 경비정을 몰아 내해구역을 경비하고 있는데 예인선 한 척이 영해를 벗어나 배회하는 것을 발견했다. 예인선은 보통 부선(艀船 = 바지선)을 앞에서 끌거나 부선을 향해 이동하는데 이 선박은 이상하지 않은가! 목적 항해를 하지 않는 예인선이었다. 선박 내에 선원들이 부상을 입어서 항해가 어렵다거나, 기관고장 등의 상황도 예상할 수 있지만 알 수 없는 현 상태로는 명백히 '항행구역 위반'이었다. 우리는 그 선박을 검문검색 하기로 했다. 싸이렌과 경광등을 켜고 접근하며 스피커로 외쳤다.

 "00호! 00호! 검문검색 하겠습니다."

 선장은 뜻밖에 우리를 반갑게 맞았다.

 "아이고, 수고 많으십니다. 우리는 기관고장으로 수리중입니다."

 그는 아무런 거부반응 없이 경비정이 계류하는데 협조를 하고 선박서류를 들고 경비정으로 편승할 때도 적극 협조했다. 선박서류에 이상이 발견되지 않자 '항행구역 위반'이라는 사실을 고지했다. 실랑이를 각오하고. '항행구역 위반'을 고지하면 백이면 백 모두가 일단은 부정하고 본다. 바다라는 것이 육지와 달라 차선을 그어놓은 것도 아니어서 몇 cm나 몇 m 넘어왔다고 구역위반 스티커 발부를 할 수 없다. 그런 점 때문에 '항행구역 위반'을 곧이 곧대로 받아들이는 선장은 없다고 봐도 좋을 것이다. 그런데 이상했다.

"예, 맞습니다. 우리가 위반했네요."

선장은 모든 것을 시인하고 재빨리 예인선으로 돌아가려는 눈치다. 지금까지 '항행구역 위반' 사실을 저렇게 쉽게 인정하고, 봐달라고 말하지 않는 선장이 있었던가? 선장에게 이상한 점은 또 있었다. 화이트 칼라풍의 다소 어울리지 않는 복장과 주머니에 있는 두 개의 휴대폰. 우리는 이 선박을 정밀 검색하기로 했다.

선내 수색 중 한 대원이 중국어가 쓰여진 약봉지를 발견했다. 나는 즉시 추가인력을 투입했다. 이어서 중국산 라면봉지도 발견된다. 그런데 더 이상의 소득은 없다. 한동안 수색을 했음에도 불구하고 발견되는 단서가 없자 나는 철수하기로 결정했다.

우리가 지키는 바다

"모두 철수 하자!"
"예!"

그때였다. 예인선 안쪽을 수색하던 한 대원이 소리쳤다.

"정장님! 여기! 냉장고에 전선 연결이 안 됐습니다!"

내가 직접 승선했다. 가동하지 않는 냉장고를 옆으로 밀어내자 바닥에 깔려있던 합판이 움직이면서 지독한 냄새가 솟구쳐 올라왔다. 들여다보니 거기에는 선체의 또 다른 공간으로 이동하는 비밀통로가 나왔다.

알고 보니 이 예인선은 밀입국자 운반선으로 특수 개조한 선박이었다. 선실을 2층 구조로 만들고 비밀 공간인 아랫층에 중국인들을 숨겨 실어 나르던 중이었다. 조사해 보니 모두 139명이나 됐었다. 나와 눈이 마주친 그들의 표정은 지금도 생생하다. 며칠을 씻지 못해 기름때 흐르던 검고 긴 머리카락들 끝으로 굵은 땀방울들이 매달려 있었다. 두려움에 질린 침묵의 눈동자들이 원망과 하소연을 담은 채 나를 바라보고 있었다. 좀 더 잘 사는 나라로 들어오려는 그들에게 인간적으로는 동정이 가지 않을 수 없었지만 법대로 처리해야 내 나라가 안전할 것이었다.

선장은 이들을 몰래 우리나라로 상륙시키기 위해 공해상까지 나와 연락선을 기다리고 있던 중이었다. 그 좁은 밀실에 139명의 남녀가 뒤섞인 채 숙식과 대소변을 해결하고 있었으니 그것이 악취의 주범이었고. 잘 사는 나라로 들어와 살기 위해 밀항자들이 감수해야하는 살아있는 지옥, 그것이 밀항선 비밀 공간의 실태였다.

예인선을 교묘하게 개조해서 철저히 감시망을 뚫고 우리 영해로 들어온 그들을 멈춰 세우고 사소한 점들을 놓치지 않고 범죄 사실을 찾아내는 예리한 직감, 끈질기고 성실한 검문으로 우리는 이 사건을 해결할 수 있었다. 한 건의 범죄검거는 비슷한 범죄를 억제하는 효과를 가지므로 우리가 참 큰 일을 한 것이 아닌가.

해양경찰의 예리한 눈은 우리 바다 도처에 깔려있다. 범죄기법은 계속 발전하겠지만 이와 함께 우리 바다를 지켜내기 위한 해양경찰의 실력도 더욱 성장할 것이다.

원칙은 국민과의 약속

음주자의 출항신고

세상에는 결과와 상관없이 허용되는 일과 허용되지 않는 일이 있다.

2012년 비가 조금씩 내리는 가을밤이었다. 밤 열시가 넘은 시각, 북항 파출소 문을 열고 누군가가 들어왔다. 인적이 뜸한 시각에 반갑게 맞이하고 보니 흑산도와 북항을 오가는 어획물 운반선의 낯익은 노(老) 선장님이 출항신고를 위해 파출소를 방문한 것이었다.

선장님께 출입항신고서를 받고 보니 어디선가 술 냄새가 풍겨왔다.

"선장님! 술 드셨어요?"

여경인 내가 정색하며 물었다.

"응, 반주로 한잔했는데 취한 건 아니니 빨리해줘. 바빠!"
"술 드셨으니 오늘은 쉬시고 내일 출항하세요."

안전이 우려되는 상황에서 선장님은 출항하겠다고 막무가내였다.

해양경찰의 설득이 이어졌다. 강압적인 금지가 아니라, 선장이 설득을 받아들여 자발적으로 출항을 포기하도록 하는 것이 더 합당하고 이런 건 여경이 더 유리할 터이다. 하지만 계속되는 설득에도 선장은 출항을 포기하지 않고 계속해서 신고서를 접수해 달라고 버티다가 여의치 않자 신고서를 들고 파출소를 휙 하니 나가버렸다.

비틀거리는 뒷모습이 한 두 잔을 마신 것 같지는 않았다.

시간이 조금 더 지나자 20대로 보이는 청년이 출입항신고서를 들고 파출소로 들어왔다. 그런데 청년이 제출하는 출입항신고서가 아까 술 냄새 풍기던 노 선장이 가지고 있던 그것이었다.

"선생님이 **호 선장입니까?"

청년은 머뭇머뭇하면서 대답을 못했다.

"그러면 선박을 조종할 수 있는 면허증은 있나요?"

추궁이 이어지자 청년은 술 냄새가 났던 노선장의 아들이라며 대신 출항신고를 하러 왔다고 대답했다.

"아버님이 술을 많이 드신 것 같으니 안전을 위해 다음날 출항하세요."

청년은 알았다며 파출소를 나갔다.
한시름 놓고 자리에 앉으니 벽시계가 자정을 알리고 있다.
그때 휴대폰이 울렸다. 한때 함께 근무했던 직원이었다. 내가 출항신고를 거부하자 노선장님은 파출소에 근무하는 여경이 출항신고를 받아주지 않는다고 경찰서에 알린 모양이다.

"선장님이 흑산도에 오늘 꼭 들어가야 할 사정이 있다는데 웬만하면 보내주지 그래?"

나와 평소 친분이 있던 경찰서 직원은 노선장과도 친분이 있는 모양이었다.

"사정은 들었는데 선장님이 술을 드셔서 안돼요."

나는 기분 나쁘지 않게 상황을 설명했다.
알았다면서 끊었던 전화가 잠시 후 다시 걸려왔다.

"선장은 운항을 안 하고 아들이 할 거래. 아들도 운항을 잘하니 걱정말고 출항신고를 받아줘."

친분이 있던 상급 직원에게서 누차 부탁조로 전화가 오자 내겐 부담감이 더해갔다.

욕먹더라도 원칙을 지키는 편이 낫다

두 번이나 안 된다고 대답하려고 하니 미안한 마음이 들었다.

"오늘은 출항이 안 됩니다."

나는 단호하게 출항을 거절하고 말았다.
그리고 나는 새벽이 오는 시간까지 생각에 잠겼다.
과연 운반선을 출항시키면 사고가 발생할까?

아니면 흑산도까지 무사히 도착할까?

그 도착여부가 중요하지 않다는 생각이 들었다.

세상에는 결과와 상관없이
허용되는 일과 허용되지 않는 일이 있다.

선장이 비틀거릴 만큼 음주한 상태에서 선박은 운항할 수 없는 것.
면허없는 그의 아들에게 운항을 허가하지 않는 것은
해양경찰의 원칙이며 국민과의 약속이다.

그날 그 자리에 그 어선을 대상으로
그 원칙을 집행하는 책임을 부여받은 사람은 나였다.

그날 순찰팀은 노선장의 선박이 혹시 무단출항을 하지 않을까 노심초사하며 순찰을 나갈 때 마다 정박여부를 확인했는데 다행히 아침까지 출항하지 않은 것을 확인했다.

야박하다는 욕을 먹는 편이 원칙을 어기는 편보다는 훨씬 낫다고 결론지었다.

아따, 뭔 일이 난다 그라요 잉~

초과 승선

　남해안은 낚시객이 많은 지역이라는 것을 해양경찰이 되고나서 알았다. 여수 해경서에 배치 받은 지 얼마 되지 않아 낚시로 유명한 동네 출장소로 발령받았다. 출장소장으로 발령받아 온 뒤 관내 낚시업체마다 찾아가서 운영자와 인사를 나누고 안면을 익혔다. 낚시어선은 특히 사고가 많고 위험한 사업이니 각자 조심해서 사업하도록 당부했다.

　그렇게 하루가 지나고 시간은 새벽 2시, 낚싯배 선장이 출항신고를 하러 출장소를 찾아왔다. 주말이어서 낚싯배에는 손님이 많아 정원을 가득 채워 출항을 신고했다. 9.77톤인 이 낚시어선의 승선정원은 22명이다. 나는 규정된 복장을 착용하고 임검장소로 나갔다.

　"22명! 맞게 탔습니다!"

　자신있게 소리치는 선장의 말을 뒤로하고 직업 세어보니 인원이 맞지 않았다. 조타실과 통로등에 무질서하게 승선해서 계수하기 힘든 승객들을 꼼꼼하게 챙겨보니 정원보다 6명이 많은 28명이나 타고 있었다. 즉시 선장에게 소리쳤다.

"선장님! 정원보다 6명 초과승선 했습니다!"

선장의 대답이 돌아왔다.

"아따, 정원이 맞는데, 배 경사님. 이 큰 배에서 뭔 일이 난다고 그라요~ 잉~."
"안됩니다. 출항할 수 없습니다!"
"그람~ 우리가 워쩌케야 씁니까?"

선장이 천연덕스럽게 물었다.

"당연히 초과인원은 하선하고 정원만 태우고 출항해야죠."

아직 바다의 무서움을 모른다

선장은 해양경찰의 당연한 조치에도 그것이 자기에게 매우 부당한 대우인 듯 표정이 일그러져 있었다. 아마도 지금까지 철저하지 않았던 임검에 대한 학습이었을 것이다. 그가 비정상을 정상으로 생각하는 것은 종종 일관성 없는 임검방법이 문제였을 것이다.

선장은 승객 중 아무나 6명을 불러서 내리라고 했다. 6명이 내리고 신고서의 인원과 확인하니 내린 여섯 명 모두가 승선자 명단에 있는 승객들이다.

"출항승객이 맞지 않습니다. 출항 신고서 명단을 수정 하십시오."

낚시객들은 저마다 한마디씩 불평하기 시작했다. 소풍가는 아이가 출발시간이 늦어지면서 떼를 쓰는 모양새다. 그러나 선장은 무거운 표정을 지으며 나의 단호한 지시에 따르고 있었다. 승선객의 명단을 일일이 부르며 다시 신원을 확인하고 마침내 22명의 승선원 명단이 모두 일치하는 것을 확인한 그 시간에 날이 서서히 밝아오고 있었다.

낚시어선은 드디어 출항했다. 새벽 2시에 시작한 임검이 오전 6시까지 무려 네 시간에 걸쳐 진행되었다. 선장과 낚시객들의 원성을 뒤로하고 멀어져 가는 낚시어선을 바라보며 나는 작은 독백을 했다.

"당신들은 바다를 잘 안다고 착각하지만 아직 바다의 무서움을 모른다."

안전은 우리 스스로 단호하게 지켜야

골치 아픈 해양경찰이 등장한 그날 이후 이 조그마한 그 마을은 서서히 질서가 잡혀갔다. 물론 낚시어선 선주들의 볼멘 불평의 소리도 있었지만 그 불평들은 다른 노력으로 다독여 주면 될 일이지 원칙을 양보해서 위로할 일은 결코 아니었다.

이 마을에서 근무한 6개월간 낚시어선 임검에 관련한 승선정원 초과나 안전사고 문제가 발생하지 않았다. 주변동료들은 나에게 너무 힘들게 근무하는 게 아니냐고 말하곤 한다. 그러나 나는 업무에 최선을 다할 뿐이다. 그것이 힘든 일이라면 당연히 힘들게 해야 한다.

바다에서 안전을 지키는 일은 힘든 일이기 때문이다.
안전은 우리 스스로 지켜야 한다. 그것도 매우 단호한 자세로 말이다.

지금까지 관행에 의해 임검이 철저하지 못한 곳이 있다면, 이번 추자도 돌고래호 사건을 계기로 단호하게 변화해야 한다.

안전에 대한 준비가 미흡한 상황에서는 언젠가 반드시 사고가 일어날 것이고 그 사고로 인해 희생될 국민과 그 책임을 모두 떠안아야 할 우리 자신을 스스로의 역량으로 보호해야 하기 때문이다.

무언가 이상한 어선

기억에 의존하는 단속

　서해본부에 소속한 대형함정들의 주된 임무는 불법 중국어선 검거다. 중국 어선들은 어족자원이 풍부한 성어기를 틈타 서해 전역에 걸쳐 불법 어업을 자행하기 때문에 우리 기동전단은 인천에서 제주까지 서해 전역을 관할한다.

　2015년 5월 7일 12시 30분쯤 우리 측 배타적 경제수역 31해리, 군산시 옥도면 어청도 남서 약 44해리 해상에서 우리는 중국어선 1척을 검문했다. 다른 어선이 어획물을 잡으면 중간에서 그걸 옮겨 싣고 운송을 하는 어선으로 '운반선'이라고 부른다.

　우리 측 요구로 중국어선 선장이 제출한 허가서류에 기재된 선박명은 요영어운 35008 (69톤, 운반선, 영구선적)이었다. 중국어선에 오른 2개 검색팀은 별다른 특이사항을 발견하지 못했다고 무전으로 알려왔다.

　중국어선을 풀어주기만 하면 되는 상황이었다.
　이때 경비함정 조타실에서 전문보고를 받던 양 경사가 말했다.

"어! 저배는 저번에 한번 검문했던 배 인데 그때도 특이점이 없었습니다."
"음... 그때 자료 다시 줘봐"

정확한 자료 확인을 위해 우리는 4월에 있었던 해당 어선의 검문검색 자료를 다시 검토하기로 했다. 중국어선 단속 투입은 통상적으로 조사, 허가현황 조회, 전문 보고, 채증 등으로 임무를 분담한 담당자들이 있다. 이들이 조타실에 모여 함께 검토를 시작했다.

서류를 보니 2015.4.22 12:15 우리는 같은 어선을 검문검색 한 적이 있었다.

서류를 검토하던 중 이상한 점을 발견했다.
그때와 허가 표지판(C40-8173)이 똑같은 중국어선인데, 살펴보니 조타실 창문의 개수, 선체의 구조물 모양, 선명표시 모양이 미세하게 조금씩 달랐다. 지난 번 중국어선과 다른 선박임이 분명했다.

선장을 본 함으로 데려와 추궁했다. 그는 이렇게 말했다.

"현재 검문중인 선박이 허가를 받은 선박이 맞고, 지난 4월에 타고 온 선박이 무허가다. 4월 건은 이미 지나간 일이지 않느냐?"

죄책감 없이 활보하는 중국어선

중국어선 선장은 발뺌하기에만 혈안이 되어있다.
끈질긴 조사와 추궁이 이어졌고, 결국 어업허가증에 기재된 선박은 현재 중국 석도항에 고장난 상태로 방치되어 있으며 4월에 검문한 선박과 오늘 검문한 선박은 모두 200톤급으로 운반선 허가 없이 운항했다는 선장의 시인을 받아내고 입건 처리했다.

그러나 가만 따져보면 이 중국인 선장은 같은 허가증으로 올해에만 5월까지 어업 지도선에 제한조건 위반으로 4회 단속되어 벌금 1천만 원씩 4천만 원을 이미 납부한 상태였는데, 만약 무허가 선박임을 제대로 인지했다면 회당 2억 원씩 8억 원을 납부하게 해야 정확한 법집행이 되는 것이었다. 게다가 우리경비정의 4월 검문에서 무허가 선박임을 인지하고 단속했더라면 총 10억 원의 벌금을 납부해야 정상이었다.

한 개의 허가증으로 올해에만 총 6회나 단속된 한 척의 중국어선…
아무런 죄책감도 없이 다른 허가증을 들고 서해 바다를 활보하는 중국 어선들은 얼마나 될까?

그때 단속하지 못한 것이 아쉬웠지만 지금으로서는 별다른 방법이 없다.
이에 대한 대책을 만드는 일은 시급하다. 중국어선을 검문하고 대조하는 작업이 단속경찰관의 기억과 종이문서에만 의존할 수는 없기 때문이다.

중국어선에서는 우리나라 관공선이 검문 어선에 대한 데이터베이스를 보관하지 않는 점, 중국어선의 어업허가표지판이 봉인되지 않아 이동이 자유로운 점, 해상에서 선박 톤수를 측정할 수 없는 점 등을 악용하여 대한민국을 속인 것이고 우리는 여전히 이에 취약한 구조를 가지고 있다.

방대한 중국어선에 대한 데이터베이스를 만들어 실무에 사용하기까지 다소 오랜 기간이 소요될 것이지만 해양경찰이 언젠간 해야만 할 일이다. 그것이 이루어지고 나서야 대한민국이 중국어선을 체계적으로 단속하고 있다고 말할 수 있을 것이다.

현재로는 현장에서 우리가 할 일은 경찰관의 시각으로 더 꼼꼼하게 확인하고 검문하는 방법밖에는 없다. 그리고 다른 경비함정에서 검문검색 했던 내용을 함께 공유하는 노력도 시작해야겠다.

비록 아무도 몰라주어도…

조직 내부에서 더 힘들게 할 때

2010년, 태안 유도선 담당으로 근무할 때 겪은 일이다.

입사 후 처음 사무실로 발령받고 모두가 오기 싫어하는 교통계 유도선 담당을 아무것도 모른 채 맡은 지 3년차에 접어들었다. 업무에 나름 자신이 생겼고 얼른 함정으로 발령이나 받고 나가야겠다는 생각을 했다.

태안지역 섬인 ○○도는 오래전부터 유도선이 운항하였고 상습민원 제기가 많아 유독 힘든 지역이었다. 과거부터 말이 통하지 않는 악질 민원에, 윗분들과도 관련되어 있어 복잡한 일이 한두 가지가 아니었다.

그중 유독 두드러지는 악질민원인이 있었다. 그는 오랜 기간 여러 직원들을 힘들게 했고 모두가 그 지역을 기피하게 만든 장본인이었다. 나 또한 그로 인해 많은 스트레스를 받아왔다.

그러던 어느 날 그가 범죄사실로 집행유예를 선고 받고 규정에 의해 유도선 사업면허를 취소해야하는 사유가 발생했다. 나는 당연히 검토 후 정상적으로 면허를 취소시켰다.

그는 어김없이 민원을 제기해 억지를 부렸지만 법률에 명확한 규정이 있으므로 별다르게 문제되지 않았다.

차선책으로 그는 다른 사람 명의로 면허를 신청했다. 나는 기존에 사업을 해왔던 사람이기 때문에 큰 문제없이 면허를 발급해 줄 수 있을 것이라 생각했다. 그래도 상습민원 제기자이며 인근에 경쟁업체도 있으니 모든 요건을 철저하게 검토해야 했다.

검토해보니 다른 요건은 다 충족했는데 선박의 소유권이 공동명의로 되어 있는 것이 발견되었다. 유도선 사업면허 발급요건 중 선박소유권에 대한 서류제출 규정은 없으나 문제의 소지가 있을 것 같아 꼼꼼하게 검토해보기로 했다.

법률지식을 쌓기 위해 민법, 상법 책도 찾아보고 지역 변호사 사무실로 찾아가 자문을 구한 결과 공동소유재산은 권리행사에 제한이 있음을 발견했다.

공동 소유시 지분이 1/2이상에 미달하면 단독으로 권리행사를 할 수 없고, 공동지분자의 동의가 있어야 권리행사가 가능하다는 사실이었다. 당시 신청자의 지분은 50% 미만으로 단독 권리행사가 불가했다. 면허를 발급할 수 없는 상황이었다. 나는 면허를 발급하지 않고 면허발급 불가 결정을 내린 뒤 반려했다.

다음날부터 이 자는 강한 불만을 품고 온갖 수단을 모두 동원해서 민원을 제기했다. 전화상 협박, 욕설, 방문을 통한 항의, 심지어는 자살소동까지 불사했다. 과거에 무슨 연관이 있었는지 모르지만 내부 고위층을 통한 회유도 있었고, 심지어 해양경찰 본청에서는 민원을 야기시켜서 시끄럽게 한다는 질책과 감찰조사까지 내려왔다.
민원인이 아니라 오히려 조직내부에서 나를 더 힘들게 했다.

그러나 그럴수록 '원칙'은 더 확고해졌다.

'어디 한 번 해 보자. 누가 이기나.'

오기가 생기기 시작했다.
원칙대로 해결하고야 말겠다는 각오에 내 자존심을 걸었다.

원칙대로 해결하겠다는 자존심

당사자의 항의와 욕설, 모욕적 발언에도 일절 대응하지 않고 부드럽게 대처했다. 국민신문고, 국민권익위원회 감사원, 본청감찰 등 여러 곳에 민원을 제기했지만 나는 아랑곳 하지 않았다. 내겐 물러설 수 없는 '원칙'이 있었다.

그들은 형제, 친인척, 주변사람까지 동원해서 온갖 방법을 다 취했지만 나는 끝내 면허를 발급해주지 않았다. 심지어 변호사 사무실에 같이 가 법률자문을 받기도 했지만 결론은 안 된다는 것이었다. 모든 방법을 동원해 보아도 되지 않자 비로소 그는 사실을 받아들였는지 더 이상 민원을 제기하지 않았고 그 뒤엔 모든 것이 잘 해결 되었다.

그 후 그 자는 더 이상 나타나지 않았고 00도의 유도선 관련 민원은 깨끗하게 해결되었다. 지금은 평택 관할이 되었지만 우리 해경서 유도선 담당자가 그들로 인한 괴롭힘을 당하지 않는 현실을 볼 때, 그때 내가 참 잘했구나 하는 생각이 들곤 한다.
이 민원을 해결하면서 법 공부도 많이 했고 사람 다루는 방법과 참을성, 인내심을 길렀고 내 인생에서 한층 성장할 수 있는 계기가 되었던 것 같다.

또한 면허를 발급할 때 유선 및 도선 사업법상 제출해야 할 서류 목록에 소유권을 증명할 수 있는 서류를 제출하여야 한다는 조항이 추가되었다. 내가 처리한 민원으로 법률까지 개정되었다는 생각에 뿌듯한 자부심도 생겼고 그 후 얼마 지나지 않아 그 민원인과 주변사람들로부터 죄송하다는 사과전화도 받고 요즘은 카톡 친구로 등록되어 서로 안부도 묻고 산다. 그 때를 생각하면 내가 정말 잘 대처 했구나 하는 생각이 많이 든다.

우리가 오늘도 열심히 노력하는 이유

모르면 지킬 수 없는 것이 '원칙'이다.
'원칙'을 말하려면 '지식'에 기반한 '전문성'을 갖추어야 한다.
'원칙'은 가끔 조직 안에서 조차 인정받지 못하고
어둡고 긴 터널을 지나야 할 때도 있다.

이때에도 끝까지 '원칙'을 지켜주는 것은 본인의 '소신'이다.
조직이 기울어져도 당장 무너지지 않는 이유는
'소신'을 가진 몇몇 사람이 굳건히 뼈대가 되어 서있기 때문이다.

'원칙'이 없으면 '소신'도 없다.
'소신'이 없으면 '불의'와 타협하게 된다.
이것이 우리가 오늘도 열심히 노력하는 이유이다.

 유도선(遊渡船)이란

유선(遊船)과 도선(渡船)이 합쳐진 말이다.
　유선(遊船)은 유람선을 말하며 '유선 사업'이라하면 유선 및 유선장을 갖추고 하천·호소 또는 바다에서 낚시·관광 기타 유락을 위한 사람들을 승선시켜 영업하는 사업이다. 도선(渡船)은 건널 도(渡)에서 알 수 있듯이 나룻배를 일컫는 말이다. 강과 바다가 접하는 하구 또는 만의 형태를 갖춘 곳에서 양해안의 해상거리가 2마일(약 3.2km)이내인 해역과, 육지와 도서간 또는 도서와 도서간의 거리가 비교적 가까운 해역으로서 「해운법」에 의한 여객선이 운항되지 않는 해역에서 운항하는 선박을 의미한다. (편저자 주)

공무원이 돈 받으면 '을'이 된다!

'나는 그런 사람으로 살고 싶지 않다'

20대 후반, 젊은 순경이었던 나는 경찰청(육경) 소속이었다.

90년대 후반 내가 순경으로 근무하던 파출소에는 당시 경찰대 출신의 젊은 소장이 있었다. 나랑 나이도 비슷한 젊은 그 사람은 어디에서 배웠는지 관내에서 부패를 일삼고 다니기로 유명했다. 당시 신임 순경이었던 나는 '이건 아니다'라는 생각을 했었다.

하루는 그런 문제를 발단으로 그 소장과 크게 싸운 적이 있었다. 경찰관으로써 느끼던 회의감이 폭발한 것이다. 그 길로 사표를 쓰고 나와 나는 해양경찰이 되었다.

그렇게 해양경찰이 되고 시간이 흘러 수 년 전부터 해상안전과 교통계 유도선 담당을 하고 있었다. 아무도 알아주지 않지만 사업자와 자주 만나는 불편한 업무다. 누가 봐도 부패하기 쉽고 그래서 따가운 관심을 받는 업무여서 행동을 조심하고 또 조심해야 하는 업무다.

1년에 기본점검만 4번, 특별점검 2번, 신규사업면허, 사업갱신 게다가 늘

민원인과 사업자를 만나야 하는 업무 스트레스는 이 일을 해보지 않으면 상상하기도 힘들다. 전국 해경청 등록 유람선 700여척 중 절반인 350여척이 이곳 통영에 있고, 도선과 여객선이 40여척이나 있는 곳에서 주말에 가족과의 단란한 여행은 고사하고 밥 한 그릇 제 시간에 먹기 어려운 게 현실이다.

그러던 어느 날이었다. 남해 모 유람선 신규 사업자가 신청서류를 들고 민원실을 경유하여 교통계에 방문했을 때의 일이다.
그가 내민 두툼한 서류봉투를 열어 목차를 훑어보고 *"상세히 검토하고 연락드리겠다"*며 민원인을 배웅하고 자리로 돌아왔다.

다음날 신청서류를 다시 검토해보니 그 안에 작은 봉투하나가 함께 있었다. 그 속에는 당시 내 월급 절반 정도의 금액이 들었고, 간단한 메모에는 부서 회식에 보태라는 글이 비린내를 풍기고 있었다.
경찰청 시절이 문득 생각났다.

'나는 그런 사람으로 살고 싶지 않다!'

며칠 후 해당 사업자의 유선장에 현장점검을 나갔다. 사업자가 놓고 간 돈 봉투와 관련해서는 아무런 연락도 없이 찾아갔던 터라 사업자는 반갑게 맞이하긴 하는데, 사업자는 자기가 '갑'의 위치가 된 것처럼 사람을 하대하기 시작했다.
그때 한 가지를 깨달았다.

'아! 공무원이 돈을 받으면 '을'이 되는구나!'

그날 나는 현장점검의 강도를 높였다. 기본적인 구명동의와 구명환이 중고품이었는데 그나마 끈이 끊어지고 파손된 것들도 있었다. 손으로 뜯어지는 불량품을 쭉 찢어서 한쪽으로 던져놓고, 화난 사람처럼 정상적인 사업에 필요한 안전장구의 요건을 큰 소리로 설명했다.

동행했던 한국선급 직원과 사업자도 동시에 놀라는 표정을 하고 나를 바라보고 있었다.

'잘했어, 박 경사!'

"당신의 재물을 손괴했으니 배상해 드리겠다." 하고 가져간 돈봉투를 던지듯 건네주었다. 뇌물증여죄의 현행범으로 체포하는 것은 없던 것으로 할테니 이 돈으로 찢어진 구명동의와 깨진 구명환을 새것으로 구입해 다시 점검하자고 말하고 돌아왔다.

그날 나는 제법 괜찮은 경찰관이 된 느낌이었다.

내가 중심을 잡고 있으면
국민의 안전이 보장될 것이다.
나는 지금 그런 위치에 있다.

내가 중심을 잡고 있으면
해양경찰이 흔들리지 않을 것이다.
나는 지금 그런 위치에 있다.

업무를 하면서 여러 유혹이 있지만
그것도 이길 수 없다면 지금 이글을 쓰고 있지 않았을 것이다.
경찰관의 노력은 눈에 보이지 않는다.

다만 스스로를 칭찬하며 전진할 뿐이다.

'잘했어, 박 경사! 잘했어!'

해양경찰의 눈과 귀로 보고 들어라

겨울 밤 바다의 익수자

2010년 11월이 저물고 있었다. 겨울의 밤바다는 흰거품을 물고 달려오는 백파로 인해 하얗게 보인다. 내가 근무하는 완도안전센터는 그 날도 평온하게 일과를 마무리하고 있었다. 22:00경 동료인 주 순경을 불러 통상적인 관내 순찰에 나섰다. 그는 항상 우직하게 따라오는 후배 직원이자 수영강사 경험도 있는 믿음직한 친구다.

순찰을 나서기 전에 생각나는 내가 닮고 싶은 모범적인 선배님 한 분이 계신다. 그 분의 말씀은 *"네가 해양경찰이면 꼭 해양경찰의 눈으로 모든 것을 보고, 해양경찰의 귀로 모든 것을 들어야 한다."*며 그 선배님은 항상 전문가의 자세를 강조하시곤 했다.

그 말씀을 떠올리고 마음을 다 잡았다. 그 날 밤도 해양경찰의 눈으로 순찰을 하기 위해 순찰차 창문을 내리자 겨울바람이 얼굴을 할퀸다. 작은 소리도 놓치지 않도록 히터와 라디오를 끄고 천천히 해안가 순찰에 나섰다.

10여분 정도 지났을까 희미한 소리가 들렸다. 새나 동물소리가 아닐까? 좀 더 귀를 기울였다.

"살려 주세요."

아주 멀리서 들리는 소리 같다. 옆에 있던 주 순경의 귀에도 들린다고 했다. 차를 정지시키고 랜턴을 들고 나섰다. 겨울밤 해안가는 바람소리가 강해 소리가 들리는 곳을 가늠하기 힘들다.

암벽 아래를 꼼꼼하게 살폈다. 그때 우리가 발견한 것은 한 여학생이 차가운 바다 속에서 머리만 내민 채 암벽에 달려있는 밧줄을 잡고 떠 있는 모습이었다. 놀랄 겨를도 없이 나는 순찰차로 달려가 트렁크에서 구명볼을 들고와 여학생 쪽으로 던졌다. 하지만 거리가 멀어 별 도움이 되질 않았다.

그러자 주 순경이 계류된 여객선쪽으로 건너가서 구명볼을 던졌다. 그제서야 여학생이 구명볼을 붙잡았다. 주 순경은 구명볼에 연결된 줄을 서서히 당기기 시작했다. 나는 순찰차로 돌아와 구명환을 챙기면서 파출소에 지원요청을 했다. 그리고 다시 주 순경 쪽으로 이동하는 데 무슨 거대한 바위가 물에 빠질 때나 들을 수 있는 '풍-덩'하는 소리가 들렸다.

머릿속에 물음표가 떠올랐지만 어둠속에서 확인이 되질 않았다.

주 순경이 있던 여객선 갑판으로 랜턴을 비춰보자 주 순경이 보이질 않았다. 이리저리 불빛으로 어둠을 헤집는데 바다 쪽에서 사람 소리가 들렸다.

"형님! 여기 라이트 좀 비춰 줘요."

내가 비춘 불빛 속에 여학생을 붙잡고 물에 떠 있는 주 순경이 보였다.

겨울 바다로 뛰어든 주 순경

계류중인 여객선이 조류에 밀리자 여학생과의 거리가 점 점 멀어진 것이다. 그로인해 구명볼에 연결된 줄이 더 이상 여분이 없게 되자 주 순경은 차마 줄을 놓을 수가 없어 바다로 뛰어든 것이다.

 나는 그들을 물양장쪽으로 유도해서 사시나무처럼 달달 떨고 있는 여학생을 병원까지 안전하게 이송했다. 그날 우리는 작은 노력으로 한 사람의 소중한 생명을 살려낼 수 있었다.

 구조 상황이 끝난 뒤 곰곰이 생각해 보았다. 항상 조언을 해주신 그 선배님을 만나지 못했다면 그 날 나는 순찰차 창문을 열지 않았을 것이고, 희미하게 들려오는 목소리도 듣지 못했을 것이다. 그곳은 인적이 드물고 추운 겨울밤이어서 순찰차가 아니라면 그곳을 지나는 사람도 없었을 것이다.
 더군다나 주 순경이 차가운 바다로 뛰어드는 대신 구명볼에 연결된 줄을 놓아버렸다면 캄캄한 바다에서 탈진한 그 여학생을 나중에 어떻게 다시 찾을 수 있었을까.

 여학생은 2시간 가량이나 물속에서 밧줄을 붙잡고 있었다고 했다. 그러면서 *"이대로 죽는구나!"* 라고 생각했다고 한다. 본인은 2시간 가량 있었다고 하지만 10도가 안 되는 저수온에서 2시간을 버틸 수는 없을 것이다.
 아마 저체온증으로 인한 고통의 시간이라 길게 느껴진 게 아닐까. 이런 저런 생각의 끝자락에 다시금 선배님이 떠올랐다.

 지금은 퇴직하셨지만 항상 성실하고 다정했던 그 선배님은 해양경찰로서의 35년간 축적된 노하우를 내게 전수해 준 셈이었다.

 열심히 일하신 선배님! 후배로서 멋진 모습 배워나갈 것이며 소중한 가르침에 감사드립니다.

뻔뻔한 피의자의 마음열기

밉다. 몸이 다 떨린다

인천해경서 2층 지능수사계에서 범행을 완강히 부인하던 피의자를 상대로 힘든 조사를 진행하고 있을 때였다.

"수사과 전 직원 1층 집합!!"
"수사과 전원 호출이라니. 무슨 일이길래..."

1층에 수사과 직원들이 모이자 수사과장은 믿을 수 없는 말을 시작했다.

"중국어선을 나포하는 과정에서 우리직원이 피살됐다."

이청호 경사가 피살된 것이다. 청천벽력 같은 말이었다. 즉시 인천해경서에는 10여년 만에 수사본부가 설치되었다. 나는 수사 선임반장으로 주피의자인 가해자 '쩡따위(선장) 조사'라는 부담스러운 역할을 맡게 되었다.

불법조업, 상황보고서, 故 이청호 경사의 부검결과, 흉기추정 및 수색 등 조사를 위한 만반의 준비를 하였다. 특히 이청호 경사의 혈흔이 묻은 의복,

진압복, 자상을 촬영한 사진을 조사할 때는 참혹함과 울분에 치가 떨려왔다.

피의자 쩡따위는 현장에서 체포돼 14:00경 입항 중이던 3005함에서 이륙한 헬기로 인하대 응급실로 이송되어 응급처치를 받고 18:00경 인천서 유치장에 들어왔다. 체포당시 격렬한 저항으로 좌우측 갈비뼈 8대 가량이 골절되었고 얼굴도 부어있었다.

압송 당일 선원들에 대한 EEZ법 위반행위와 선장 쩡따위의 살해혐의에 대한 정황조사가 이루어졌다. 뻔뻔한 피의자는 故 이청호 경사에 대한 살해혐의 등 모든 혐의를 부인하며 경찰관에게 폭행당했다는 말만 되풀이 했다. 그런 쩡따위를 볼 때 마다 혈흔이 묻은 故 이청호 경사의 의복과 참혹한 현장이 겹쳐졌다.

'밉다. 몸이 다 떨린다.'

인간의 감정이니 어쩌겠는가. 정신을 가다듬었다. 경찰은 이성적이어야 한다. '내 역할은 이성을 가지고 합리적으로 수사하는 것이다.'

어떤 경우라도 경찰은 이성적이어야

범행도구를 찾기 위해 부두로 압송된 중국어선 조타실을 이잡듯이 뒤졌다. 그 과정에서 故 이청호 경사를 찌른 것으로 보이는 부러진 칼날을 찾을 수 있었다. 10cm 가량 되는 날이 부러진 과도로 살해도구임이 확실해 보였고 신속히 국과수에 DNA검사를 의뢰했다. 피의자 조사를 통해 사건 당시 조타실에는 피의자와 故 이청호 경사만 있었다는 사실, 부러진 과도의 칼날은 선장 쩡따위가 전용으로 사용하던 과도가 분명하다는 진술을 확보했다.

압송 둘째 날 피의자 조사가 시작되었다. 피의자는 3005함이 접근하자 자신은 경황이 없었고 겁이 나서 중국해를 향해 배를 돌려 도망친 기억과, 한국 해경이 자기 배에 올라와 무자비한 폭행을 가한 사실만 기억할 뿐 경찰관을 공격한 적은 없다며 "메이요(没有·아니다)"를 되풀이 하고 있었다. 조사과정은 두 차례에 각 10시간 이상 강도 높게 이루어졌지만 자백의 기미는 없었고 모두가 지쳐있었다.

온 국민이 이미 사형선고를 내린 쩡따위를 오히려 법이 보호하고 있는 상황이 돼 버렸다. 이런 참담한 사건을 두고 반성하는 기색이 없는 행태를 보여 더욱 원통하고 답답했다.

늦은 저녁 23:00경이었다. 갑자기 피의자의 입에서 알 수 없는 중국어가 튀어나왔다.
분주한 마음이 얼른 통역의 얼굴을 바라봤다.

"내가 사형되는 것 아니냐?"
"한국에서 나를 사형시키지 않을 수도 있나?"

재차 같은 질문을 하고 있었다.

'그가 입을 열었다.'

순간 나는 그에게 찾아온 심경의 변화를 읽었다. 나는 최대한 감정을 드러내지 않고 설명했다.

"그래, 사람을 죽이면 중국과 같이 한국에서도 중한 처벌을 받는다. 하지만 당신처럼 뻔한 사실조차 부인하면 더 중한 처벌을 받을 수도 있다. 한국에도 사형은 있지만 대개는 징역형이다. 어떤 형을 받게 될 지는 당신이 범행을 인정하고 반성하느냐 아니냐가 중요한 판단근거가 될 거다."

피의자는 고개를 숙이며 깊은 생각에 잠겼다.

"잘 생각해보고 내일 이야기 하자."

짠 했던 범인의 통화

나는 가볍게 말을 던지고 조사를 마쳤다. 피의자의 마음이 흔들리고 있다. 이내 마음속은 온통 설레기 시작한다. 사건이 풀릴 수도 있겠다. 하지만 표정을 감춘 채 천천히 조사실을 나왔다. 그 날 밤늦게 국과수로부터 '피의자의 과도에서 故 이청호 경사의 혈흔 반응이 나왔다'는 결정적인 증거자료를 수령했고, 수사는 유리한 국면을 맞이하고 있었다.

다음날 피의자를 사무실로 데리고 나와 조사를 시작했다. 피의자는 뜬금없이 중국에 있는 자신의 처와 통화하고 싶다고 했다.

"내가 한국 경찰관을 죽였어, 중국에는 가지 못할 것 같아. 한국엔 오지 말고 중국에서 가족들이랑 잘 지내."

피의자가 가족과 한 10여분의 통화는 떨리는 목소리의 진심어린 것이었다. 통역이 동시통역을 하고 있어 그 순간만큼은 우리 모두가 숙연해 질 수밖에 없었고 피의자의 급격한 심경의 변화를 확인할 수 있었다. 피의자의 감정이 바뀌기 전 우리는 피의자 범행에 대한 혐의를 인정하는 자인서를 받았고, 피의자가 처와 통화하는 과정도 녹화하여 완전한 자백을 이끌어 낼 수 있었다.

추후 조사과정에서 우리는 피의자에게 "왜 그렇게 부인하던 범행을 갑자기 인정했나?"고 물어보았다.

"처음에는 한국 경찰관의 말을 믿을 수 없다고 생각했다. 내가 범행을 인정하는 순간 중국에서처럼 죽을 수도 있다고 생각했다. 그러나 한국 경찰관이 너무 친절하게 대해 주었고, 살해된 경찰관 가족들을 TV를 통해 보니까 마음이 아파서 사실대로 자백하기로 했다."

범죄를 다루는 경찰관의 이성은 이렇게 중요하다. 마음속에 내 동료를 죽인 피의자에 대한 미움이 왜 없었겠는가. 하지만 내 감정보다 더 중요한 것은 경찰의 임무다.

당시 이 사건은 한·중간에 심각한 외교적 마찰의 빌미를 제공할 수도 있었던 예민한 사건으로 피의자의 자백을 이끌어 내면서 그 실체를 명확히 하게 됐다.

내가 이번 사건의 중심에 서서 임무를 수행하며 미약하지만 故 이청호 경사의 억울한 희생을 밝혀내고, 가족의 마음에도 티끌만큼의 위안이라도 줄 수 있었다면 큰 의미가 있을 것이다.

지금 이 순간에도 어려운 여건 속이지만 묵묵히 중국 어선들의 불법조업현장에서 목숨을 걸고 사투를 벌이며 임무를 완수하는 우리 동료들이 있다. 나 또한 그들의 동료임을 자랑스럽게 생각하며 나의 임무에 최선을 다할 것을 다짐해 본다.

'중국어선 단속에 여념 없는 내 동료들 사랑합니다.'

'故 이청호 경사님의 영면을 다시 한 번 기원합니다.'

16시간 소요된 검거

러시아 선박의 도주

　부산 해양경찰서 상황실은 근무자 4인이 새벽 2시를 기준으로 2인씩 교대 근무를 하고 있었다. 이 날은 부실장이 휴가 중이어서 새벽 2시부터 시작되는 후반근무는 나 혼자였다.
　2시에 근무 교대로 자리에 앉자마자 전화벨 소리가 울렸다.

　"큰일 났심더. 감천항에 정박해서 수리 중이던 러시아 선박이 수리비를 안 내고 무단으로 출항합니더. 도망 못 가게 꼭 좀 잡아 주이소!"

　선박대리점 직원의 다급한 목소리가 들렸다.

　우선 감천항에서 가장 근거리에 있던 301함에 확인과 검거를 지시했다. 신고인은 러시아 선박이 수리대금 10억 원을 내지 않고 도주하고 있다고 했다. 이대로 선박이 도주하면 회사가 망한다고 한다. 마음이 급해지기 시작했다. 약 1시간 뒤 301함으로부터 연락이 왔다.

　"도주선박 확인했음.... 정선명령을 하고 있으나 정선하지 않음."

선박은 계속해서 도주하고 있었다.

계속되는 분주함에 전반조 근무자들도 자연스레 임무에 복귀할 즈음 러시아 선박은 정선명령에 불응하고 일본영해로 진입하며 도주하고 있었다. 우리는 바로 일본 해상보안청에 연락하고 한·일 합동검거작전에 돌입했다.

날이 밝아오자 대기 중이던 해경 특공대원을 헬기에 편승시켜 러시아 선박을 강제로 정선시키기 위해 공중진입을 시도했다. 러시아 선박은 헬기가 하강하지 못하도록 거센 저항을 했다. 결국 특공대원들의 공중진입은 실패했다. '1503함에서 발칸포로 위협 사격하라'는 명령이 떨어졌다.

1503함은 러시아 선박의 선수방향으로 발칸포 70여발을 발사했다. 러시아 선박은 우리 측의 유례없이 강경한 대응에 당황한 것 같았다. 곧바로 러시아 대사관으로부터 연락이 왔다.

"조치를 취할테니 사격을 중지해주시오."

이후 러시아 선박은 정선했고 부산 감천항으로 압송되었다. 검거에 무려 16시간이 소요되었다. 급박한 하루였다.

조사과정에서 선박 '픽 나데즈디'호의 러시아 선사 측에서 절대로 멈추지 말라고 지시했고, 지시를 따른 선장은 계속 도주한 사실이 드러났다.

신고인은 회사를 살려줘서 감사하다는 말을 누차 전달해왔다. 해양경찰이 국민의 재산을 지키기 위해 발칸포까지 쏘며 16시간 동안 추적하여 검거했다는 소식은 그 날 하루 계속해서 언론을 통해 접할 수 있었다.

정말 해양경찰이 되길 잘했다는 생각이 절로 나는 순간이었다. 이 사건은 나에게 해양경찰로서의 자긍심을 심어준 사건이었다.

사건을 되짚어 보면 해양경찰의 엄정하고 소신있는 대처가 우리바다를 지키고, 해양경찰을 지킨다는 사실을 깨닫게 된다.

러시아 선박을 정선하게 한 것은 발칸 사격까지 감행한 해양경찰의 엄정한 결단 덕분이었다. 명령권자가 부담을 무릅쓰고 사격을 지시했고 결과적으로 선박을 정선시켜 국민의 재산을 지켰으며 대한민국 해양경찰의 공권력과, 우리영토에서 질서가 유지된 것이다.

중국어선의 자발적 순종

엄정한 대처에 대한 또 한 가지 사례다.

2012년 10월 16일. 울산 해양경찰서 소속으로 경비중이던 300함은 동해로 진입하는 수많은 중국어선을 영해선 외곽으로 퇴거하는 임무를 수행하고 있었다. 전날까지 경비함정의 진로를 위협적으로 가로지르며 불만을 표시하던 중국 어선들은 이 날 신기하게도 모두 영해선 밖으로 자발적으로 퇴거하여 한 줄로 북향하고 있는 게 아닌가.

알고 보니 이 날 서해에서 중국선원이 격렬하게 단속에 저항하다가 우리의 해양경찰이 쏜 고무탄에 맞아 사망한 사건이 발생한 날이었다. 그들은 해양경찰이 어떤 강도를 가지고 대처하는지 눈치를 보다가 강력하다고 판단되면 자발적으로 질서를 지킨다.

우리는 이러한 사례들을 보며, 해양에서 경찰의 대처가 얼마나 중요한 것인지, 그리고 우리가 임무수행 중에 처하는 수많은 희생과 위험들을 이러한 엄정 대처를 통해 효율적으로 줄일 수 있을 것인지를 고민해봐야 한다.

해경 안됐으면 어쩔뻔 했어?

대학 졸업후 멍게양식업에 실패하고 빚만 남았다.

타 직종으로 전업할 생각이었던 나는 대학 선배의 권유로 치른 해양경찰 순경 시험에 합격하여 1992년 12월 26일 입청, 여수해경서로 발령받았다.

아! 순경으로 첫 발을 내딛은지 어언 25년. 입사 후 빚 청산을 위해 아내와 헤어져 살아야 한다는 생각에 그만둘까 많이도 망설였고 그렇게 몇 해가 지나가고 해양경찰에 남아 있길 잘 했다는 생각이 든 결정적인 사건이 발생했다.

1995년 6월 여수 봉산지서에 근무할 때 정박중인 안강망 어선 00호 선장으로부터 선박 냉동기 냉매누설로 기관장이 질식해 기관실에 쓰러져 있다는 신고를 받았다. 나를 포함한 경찰관 3명, 의경 1명이 긴급 출동했다.

당시에는 가스 질식 사고에 대응할 수 있는 장비가 전무한 상태여서 급한 대로 입고 있던 속옷을 벗어 바닷물에 적셔 입과 코를 막은 채 선내로 들어가 구조를 시도하려 했지만 입과 코를 막다보니 호흡곤란으로 선내 진입조차 못하는 난감한 상황이 이어졌다.

사고 소식을 듣고 달려온 기관장 부인은 '제발 우리 남편 살려달라'고 매달렸다. 지체할 시간도 없어 짧은 순간 대책을 세워야 했다. 막내 순경이었던 나는 사고자를 업고 나올 수 없으니 밧줄을 이용해서 겨드랑이를 결박하고 당겨서 구해보자 제안하고 구해온 수건을 물에 적셔 2겹으로 단단히 입과 코에 두른 후 밧줄을 가지고 무조건 기관실로 내려갔다.

무모한 행동일까 사명감일까

컴컴한 선내에서 의식 없는 사고자의 겨드랑이 사이로 줄을 연결한 다음 위로 당기라는 수신호를 보내곤 나도 빨리 올라가야 했다. 그러나 내가 어디까지 행동으로 옮겼는지 기억도 없고 어느 순간부터 내 몸이 말을 듣질 않았다.

깜빡 하는 순간이 지나고 눈을 떠 보니 병원 응급실의 천정이 눈에 들어왔다. 정신을 차려보니 내 얼굴에 산소호흡기가 씌워져 있고 내 곁에서 울고 있는 아내와 한 살 바기 딸의 모습이 보였다. 의식이 돌아온 나에게 아내는 *"왜 그런 무모한 일을 했냐"*며 나무랐다.

그런 아내에게 나는 *"쓰러진 기관장은 어떻게 됐는데?"*하고 묻는데 벽에 걸린 병원 TV에 뉴스가 나오고 있었다. 「해양경찰관 가스질식 선원구조」라는 자막이 흐르고 있었다.

다행이라고 생각하는 순간 왁자지껄하는 소리가 들렸다.

"봐라! 살았다 안 카나!"

내가 눈을 뜨자 반가워하는 동료들의 고함이었다. 연이어 지서 동료들과 선주가 방문했다.

내 곁을 그들에게 양보하던 아내가 내 귓가에 한 마디를 남겼다.

"다음부턴 마구잡이로 그러면 안 돼. 알았지?"

그 일이 있은 후 해경이란 직업에 대한 나의 생각이 조금씩 바뀌었다. 사람을 구하는 직업의 사명감이 무엇인지도 알게 되었다. 여수 해경을 시작으로 통영, 인천, 부산, 인천까지 그동안 단정장으로서 중국어선 나포임무, 해상 투신자 구조 등등 수많은 사건·사고 현장을 함께 했다.

'*해양 경찰 안됐으면 어쩔 뻔 했어*' 하는 생각이 들면 괜히 뿌듯해지고 세 명의 아들·딸들은 아빠의 그런 모습이 자랑스럽다고 할 때마다 힘이 솟는다. 멍게 사업으로 떼 돈을 벌어본 들 이런 기분은 느낄 수 없을 것이다.

세월호 사고 땐 같은 학우들에게 우리 아빠가 해양경찰이라고 내 놓고 말 못해서 속상했다는 둘째, 해경 해체라는 언론매체를 보고 불안해하던 아내.

"*괜찮아. 언젠간 남들도 알 날이 오겠지…*"

수 많은 사건·사고 속에서 나는 해양경찰관으로 뜻깊은 인생을 살아왔다. 그래서 후회할 일이 없다.

정말 해양경찰 안 됐으면 어쩔 뻔 했어?🛟

온몸 던져 일하는 동료들을 위해

기름 바다 속으로 잠수

2014년 세월호 사고현장에 대원들이 돌아가면서 수중수색을 하고 복귀한 그 해에는 구조대원이 출동하는 횟수가 부쩍이나 많아졌다.

어느 날 수중수색을 하고 구조대 사무실로 복귀하는데 곧바로 TRS에서 다급한 목소리로 무전이 오가는데 관내 오염사고가 발생한 것이었다. 이를 인지한 순간 상황실에서 출동지시가 하달되었다.

우리는 익숙한 몸놀림으로 오염사고에 대응할 파공부위 봉쇄장비와 기본 출동장비를 챙기고 출동하는 고속단정에 몸을 실었다. 초저녁이지만 날이 빨리 어두워지는 시기였다.

현장에 도착하니 지난해 10월 화재로 전소된 선박이 바지선에 계류되어 있었는데 약해진 선체가 침몰하면서 연료탱크 부분에서 연료가 누출되는 상황이었다. 누출이 계속되면 방어진항 일대가 심각하게 오염될 것이 예상되었다.

현장에 먼저 도착한 방제과 직원들과 초동조치에 대해 대책회의를 하고 곧 구조대장이 오염유출 선박 주위로 오일펜스 전장을 해야 하는데 연안이라 방제정은 움직일 수 없으니 고속단정과 잠수사가 들어가 오일펜스를 지상으로 끌고 가서 고정을 해야만 했다.

레귤레이터를 입에 물고 해상으로 입수하자 기름이 입속으로 확 몰려들어 역겨운 느낌이 일었다.

'빨리 움직여야겠다.'

내려주는 펜스의 끝부분을 교차로 매듭하여 중간부분을 서로 이어주고 양쪽 끝부분은 지상과 선박에 고정했다. 쌀쌀한 날씨인데도 땀이 나기 시작했다.

펜스를 고정하고 급한 불을 끄자 이미 날이 어두워져 다음날 아침 05시에 다시 출동하기로 하고 철수했다.

날이 밝아올수록 전에는 볼 수 없었던 기름이 많이 보였다. 침몰한 선체에서 아직도 기름이 새고 있는지 기름방울이 계속 올라오고 있었다. 침몰 선체의 밸브를 차단해야 한다. 그러자면 선박구조를 알아야만 했다.

현재 침몰한 선박과 같은 30톤급 채낚기 어선을 주변에서 찾아 선장에게 양해를 구하고 선박내부를 살펴보았다. 여기저기 탱크의 위치와 밸브의 위치를 외우고, 입구의 위치와 출구의 위치도 외워두었다.

현장엔 믿음직한 동료들이 있다

드디어 양 경사와 짝잠수를 시작했다. 선박은 화재로 인해 출입문이 형체를 알아보기 힘들어 수중에서 다른 입구를 알아보는 작업부터 시작되었다.

시야는 거의 암흑이나 다름없었다. 특히 기관실로 내려가는 출입구를 발견하는데 시간이 많이 걸렸다. 얼마 후 기관실 진입로를 발견했으나 너무 좁아서 잠수장비를 매고는 들어갈 수 없었다. 우리는 착용한 장비를 풀어 옆으로 들었다. 양 경사에게 로프를 건네며 내가 들어 갈테니 로프를 잡고 있으라는 수신호를 보냈다.

화재 선박 내부는 부유물과 탁한 환경탓에 눈앞이 전혀 보이지 않아 잠수게이지마저도 눈에 붙이고 확인해야 했다. 통로는 한 사람이 겨우 들어갈 정도로 좁아 호흡기를 물고 있는 턱에 힘이 들어갔다. 공간도 시야도 없는 위험한 상황에서 어떻게든 호흡기를 절대 놓치면 안 된다는 생각이 들었다.

입속으로는 기름이 계속 들어왔다. 좁은 공간에서 한 손은 잠수장비를 끌고 한 손은 선내 구조물을 더듬으면서 기관실쪽에서 선수방향으로 나아갔다. 5미터 정도 이동했을까 어떤 밸브의 손잡이가 손에 닿았다. 밸브를 힘껏 잠그고 나니 여기저기에 같은 밸브들이 계속 만져졌다. 손에 닿는 밸브는 무조건 돌려 잠그며 전진했다.

한참을 더듬어 전진하다보니 앞이 막혀있다. 몸을 돌릴 수 없어 뒤로 밀면서 들어왔던 입구쪽으로 후진해야 했다. 그러면서 잠기지 않은 밸브가 있는지 다시 확인했다. 뒤로 가는 상황에서도 출구를 알리는 조그만한 빛이 눈에 들어왔을 때 비로소 안도의 한숨이 나왔다.

수중에서 나오니 잠수복과 장비가 기름범벅이 되어있었다. 그때서야 입속에서 끈적하고 냄새나는 이물질이 많이 남아있는 것이 느껴졌다. 더 이상의 기름유출은 없었다. 이날 해양경찰의 발빠른 대처로 방어진 해상의 방제작업은 조속히 마무리 되었다.

세월호 사고의 여파로 그 후 발생한 크고 작은 해양경찰의 활약은

더 이상 언론에 보도되지 않았지만,
여전히 현장에서는 온몸을 던져 일하는 믿음직한 동료들이 있다.

우리가 정의롭다면

이들의 마음이 지치지 않도록 하는 것이 조직의 경쟁력이라는 것을 인식하고 모든 면에서 지원을 아끼지 않는 것이 우선이며 현장이 아닌 곳에서 행정을 수행하는 동료들이 가장 우선적으로 고민해야 할 일이라 생각한다.🛟

해경없는 바다는 앙꼬없는 찐빵

포기하지 않은 작업

　해양경찰에 들어온 지 12년차에 접어들었다. 헬기 정비사 임무로 따져보면 군경력까지 포함해 20년이 되었다. 그동안 많은 일들이 있었지만 다행히 큰 사고 없이 같은 일을 하고 있는것에 감사하고 있다.

　항공기에서 진동은 참 중요한 요소인데 특히 회전체가 있는 헬기의 경우는 발생하는 모든 결함의 주요한 원인이 진동이라고 할 수 있다. 현재 전국 8개 해양경찰 항공대에서 운용하는 헬기는 총 17대로, 해양경찰은 헬기를 이용해 주간과 야간을 가리지 않고 해상순찰과 수색구조, 그리고 도서지역의 긴급환자 수송임무도 병행하고 있다.

　작년에 있었던 일이다. 헬기 중 한 대가 진동이 잘 잡히지 않아 고민이 많을 때였다. 헬기는 회전부분이 크게 메인로터와 테일로터로 나뉘는데 테일로터가 문제를 일으켰다. 진동으로 정비기간이 2일이나 초과되어 모두 마음을 졸이고 있었다. 우리는 테일로터 부분에서 문제가 있다고 생각되는 기어박스 내부의 '슬리브' 부분을 교환하기로 했다. 예상되는 소요시간은 4시간이었다.

절차대로 정비를 시작했으나 뜻하지 않게 교환부분의 일부가 절단되어 기어박스 내부에 고착되어 버렸다. 특수 공구를 사용해서 제거해야 하는데 공구를 장착하는 부분이 절단되는 바람에 이러지도 저러지도 못하게 된 것이다.

정비가 중요한 사항이라 모두들 퇴근도 못하고 지켜보고 있었다. 고민 끝에 비슷한 다른 공구들을 사용해서 작업을 계속해 나갔다. 시간은 자정이 훌쩍 넘어가고 있었다. 그렇지만 야속하게도 '슬리브'는 꿈쩍도 하지 않았다.

여차하면 수억 원에 달하는 기어박스까지 교환해야하고, 그렇게 되면 부속이 도착하기 까지 다시 여러 달을 기다려야 하므로 무척 조심스러운 작업이었다. 새벽 한 시가 좀 넘은 시간이었다. 제거하려고 애쓰던 곳에서 '펑'하는 엄청나게 큰 소리가 났다. 순간 모두의 시선이 내게 집중되었다. 혹시 기어박스가 깨지는 소리였을까? 아니면 제거되는 소리였을까? 당황스러웠지만 조심스럽게 힘을 다시 가해보았다.

'절차에 따라 했으니까 괜찮을 거야'

불안감을 떨치기 위해 나 자신을 위안했다. 역시 내가 생각한대로 일이 풀렸다. 슬리브가 제거되는 빽빽한 소리가 들렸고 단장님을 비롯한 모든 사람들의 얼굴에 미소가 흘렀다. 모두들 안심하는 미소가 얼굴에 가득하다. 내심 뿌듯했다. 이게 뭐라고 그렇게들 좋아하시나 싶었다. 그렇게 작업을 마무리하고 정리를 했다. 시간은 새벽 2시를 지나고 있었다. 긴장이 풀리니 그때서야 저녁을 먹지 못하고 작업을 했다는 것이 생각났지만 집으로 돌아와 쓰러져 버렸다.

다음날 헬기 진동 작업을 다시 시작했다. 생각만큼은 아니지만 전날보다는 진동이 많이 좋아졌다. 지금까지의 정비사로 많은 일을 해왔지만 가장 뿌듯했던 기억이고 잊을 수가 없는 경험이었다.

만약 헬기부속이 고착되어 분해할 수 없는 상황에서 마땅한 제거 방법을 생각해내지 못했거나, 우리가 해낼 수 없다는 생각이 들었다면 자체교환을 포기했을 것이고, 수억 원에 달하는 예산이 수리비로 사용되었을 것이다. 모두가 힘과 지식을 합쳐 불가능에 도전했고 늦은 시간까지 작업을 완수했던 것은 가슴 벅찬 일이었다.

세월호 이후 달라진 소속감

12년 전 나는 아내와 딸을 둔 한 가정의 가장으로 무척이나 절박한 입장에서 해양경찰의 문을 두드렸다. 이 후 해양경찰에서 내가 잘 하는 일, 하고 싶은 일을 계속 할 수 있게 된 것에 감사하고 그래서 항상 즐겁게 출근을 한다.

한때는 소속감을 그다지 느끼지 못했을 때도 있었다. 그러나 세월호 사고 이후 조직이 위기를 겪고 나니 없던 소속감이 절로 생겨나기 시작했다. 그동안 잊고 있었던 여러 가지 중요한 것들이 떠올랐기 때문이었다. 12년 전 면접관은 내게 '항공정비사'가 아니라 '해양경찰이 될 사람'이라고 했다. 그것을 진작 깨닫지 못한 것이다. 진작 그것을 생각했으면 좋았을 걸....

아이들이 물었던 적이 있다.

"아빠 직업은 뭐야?"
"공무원"

나는 그냥 그렇게 대답했다.

그렇지만 그것은 완전한 대답이 아니었다. '해양경찰'이라는 직업을 다 설명하지 못한 것이고, 현장에서 해양경찰 마크를 어깨에 붙이고 각자의 임무를 성실하게 수행하고 있는 동료들의 명예를 감안하지 못한 성의 없는 대답이었다.

그래서 지금은 *"해양경찰"*이라고 대답한다.

해양경찰이 없는 바다는 앙꼬없는 찐빵이나 마찬가지라고 아이들에게 얘기한다. 그러면 아이들은 엄지를 치켜세우며 *"그럼 중요하네"*라고 이구동성 외친다. 그 날 나는 아빠로서 뿌듯해진다.

우리 한 사람은 작지만 각자의 자리에서 가장 작은 것부터 성실하게 임무를 수행하면 각자의 노력이 퍼즐조각처럼 모여, 완벽한 해양경찰을 완성할 것이다. 해양경찰을 통해 내가 좋아하는 일을 할 수 있게 되었고, 소중한 가정을 지키게 된 것에 감사하는 내게 오늘도 행복한 하루가 펼쳐질 것이다.

작은 헌신과 노력이 만든 신뢰

군산 구조대 창설

　20년이 되어가는 예전의 일이다. 지금도 잊지 않고, 연락을 주신 어느 선장님과의 통화에서 나는 과거의 젊은 시절을 눈앞에 펼쳐놓고 회상에 잠겼다.

　인사발령이 으레 그렇듯 아무런 준비도 없이 공문 하나에 의지해 전라북도 군산으로 부임했다. 갑작스레 가족들과 이별인사를 하고 역시 제주와 부산에서 차출된 몇 명의 구조대원과 함께 군산구조대를 창설했다. 사무실도 대기실도 숙식할 곳도 어느 하나 없는 구조대를 최대한 빨리 완벽하게 만드는 것이 그때 부여받은 가장 큰 과제였다.

　아무런 연고도 없었던 군산, 옷 한 벌만 가지고 그곳 생활을 시작했다. 지금 생각하면 그때의 행색은 집도 없이 초라한 노숙자라는 표현이 어울릴 정도였다. 그러나 업무적으로는 구조대를 창설하는 큰 임무를 가진 구조대장이라는 직책이 한시도 쉴 수 없도록 나를 채찍질 했다. 역시 자리가 사람을 만든다는 말이 실감났다.

　다음날부터 구조대장이라는 명함으로 밤낮없이 뛰어다녔다. 어렵게 예산을 받아 건물을 세우고, 구조에 필요한 장비들을 차근차근 준비했던 시간들은 고난의 연속이었다. 그 일을 마무리 할 즈음에는 30대였던 얼굴이 40대 중반의 아저씨로 노쇠해 보일 정도였다. 지금도 머리숱이 없는 외모는 그때의 스트레스와 어려움을 겪은 탓이다.

어엿한 사무실과 거처가 마련된 후 본격적인 구조대 임무가 시작되던 날 아침은 1998년 11월 16일 이었다.

출근과 동시에 새로운 각오로 마음을 다잡고 사무실에 앉을 즈음 한 통의 전화가 걸려왔다. 출동하라는 짧은 지시를 받고 반사적으로 군산 비응항으로 출동했다. 지금도 눈앞에 생생하게 펼쳐지는 그 날은 눈바람이 세차게 몰아치고 평소보다 어두운 바다가 넘실거리고 있었다.

현장에 도착해 상황을 청취해보니 어제 묘박지에 정박한 선박에서 선원 한 명이 실종되었다는 것이었다. 선장은 망연자실한 표정으로 갑판에 앉아 있었다. 동고동락하던 선원이 실종되었다는 사실을 믿기 힘든 듯 선장은 하염없이 담배만 피우고 있었다. 더구나 선수금을 주고 데려온 선원이어서 선장의 상실감은 더했을 것이다.

상심에 잠긴 선장의 모습을 외면할 수 없어 잿빛으로 넘실거리는 사고 예상 지점에 뛰어들어 수중수색을 했지만 성과는 없었고 구조대 인력을 추가 투입했지만 역시 아무 것도 찾을 수 없었다.

특별하지 않은 선물

가만히 공간적 상황을 그려 보았다. 선박의 위치를 살폈을 때 비응항 중간 부분에 묘박을 했더라도 부두와는 겨우 20m 정도 떨어져 있는 곳으로 선원이 마음만 먹으면 얼마든지 육상으로 탈출할 수도 있는 거리였다. 선장과 선원들을 한 명씩 탐문해 본 결과, 이 선원은 절대로 죽을 사람은 아니고 살아

있을 사람이라는 판단이 들었다.

  다음날 실종된 선원은 인근 항포구에서 배를 타기위해 기다리고 있다가 승선과정에서 임검중인 우리 직원에 의해 덜미를 잡히고 말았다. 이 사건으로 선장은 해양경찰을 무척이나 고맙게 여겼다. 그 후 선장과 친분이 생겼고 20여년이 지난 지금도 안부를 물으며 소중한 인연을 이어가고 있다.

  우리가 국민들을 향해 할 수 있는 것은 특별하지 않다. 그리고 국민들이 우리에게 주는 선물도 특별하지 않다.

  우리가 할 수 있는 특별하지 않은 그 일은 '*해양경찰이 필요한 어떤 상황*'에서 정상적으로 임무를 수행하는 것이고, 국민들이 우리에게 주는 특별하지 않은 그 선물 역시 임무를 수행했을 때 주는 작은 관심일 것이다.

  현장에서 임무를 수행하는 우리 각자의 작은 헌신과 노력은 그 파급력이 작지만, 마음으로 전달된 진정성은 아주 더디게 국민의 신뢰를 얻어갈 것이다.

  "*태풍이 몰아쳐도 국민이 부르면 구조대는 출동한다*"라는 구호를 내 평생의 사명으로 생각하며… 나는 다시 20년이 다된 구조대장의 명패를 보며 현실로 돌아온다.

공직자로서의 정의감

자신에게 묻는 두 가지 질문

오전까지 분주하던 민원실은 점심시간이 되자 한산해졌다. 점심식사를 마친 나른한 오후 민원실 창문으로 코스모스가 흔들리는 가을이다. 이때 나를 현실로 되돌아오게 하는 전화벨 소리가 들렸다.

"여보세요. 해경입니까?"

수화기 너머로 중년의 남성이 나타났다.

"제 형님이 1980년대 즈음 북태평양에서 조업하다 실종되었는데 사망신고를 할 방법이 없습니다."

평소처럼 쉽게 접할 수 있는 민원이 아니었다.

"선생님 사망신고라면 법원이나, 주민센터에서 더 잘 안내해줄 텐데요?"

"다 문의해봤지만 사망했다는 증빙서류를 가지고 와야 한다는 데 방법이 없어서 해양경찰에 전화한 겁니다. 도와주세요."

일을 하기 앞서 스스로에게 묻게 되는 두 가지 질문이 있다.

'이것은 우리가 해야 하는 일인가'
'이것은 우리가 할 수 있는 일인가'

첫 번째는 사무분장에 대한 질문이고, 두 번째는 내 능력에 대한 질문이었다. 두 번째가 충족되면 첫 번째는 큰 문제가 아니다. 첫 번째 질문을 따지고 들면 국민이 피곤해 진다.

국가기록원도 없는 자료

내가 해결해야 되는 일이라는 생각이 들었다. 그러나 해결방법이 쉽게 떠오르지 않아 머리가 아파오기 시작했다. 밀려있는 업무를 제쳐두고 이것을 먼저 해결해야 하는지에 대해서도 잠시 고민했다.

"선생님 우선 30년전 당시 상황과 형님의 인적사항 등을 기억나는 데로 말씀해 주십시오."

전화기 너머로 들려오는 목소리를 놓칠까봐 한손으로는 부지런히 메모를 시작했다.

"최선을 다해 찾아보고 연락을 드리겠습니다. 시간이 많이 걸릴지도 모르니 조금 기다려 주세요."

나는 그렇게 기약 없는 약속을 했다.

우선 국가기록원부터 검색했다. 몇 시간을 뒤져도 관련된 자료는 발견할 수 없었다. 혹시나 해서 기록원 담당자와 통화하고 공문을 보내 정식으로 찾아보기로 했다. 며칠 뒤 국가기록원의 답변은 '찾을 수 없다'로 나에게 전달되었다.

다시 1975년 이후 북태평양에서 발생한 모든 해상사건을 일일이 검색하기 시작했다. 우리나라 사이트는 물론 해외사이트까지 검색한지 며칠 만에 비슷한 한 사건을 찾아냈다. 30여 년 전 베링해에서 화재로 선박이 침몰해 선원들이 실종된 사건이 있었다. 확인결과 이 선박이 민원인의 형이 타고 있었던 그 선박이었다. 이 사건은 미국 해안경비대에서 사건을 담당해서 처리하는 바람에 우리나라에는 자료가 전혀 남아있지 않은 사건이었다.

이 후 법원담당자와 직접 통화하여 민원인이 사망신고를 할 수 있도록 얘기하고 곤란했던 임무를 마무리를 했다. 중년 민원인의 연신 '고맙다'는 인사에 나도 모르게 입가에 미소가 번지고 있었다.

한 기관의 대표로 민원실에 앉아있는 나는 민원인들로부터 듣는 '고맙다'는 말이 좋다. 내게 하는 말이지만 생각해 보면 우리조직 '해양경찰'에게 하는 말이기 때문이다.

지금까지 우리가 그래왔듯이...

이 곤란한 민원을 처음 받았을 때 선뜻 '해야겠다'는 생각이 든 것은 '공직자로서의 정의감'과 '어려운 문제를 접하고 해결할 때의 성취'를 맛보고 싶었는지 모른다. '오늘도 누군가에게 도움을 줬구나, 역시 나야'하면서 스스로를 칭찬해 주었다.

해양경찰이면 어느 곳이든 같은 도움을 요청받았을 때

똑 같은 서비스를 해 줄 수 있어야 한다.
그것이 해양경찰이 국민에게 일관된 서비스를 제공하는 모습이고
*'신뢰받는 기관'*이 되는 방법일 것이다.

일관성은 모두가 같은 마음가짐을 갖는 것이고
민원인을 가족처럼 대하는 것이다.

지금까지 우리가 그래왔듯이...

경찰의 임무

북상중인 선박

2006년 속초, 나는 260함에 근무했었다.

불규칙한 봄바람도 사그러들기 시작하는 6월, 우리나라 최북단인 이곳에서는 금강산이 멀리 보이는 아름다운 해역이지만, 한편으로 눈앞에 금강산을 두고 갈 수 없는 분단의 현실을 느끼는 곳이기도 하다.

속초는 우리가 가진 분단의 현실이 주는 막중한 임무를 가지고 있다.

속초 주요 경비구역에서의 임무는 어로한계선 경비 임무로 월북, 월남하는 선박들 감시가 포함되어있다. 이곳에서 조업하는 선박들은 새벽 4시경 거진항, 대진항에서 출항해서 어로한계선 부근까지 올라가 조업한다. 이들은 정오쯤 되면 돌아와 각 항에 입항하고 오후에는 경비정만 움직이는 한산한 해역이 된다.

무거운 긴장감이 수십 년째 가득하지만 겉으로 보기엔 한없이 아름답고 평온한 해역이다.

그날 한적한 오후의 순찰시간에 한 물체가 레이다에 잡히기 시작했다.

"침로 00도 속력 8노트로 북상하는 어선…"

'왜 북으로 이동할까', 이상조짐을 느낀 우리는 북상중인 어선을 향해 접근을 시도했다. 그런데 견시 요원이 쌍안경으로 조타실을 확인해보니 그 안에 사람이 없다는 것이다.

'무언가 잘못되었구나.'

비상상황임을 감지한 우리는 어선의 월북을 막기 위한 모든 방법을 생각해보았다. 특히 이 지역은 북한 해안포 사정권에 들어가는 곳으로 어로한계선을 지나 월북한다면 북측 해안포가 가동 될 수 있는 곳이다.

다급한 상황, 함장님은 이 선박의 우현선수를 들이 받아 뱃머리를 돌리는 방법을 택했다. 지시에 따라 어선의 우현선수를 들이받자 어선이 좌현 30도 정도 기울면서 뱃머리가 돌아갔다.

월북할 뻔 했던 선박

그런데 갑자기 어선에서 보이지 않던 사람이 배가 기운 것에 놀라 조타실로 올라왔다. 즉시 차단기동을 멈추고 어선을 정지시켜 경비정에 붙이게 했다. 그리고 선장을 상대로 자초지종을 들어보았다.

선장은 음주상태에서 운항 중 침실에서 잠든 후 강릉에서부터 최북단 어로한계선까지 떠밀려 온 것이었다. 자칫 우리 국민이 본의 아니게 월북하고 가족들도 만나지 못할 상황이 될 뻔했다.

경찰은 국민이 위험에 처하는 상황을 막아내는 것이 임무다. 그것이 설사 본인 의도이거나 실수라 해도 마찬가지이다.

오늘도 경찰의 신분으로 경계임무 수행에 한 치의 공백이 없도록 노력하고자 다짐한다.

항상 기본에 충실하라

쉴새없이 다가오는 유혹의 손길

선박사고가 발생했을 때 승선원 파악이 잘 되지 않으면 국민의 질타를 받는다. 선박의 임장 임검은 매우 중요한 일이지만 출·입항 선박수에 비해 해양경찰 인력은 턱없이 부족한 실정이어서 아직 완벽한 임장 임검을 기대하기 힘들다.

2009년 10월16일. 포항시 구룡포 파출소에 근무할 때였다. 정오가 되자 낯익은 선원이 출입항 신고를 하러왔다. 이 선박은 구한길호(75.97톤)로 동해 묵호 선적의 저인망 어선이며 승선원은 8명 이었다.

당시 파출소 경찰관들은 오전부터 생긴 사고처리로 점심식사 시간을 넘긴 상태였는데, 오후 저인망 어선들의 임검이 시작되면 식사를 완전히 거를 상황이다. 유혹이 찾아왔다. 저인망어선의 경우 통상 당일 조업으로 연안에서 대여섯 시간을 조업하고 입항하는지라 크게 위험의 소지가 없었다. 임검을 생략하고픈 마음이 점점 커지다가 이내 사라졌다.

지금은 한창 채낚기 어선의 출입항이 많아지는 시기여서, 경찰관이 더 분주하게 움직이는 것을 보여줄 필요도 있고, 특히 이 어선이 이번 출항에 선원 변동이 있고 외국인 선원이 많이 승선한 선박이어서 임장 임검을 생략할 수 없다는 판단이 들었기 때문이었다.

어선에 올라서서 얼굴이 검붉은 외국선원들을 일일이 확인했다. 안전조업을 당부하고 불법조업을 하지 말라는 통상적인 교육을 했다. 그리고 승선원의 신분을 차례로 확인하였는데 새롭게 승선한 선원 중에 한 명이 수배자로 확인되었다. 조회 결과 수배자는 벌금을 미납한 B급 수배자였으며 파출소로 동행을 요구했다.

수배자인 선원은 본인의 딱한 사정을 경찰관에게 호소했다.

"현재 벌금을 납부할 돈이 없으니 조업을 마치고 들어와 벌금을 납부하면 안되겠습니까? 부탁드립니다. 오늘만 나가게 해 주세요"

이번엔 선장도 나섰다.

"제발 그렇게 좀 해 주십시오. 요즘 조업도 힘든데, 선원 구하기도 어렵고 오늘 조업을 마치고 돌아오면 제가 벌금을 대신 납부하겠습니다."

또 한번 유혹의 손길이 내려왔다. 그래 좋은 게 좋은 거다.

이대로 수배자를 출항시키는 것이, 수배자도 선장도 바라는 바이며 파출소의 업무부담도 덜어진다. 왜냐면 벌금 납부가 되지 않으면 수배자를 검찰청까지 직접 동행해서 인계해야하는 문제가 있고, 멀리 검찰청까지 1명이 가게 되면 가뜩이나 3명밖에 없는 파출소 근무에 인력 부담이 생기게 된다.

수배자를 눈감아주고 출항시켜야 하는 논리들이 차례로 만들어 졌다. 유혹의 손길은 내 이성을 흐리게 하고 있었다.

그러나 잠시 후 나는 무엇에 홀렸는지 원칙대로 수배자를 처리하기로 했다. 선장의 불평을 뒤로하고 선원 8명을 출항조치 하였고, 수배자는 파출소로 데리고 와서 검찰청에 신병을 인계하였다.

그로부터 두 시간 후 상황실에서 다급한 연락이 왔다.

"선박충돌사고 발생, 어선 침몰 중, 가용세력 출동지시"

이날 수배자를 내리게 했던 구한길호는 양포 동방 6마일 해상에서 5천 톤급 화물선 JH YOUNG호와 충돌하여 침몰했고 선원 8명중 4명은 경비정에 구조되었으나 4명은 사망하거나 실종되었다.

이날 수배자인 선원은 원칙을 말하는 경찰관에 의해 죽음의 문턱에서 돌아온 것이다.

원칙대로 출항을 막은 것이 어쩌면 피할 수 없을 뻔 했던 사람의 운명을 바꾼 것이었다. 나는 이날 경찰관의 일상적인 결정에 따라 사람의 생명이 좌우되는 경찰로서의 무거운 책임을 경험했다.

수배자가 출항했다면 과연 어떤 일이 벌어졌을까?
항상 기본에 충실하라는 잔소리 같은 문구가 그날 내 가슴에 새겨졌다.

아는 것이 힘

기피지인 섬으로의 발령

입사한지 갓 8개월 된 2005년 봄날 저녁이었다. 그 날도 여느 날과 같이 출동을 마치고 집에서 씻고 있는데 함께 근무 중이던 P정 부장님으로부터 전화가 왔다.

"최 순경 어떻게 된 거야?, 섬으로 발령 났네? 내일까지 착임하래."

예고 없는 섬 발령에 멘탈이 붕괴되었다. 경찰서 동기에게 물어보니 도서지방은 기피부서여서 신임 순경인 내가 발령난 것이라고 했다. 다음날 착잡하고 걱정되는 마음으로 나는 충남 보령에 소재한 섬으로 들어가기 위해 여객선에 몸을 실었다.

근무 첫 날 저녁, 혼자 근무 중이던 출장소에 불청객이 찾아왔다. 내가 부소장으로 왔다는 소리를 듣고 관내 선장이 군기를 잡으러 술을 먹고 찾아온 것이었다. 선장은 출장소 문을 밀치고 들어오자마자 소리쳤다.

"해경은 다 XXX이고, 부소장인 당신도 조심해라! 목을 잘라버린다!"

그리고 한참동안 여러 욕설을 이어나갔다. 취객 응대 경험이 없었던 나는 당황했지만 기가 밀리면 안 된다고 생각했다.

"선장님. 첫날부터 이게 뭡니까? 오늘은 일단 돌아가시고 내일 다시 이야기 하시죠."

선장을 잘 타일러 그 날은 겨우 귀가시켰다.
선장이 돌아간 뒤 나는 한참을 생각했다. 내가 나이가 어리고 신임순경이지만 경찰관이니까 절대 무시당하면 안 된다는 생각이 들었다.

'무시당하지 않으려면 지식이 있어야 한다.'

그래서 공부를 해야겠다고 생각했다.

최 순경의 이상한 행동

다음날부터 나는 공부를 시작했다. 사비 10만 원을 들여 수사서적을 구입해서 몇 번씩 읽으면서 단속, 채증 방법, 법령 등 관련 지식을 습득하기 시작했다. 궁금한 사항은 수사출신 선배에게 수시로 전화해서 물어보며 지식을 쌓았다.

어느덧 부임한지 보름이 되었고 기초지식이 조금씩 쌓이자 관내 불법 어구들이 눈에 들어오기 시작했다. 나는 순찰 오토바이를 타고 다니며 어구들을 채증 하기 시작했다. 어구들이 위법인지 확인하기 위해 국립수산과학연구소의 박사를 섭외해서 문의했는데 친절하게도 박사님은 채증자료를 메일로 받아 위법사항을 상세하게 설명해 주었다.

어민들은 나의 행동에 관심을 갖고 지켜보기 시작했고 작은 마을에 '최 순경의 이상한 행동'에 대한 소문은 금새 퍼졌다.

함께 교대근무를 하던 사람 좋은 선배 경찰관도 휴무일에 섬까지 들어와서 내 행동에 대해 충고했다.

"어민들에게 그러지 마라. 큰일 난다."
"내가 잘못된 일을 하는 게 아닌 만큼 선배에게 피해가 되지 않도록 하겠습니다."

선배를 설득했다.
새로 온 최 순경이 아무래도 이상했는지 어촌계장과 마을 유지들이 출장소로 찾아왔다.

"부소장님, 요즘에 선착장에서 계속 사진을 찍으시던데 왜 그러신데유?"
"섬 지방이라 그런지 불법으로 의심되는 어구가 좀 보여서요, 경찰관이라면 마땅히 해야 할 일이지요. 제가 아직 신임이라 잘 모르지만 위반사항들이 파악되면 정식 보고를 하고 형사들과 단속할 예정입니다."

갑자기 어민들의 얼굴이 하얗게 되었고 특히 첫날 나에게 욕했던 선장의 얼굴은 창백해 졌다.

"아이구, 선상님 왜 그런데유. 지가 잘못했어라. 첫날 그렇게 한 것은 진심으로 사과드립니다. 다시는 그러지 않겠습니다."

선장은 해안에 그동안 방치했던 어구들을 내일까지 전부 치우고 앞으로는 그런 일이 없도록 조치하겠다고 약속했다.

가끔 그 시절을 떠올리면서 스스로 대견하고 잘했다는 생각이 든다. 내가 다시 그때로 돌아가도 그렇게 열정을 가지고 일할 수 있을까? 하는 생각을 하며 앞으로도 초심을 잃지 않는 경찰관이 되어야겠다는 생각이 든다.

어느 자리에 있든 나는 있는 힘을 다해 노력할 것이다.
줄곧 나 자신을 채찍질하는 이 한마디 때문이다.

"경찰관의 힘은 지식에서 나온다."

공권력과 신뢰의 함수관계

설마 단속할 수 있겠어?

해양경찰은 현장이 우선이다.

해양경찰이라면 각종 사건사고와 민원신고를 접할 수 있는 안전센터나 출장소에서 근무해봐야 한다고 나는 생각한다.

2010년도 장승포 파출소에서 근무할 때였다.

가을, 겨울철이면 장승포 두모항 인근해상에서 대하(새우)가 많이 잡히는데 1~2톤의 영세어선에 평균 65세 이상의 노부부들이 자망(刺網 : 고기 몸둘레가 망목에 끼이게 하여 잡는 그물)을 이용해서 조업하는 일이 많았다. 그러나 자망을 세겹으로 한 '삼중자망'을 사용하는 것은 불법이다.

장승포 지역은 관행적인 불법어업과 더불어 어촌 계원들 간의 개인적인 불화로 서로를 신고하는 일이 잦았다. 두모항 파출소에 이틀에 한 번꼴로 유독 민원이 잦았던 이유는 어촌계장을 선출하면서 형성된 파벌로 서로 다투어 왔고, 똑같이 불법조업을 하는 상대방을 신고하는 방법으로 서로를 괴롭혀

온 때문이었다.

찬바람이 부는 12월 어느 날 새벽, 이 날도 어민들이 상대방의 불법조업 사실을 신고해 왔다. 신고인 역시 같은 불법조업을 하고 있지만 신고에 거리낌이 없었다. 왜냐면 조업시간이 이른 새벽인데다, 순찰정이 현실적으로 운항할 수 없는 해상날씨였기 때문이었다. 신고인은 '설마 해양경찰이 신고만 받지 단속을 하겠나?' 라는 추측을 하는 것이다.

게다가 막상 육상에서 단속하려 해도 어선이 들어올 때 삼중자망은 바다에 그대로 고정시킨 채 어선에 놓아두지 않는다. 그러므로 해경이 육지에서는 단속할 수 없다는 점을 신고한 어민은 잘 알고 있는 것이다.

그들이 철석같이 믿고 있는 해양경찰의 무능함....

오직 상대쪽 어민들에게 불안감을 주고 상대편 신고에 대한 보복으로 양 진영 어민들은 해양경찰의 민원신고 제도를 싸움에 이용해 온 것이었다. 그러면서 언제나 해양경찰의 무능함을 비웃어왔다.

12월 초 바다가 세차게 흔들리는 저녁, 우리는 출어 어선을 확인하고 순찰정을 이용해 단속에 나섰다. 파도와 바람을 헤치며 서로를 신고하던 어민들의 삼중자망(불법어구)을 샅샅이 찾아내어 한 번에 4건을 단속해 버린 것이다.

원칙 단속으로 얻은 신뢰

'설마'하고 서로 해왔던 신고로 하루만에 4건이 단속되자 평소에 단합하지 않던 마을어민들이 동시에 힘을 합쳐 파출소로 몰려왔다.

"우리는 한 철 조업으로 일 년 묵고 산다."

"묵고 살라다 보이 이래 됐다."
"진짜 이번이 처음이다. 한번만 봐 주라…"

온갖 항변과 회유, 그리고 각종 인맥을 동원한 단속무마 청탁 등이 밀려들었다. 수사의 사후처리가 결코 쉽지 않았지만 나는 고집스레 원칙대로 그들을 입건처리 했다.

이후 이틀에 한 번씩 들어오던 동일한 민원신고가 갑자기 사라져 버렸다.
그 후부터는 불법조업을 하지 않는다고 장담할 수는 없지만 민원신고는 없어졌고 어촌계장도 파출소 업무에 협조적으로 변했다.

어느 지역이나 민원신고가 많은 곳이 있다.
민원신고의 대다수가 개인이나 특정집단의 이익을 위한 상대방과의 갈등이 원인이다. 그러나 해양경찰이 단속할 수 없을 것이라고 생각하고 신고를 일삼는 악질민원의 행태는 절대 용납될 수 없다. 해양경찰의 능력을 시험하는 일이기 때문이다.

평소 어민들의 바람처럼 경찰이 '단속을 하지 않는 것'과
경찰이 '원칙에 의해 단속을 하는 것'.
둘 중 어떤 것이 더 신뢰받는 해양경찰의 모습일까.

이 날의 단속으로 우리 파출소는 어민들에게 공식적인 신뢰를 얻게 되었다.

유능함으로 능력을 인정받고 원칙에 의해 임무를 수행하는 것이
국민들에게 존경받는 조직이며 공직자의 자세다.

공무수행에 필요한 공권력의 힘은
사건에 원칙적으로 투사될 때

비로소 국민으로부터 신뢰를 획득한다.

공권력을 제대로 발휘할 때
신뢰받는, 나아가 존경받는 조직이 되는 것이다.

협로에서 당황스런 기관고장

내 손으로 충돌접안 시켜야 하다니

　2011년 울산 307함 기관사로 근무할 때 일이다. 경비임무 수행을 위해 출항 전 통상적인 출항검사를 위해 여느 때와 같이 주기관(main engine)과 발전기 윤활유, 청수(淸水) 터닝 계통 등 전반적인 기관점검을 마치고 출항을 시작했다.

　울산 경비함정 전용부두는 기다란 수로 같은 해로의 안쪽에 위치해 있다. 바다로 나가려면 이 긴 해로를 따라 한동안 전진해 나가야만 비로소 넓은 바다를 만나게 된다. 출항을 위해 우리는 평소처럼 307함의 시동을 걸고 주기관의 변속 기어를 후진으로 넣고 함정을 다른 정박함정의 대열로부터 서서히 이탈시켰다. 완전히 대열로부터 이탈되자 타를 우현으로 돌려 선수를 경비구역으로 향하게 했다. 이제 전진만 하면 된다. 기어를 전진으로 밀었다. 그런데...동력전달을 하는 클러치가 먹통이 아닌가.

　"함장님!!, 클러치가 말을 듣지 않습니다!"

　함정은 후진타력으로 인해 부두 맞은편 조선소로 향하고 있었다. 전 직원의 얼굴이 노랗게 변했다. 눈앞이 캄캄하다는 느낌이 무엇인지 그때 느꼈다.

우리는 함정이 더 이상 뒤쪽 부두로 끌려가지 않도록 비상 투묘를 준비했다. 그야말로 초 비상상태에 돌입했다. 어느새 부두 반대편과의 거리는 불과 5미터 남짓이다. 거대한 콘크리트 벽이 어둠의 그림자가 되어 우리에게 다가오는 것이다. 충돌로 인한 충격도 상상 이상이지만 그 뒤처리 또한 생각만 해도 아찔할 판이었다.

그때 갑자기 클러치가 '카카칵!' 소리를 내며 먹혀들었다. 다행히 전진 기어가 물려 들어가게 됐고 함정은 더 이상 후진을 하지 않은 채 서서히 부두 반대방향으로 나가기 시작했다. 그러자 우리는 함정을 전용부두 접안시설로 되돌리기로 했다. 그러나 협소한 항로에서 복잡한 조함작업을 해야 하는 상황인데 클러치 작동이 불안하고 함정의 변속능력도 믿을 수 없는 상태가 아닌가. 좁은 항로에서 조함되지 않는 삼백 톤 함정을 운용하는 이 순간의 기분은 그야말로 지옥에 떨어진 듯 절망스러웠다.

함장은 이 짧은 시간동안 무척이나 깊은 생각에 잠겨 있다가 최후의 판단을 했다.

"조선소 앞 TTP(테트라포트)에 충돌하여 접안한다!"

우리가 종교처럼 신성하게 여기던 경비함정을 우리 손으로 충돌 접안시켜야 하다니 기막혔지만 다른 선택의 여지는 없었다. 경비함정을 충돌지점으로 몰고 가는 동안 아무도 말이 없었다. 우리는 최대한 저속으로 목표지점으로 다가갔다. 이러한 위기 순간에 내 힘으로 할 수 있는 일이 아무것도 없다는 것이 무엇보다 힘들었다.

다행히 TTP가 연결된 어떤 공간에 곱게 쌓인 모래층이 보였다. 함정은 모래층 위에 살포시 얹히면서 아무런 피해 없이 멈춰 설 수 있었다. 그러나 지금도 그 순간을 생각하면 아찔하고 가슴이 뛴다.

'선제적 대응'이란 마음자세

그때의 일은 나에게 많은 생각을 안겨주었다.

'왜 이런 사고가 발생했을까' 원인 분석결과 조종계통 전자회로인 좌현 기어박스 ECS BOX 14번 릴레이 작동상태 불량으로 판명되었다.

그러나 기술적인 문제보다 더욱 중요한 것은 나의 마음가짐에 있었다. 평소 수없이 반복했던 장비에 대한 출항점검을 하는 동안 '늘 잘 되던 것이 별 문제 있겠나'하는 안일한 생각이 나도 모르게 내 마음속에 자리 잡았던 것 같았다.

기본적인 점검 외에 간헐적으로 문제가 될 수 있는 것들을 꼼꼼하게 챙기지 못한 것이 사고를 부른 것이다. 모든 장비에 대한 점검이 가능하지 않더라도 문제가 될 수 있는 장비를 식별해 점검하는 능력이 있어야 하는데 이를 제대로 못하고 출항점검에서 누락시킨 것이었다. 장비점검에 대한 기관사의 작은 결정이 '좁은 해역'과 '경비 함정'이라는 특수한 상황과 연계되어 대형 사고로 이어질 수 있었던 아찔한 상황이었다.

우리 함정 기관부 직원들이 함정에 대해 제대로 모르고 있거나, 안다고 해도 각자 전공한 분야가 나눠지므로 자기 전공 분야가 아닌 것은 이해할 수 없을 지도 모른다. 그래서 문제가 발생하면 직접 찾아 해결하려는 의지와 능력이 줄어들게 되고 멀리 있는 전문가를 기다리며 의존하게 된다.

그러나 그런 마음가짐으로는 해상에서 발생하는 긴박한 상황에서의 대처

능력은 떨어질 수 밖에 없다. 내가 타고 있는 함정에 맞추어 역량을 향상시키는데 노력하고, 모든 일에 선제적으로 대응한다는 마음가짐으로 근무한다면 자체사고는 줄어들 것이다.

 함정인력 배치문제도 지금보다 신중해야 한다. 경비 함정을 다루는 인력은 전문가 위주로 배치해야 하고, 이미 숙련되어 있는 함정 전문가를 쉽게 다른 곳으로 전출시켜서는 안 될 것이다. 함정에 배치된 인력구성에 따라 해양경찰의 임무능력과 함정을 관리하는 예산은 매우 큰 차이를 보이기 때문이다.

제2장

바람과 파도를 견디는 갯바위처럼

편저자의 글

"해경은 비리가 많다더라."

해양경찰 조직은 대한민국 이전에는 없었던 조직이다.
거의 모든 행정조직들은 과거의 시대에도 유사한 역할을 하며 존재했지만 비행기가 나타나기 이전에 공군이 없었듯이 대한민국 이전에 우리에게 해양경찰은 없었다.

바다는 있었지만 해금(海禁)정책과 공도(空島)정책에 묶여 근 500년간 바다를 모르고 살아왔기 때문이었다. 그런 사실조차 모르는 사람들이 너무 많다. 그러니 해양 안전을 위한 조직이나 해양문화가 있을 리 없었다.

고려시대까지만 해도 해상강국이던 한반도에 조선왕조가 들어서면서 그들은 바다를 닫아버렸다. 바다를 열면 모험과 미래가 펼쳐지고 문화의 폭과 역량이 확대되지만 바다를 닫으면 우물안 개구리가 된 채 획일적이고 자폐적인 국가로 사회 전체가 경직된다.

근 500여 년간 바다를 닫고 산 덕분에 우리는 바다를 부정적 감정의 원천으로 여기고 두려워한다.

우리의 심성 근저에 일렁이는 바다는 언제나 이별과 슬픔과 외로움과 통한의 바다일 뿐 모험과 도전과 성취와 희망의 바다는 아니었다. 노랫말에도 그 흔적은 남아서 "쓸쓸한 바닷가에 나 홀로 외로이…", "바다가 육지라면….", "저 바다가 없었다면…"처럼 바다는 우리에게 장애물이요, 원망과 공포의 대상이었다. 신수 점을 보면 빠지지 않는 "물 조심 하라"는 구절이 우리의 바다 공포증을 대변한다.

필자도 기자 시절에 해경에 대한 이야기는 숱하게 듣고 살았다.

"바다에서 지내니까 술을 말술로 마신다더라."
"비리가 말도 못한다더라."
"큰 배 한번 털면 거기서 나오는 콩고물이 엄청나대."

이런 무시무시한 말들이 나온 배경을 요즘 와서 돌아보면 저들은 해경을, 아니 바다를 모른다는 사실, 그래서 공포에 시달린다는 사실을 느낄 수 있다.
유독 해경을 이해 못하고 바다를 이해 못하는 이유가 바다를 몰라서였다고 짐작하게 되는 것이다. (편저자)

사람 구하는 일.. 그것이 소명

가족 여행 중에도 인명구조

2012년도 8월은 유난히 더웠다. 땀을 뻘뻘 흘리며 모처럼 가족들과의 여행에 들떠 캠핑 장비를 하나하나 챙기고 가족들은 아이처럼 설레는 마음으로 강원도 홍천으로 떠났다.

동서들까지 모여 4박 5일간의 대가족 캠핑이었다. 우리가 도착했을 때 홍천강 강가에는 경기도와 서울에서 물놀이를 온 피서객들이 쳐놓은 형형색색의 텐트가 넓은 마을을 이루고 있었다.

어렵게 빈틈을 찾아 텐트를 치고 취사도구를 준비하고, 분주한 몸으로 4박 5일의 일정을 준비하느라 여념이 없는 사이 아이들은 역시나 계곡까지 달려가 풍덩거리며 즐겁게 물놀이를 즐기고 있었다.

그 순간 어디선가 '사람 살려'하는 목소리가 들리기 시작했다. 사람들이 모여들었고, 분주하게 타프를 설치하고 있던 나는 직감적으로 '익수자' 발생이라 생각하고 안전요원이 있는지 확인해 봤으나 보이지 않았다.

안전요원이 없다! 내 눈에 보이는 익수자는 안전펜스 너머 상류쪽 강의 한 가운데 약 100m 거리에서 물속으로 들어갔다 나왔다를 반복하며 떠내려 오고 있었다.

주변에 모인 사람들은 각자가 웅성거릴 뿐 누구하나 나서서 물속으로 뛰어 들지 않았다. 주변을 둘러봐도 이 상황의 다급함을 아는 사람은 나밖에 없으리라. 이제 익수자가 버틸 수 있는 시간은 몇 분 남지 않았다.

'내가 아니면 저 사람은 죽겠구나',
'나는 해양경찰이며 인명구조훈련을 받은 전문가가 아닌가!'

스스로 용기를 북돋우고 앞으로 나섰다.

"여러분 저는 해양경찰입니다. 119구급차를 불러주세요!"

나를 바라보는 사람들의 시선을 뒤로한 채 옆에 있던 작은 꼬마가 들고 있던 튜브를 빌려 안전펜스를 뛰어넘어 강물 속으로 다이빙을 했다.

한동안 강물을 헤쳐 나가 사고지점에 도달했다. 다행히 익수자는 아직 정신을 잃지 않았고 내가 내민 튜브를 잡았다. 긴장을 한 탓인지 더위 탓인지 잠깐 동안의 수영이 힘에 부친다. 나이 오십이 다 되니 떨어진 체력 때문이리라.

자랑스럽게 바라보는 그 눈망울

튜브를 잡고 있던 요구조자를 끌고 펜스 근처까지 수영을 해 왔다. 이쯤이면 다 왔겠지하는 생각에 튜브를 요구조자에게 넘겨주고 내가 몸을 세웠을 때였다. 발이 닿지 않았다. 동시에 내 몸이 물속으로 빨려들어 갈 듯 가라앉는다. 한순간 입속으로 역류한 물이 코끝을 맵게 만들었다. '아!. 내가 방심했구나!' 허겁지겁 요구조자의 튜브를 잡았다. 한참동안 수영을 더 한 끝에 요구조자와 더불어 강가에 도착했을 때 사람들의 우레와 같은 박수를 받았다.

"야~ 해양경찰이 있어서 정말 다행이야!"

환호의 소리 중에 유독 나에게 집중하던 하나의 눈동자를 느낄 수 있었다.
요구조자를 119구급차에 실어 보내고, 그날 저녁 아내는 물론 처형들까지 위험했던 상황에 뛰어든 나를 걱정하며 나무랐다.

"놀러와서도 해양경찰 이야?"

가족들의 마음이 느껴졌다. 걱정되면서도 가족으로서 또한 해양경찰인 나를 듬직해 하는 것이다.
구조 당시 나를 바라보던 유난히 빛나던 그 눈동자가 내게 묻는다.

"아빠 아니었으면 그 사람 죽었겠지?"

대답이 필요 없는 멋진 질문이었다. 그리고는 총총 신나는 걸음을 뛰어 멀리까지 달려간다.

'사람을 구하는 일....' 아무나 할 수 없고, 아무나 하도록 해서도 안 되며, 그 기회조차 선택받아 태어난 몇몇 사람들만 가질 수 있는 신과 같은 특권이다. 이것이 해양경찰의 '소명'이리라.

아버지를 자랑스러워하고, 아버지를 자랑스럽게 바라보던 그 눈망울...
내가 돈을 아무리 많이 벌어도 내 아이로부터 결코 받아볼 수 없는 그 눈빛을 나는 한없이 받고 살아간다. 이 역시 해양경찰이었기 때문에 얻을 수 있었던 큰 선물이다.

우리만 믿으세요!

집어 삼킬듯한 강풍 속의 구조

 오래 전, 97년 4월 3일 21:00 경, 그 순간은 지금도 잊을 수 없다.

 통영 등가도 부근에서 상선 제3 오성호가 좌초되었고 구명정에 올라탄 5명의 선원들이 살려달라고 애타게 구조를 요청하고 있었다.

 그 날 21:00가 조금 넘었을 무렵 상황실로부터 *"상선이 등가도에 좌초되어 일부 선원은 등가도에 있고 나머지 선원은 바다에 뛰어내렸다"*며 구조 지시가 내려왔다.

 제3 오성호는 787톤의 유조선으로 기상이 매우 좋지 않은 그날 위험한 해역까지 밀려와 좌초된 것이다. 그 날은 무월광으로 칠흑같이 어두운 밤이었고 바람이 초속 14 - 18m, 파고는 5m 이상으로 경비함정도 몹시 흔들리고 있었다.

 당시 우리는 경남 통영에 있는 국도 주변에서 유동경비를 하고 있었다. 항해당직을 수행하던 나는 입사 후 277함에 승선한지 몇 달 안 되는 신임 순경이었다.

구조 명령을 받은 우리는 속력을 높여 약 15분 만에 현장에 도착했다. 어둠을 가르는 탐조등의 흰 빛 속에는 파도에 흔들리며 침몰중인 유조선과 그 옆으로 점점 멀어지는 붉은색 점하나가 보였다. 구명정이 틀림없었다. 전속으로 달려온 보람이 있었다. 우리는 파도속에서 서서히 구명정으로 접근했다.

하지만 파도가 너무 높아 구명정에 접근하는 것은 쉽지 않았다. 자칫 300톤짜리 경비정이 흉기가 되어 선원들을 덮칠 판이었다. 구명볼과 구명환을 던졌지만 강풍은 이것들을 우리에게 다시 집어던지듯 했다. 어떤 것도 구명정에 타고 있던 선원에게 도달하지 못했다.

파도에 오르내리는 경비정은 좌우로도 30도 가량 흔들리고 있었다. 구조하러 왔다가 자칫 우리가 갑판에서 추락할 상황이었다. 짧은 순간이지만 그 상황에서 가장 적합한 구조방법을 생각해내야 했다. 나는 함미에 있는 3인치 홋줄로 구조하는 방법을 떠올렸다. 구명환보다 무게가 더 나가 잘만 하면 선원들에게 전달될 듯했다.

몇 번의 시도 끝에 홋줄은 구명정까지 도착했다. 구명정과 경비정이 5m의 파도속에서 각기 따로따로 오르내리는 가운데 마침내 한 사람, 한 사람이 경비정으로 올라탈 수 있었다. 마지막 다섯 번째 구조자만 경비정에 오르면 모든 상황은 끝난다.

아! 구조가 끝났다

보통 사람들은 거대한 파도를 만나면 인간을 압도하는 자연의 힘을 느끼고 겸손해진다. 그런데 그 겸손이 지나치면 겁에 질려 자포자기나 좌절로 이어질 수도 있다. 누구나 두려워하며 그 또한 사실이다. 조명빛 아래 홋줄을 잡고 있던 마지막 선원의 얼굴에는 절망섞인 눈물이 보였다. 겁에 질린 그는 줄을 잡고 오르는 동작 대신 고함을 치기 시작했다.

"나는 도저히 무서워서 올라갈 수 없으니 그냥 포기하세요!"

그렇게 말한다고 해서 우리가 "예. 그럼 우리 이만 갈게요"라며 순순히 포기할 수는 없지 않은가. 이제 내가 고함칠 차례였다.

"몸에 홋줄만 거세요! 우리만 믿으세요!"

실랑이가 계속됐다. 그를 설득하는데는 많은 시간이 흘렀다. 구명정의 선원이나 경비정의 우리 모두가 파도에 뒤집혀질 상황에 처하게 됐다. 파도가 경비함정까지 높이 들어 올렸다 내동댕이치곤 하자 비로소 그도 용기를 냈다. 자칫 자신 때문에 우리까지 위험에 빠질 것을 염려한 덕분일 것이다. 그의 용기는 이기심이 아닌 이타심에서 촉발됐다. 그는 결심한 듯 스스로 홋줄을 몸에 감고 탈출 준비를 했다.

시소처럼 오르내리는 경비정과 구명정. 이 리듬이 중요하다. 경비정이 구명정 쪽으로 기울어 졌다가 다시 올라오는 순간을 이용해 낚시하듯이 구조자를 채 올렸다. 순간 그는 낚시에 걸린 고기마냥 공중으로 날아올라 경비정 갑판에 널브러지며 목숨을 이어갈 수 있었다. 자신과의 싸움에서 이겨낸 것이다.

나는 속으로 '아! 구조가 끝났다!'는 기쁨의 탄성을 질렀다. 돌아보니 제3오성호는 선미부터 서서히 가라앉기 시작했다. 그리고 순식간에 선수도 바다로 들어가 버리면서 완전히 침몰했다. 구조된 선원들은 새로운 삶을 얻었다며 우리에게 다가와 기쁨의 눈물을 흘렸다.

"꼭 이 은혜는 잊지 않겠습니다. 정말 감사합니다."

나는 그 순간 가슴속에서 울컥 올라오는 감동을 느꼈다. 지금도 그때 그 사건을 생각할 때면 내가 해양경찰이라는 사실에 자부심을 느낀다.

사고는 항상 발생한다. 모르는 사람들이나 사고가 나지 않기를 바라지만 사고는 매번 일어나기 마련이다. 그게 인생이다. 우리같은 해양경찰은 사고가 날 때마다 비난도 받고 때로는 칭찬도 받겠지만 우리는 그런데 크게 개의치 않는다.

우리는 그냥 지금 이 순간에도 사고를 당해 애타게 구조를 기다리는 수많은 사람들을 위해 헌신하는 해양경찰일 뿐이다. 억울하게 누명을 쓰고 조직이 해체되기도 했고 감옥살이를 하는 선배도 있지만 우리는 그런 아픔에 울고만 있을 여유조차 없는 해양 경찰이다.

바다를 향하는 우리의 시선 끝에 우리의 구조를 기다리는 사람들이 보이는 한 우리는 언제나 달려가고 그들을 위해 묵묵히 땀과 눈물을 흘릴 것이다. 그것이 올바르게 사는 사람의 길 중 하나라고 믿는다.

무모한 모험

발해 2002호의 조난

 10년이 지났지만 아직도 기억에 생생하게 남아있는 사건이 있다. 발해 2002호 구조사건이다.

 발해 2002호는 지름 80cm 이상의 통나무를 엮은 폭 4.5m, 길이 11m, 무게 11톤의 뗏목으로 발해의 해상항로 탐사용 뗏목이다. 2005년 2월 13일, 탐사대원 4명을 태우고 예인선에 의해 강원도 고성군 거진항을 출항한 발해 2002호는 러시아 포시에트항에 도착했다. 2월19일 러시아 포시에트항을 출항한 뒤 25일간의 항해를 거쳐 3월 13일 일본 니이카타현에 도착할 예정이었다. 육지에서 이 정도의 구조물이라면 결코 작지 않다고 할 수 있지만 광활한 바다에서라면 정말 보잘 것 없는 크기였다.

 발해탐사대 뗏목은 19일 오전 8시 포스에트항을 출항하여 본격적인 항로탐사를 위해 자력에 의한 단독 항해에 나섰다. 당시 동해서 소속 함정 세력은 울릉도 독도 경비에 전념하며 유류절약 등의 이유로 9박 10일의 장기출동을 수행하고 있었다. 5001함 삼봉호가 출항한 후 본청 상황실에서 지시가 내려왔다.

"매 2시간 간격, 함정에서 발해호와 교신하여 이상 유무를 보고하라"

교신할 수 있는 통신수단은 위성전화 뿐이었다. 처음 몇 번은 괜찮았지만 매번 비슷한 전화를 하자 탐사대원들은 짜증을 내며 귀찮아하는 눈치였다. 전화를 건 곳이 상황실뿐 아니라 본청, 경찰서, 함정까지 2시간 간격으로 전화를 해대니 좋아할 사람이 없었다.

그러나 발해호는 이날 오후 17시 40분부터 연락이 두절되었다.

"삼봉호, 러시아 해역으로 이동하라"

상황실에서는 독도 경비중이던 삼봉호를 러시아 해역으로 보냈다. 러시아 해역 진입은 순탄치 않았다. 북한수역을 거쳐서 들어가야 했기에 북측의 허가를 받지 못해 북방한계선에서 한참을 기다려야 했고 2월의 동해안 기상은 녹녹치 않아 5001함의 선수는 반복적으로 영하의 바닷물을 뒤집어쓰고 있어야 했다.

5001함이 구조지시를 받고 밤새 러시아 수역의 파도를 헤치면서 04시 경 현장에 도착하니 온통 얼음투성이인 발해호가 춤추듯 파도를 타고 있었다. 바람이 초속 12-14m, 파고는 3~4m로 일고 있었다.

'단정출발'이라는 지시를 받고 단정을 모선에서 분리시키는데 단정 높이보다 훨씬 높은 파도기 덮쳤다. 단정을 파도 방향으로 바로 세우기 위해 바쁘게 움직이는 와중에도 머리속에서는 *'오늘 내가 죽을 수도 있겠구나'* 라는 생각이 들었다.

5001함이 뗏목에 접근해 기적을 울려보았지만 인기척은 전혀 없었다. 가까이 가 보니 뗏목은 마치 얼음덩어리였다. 마스트가 있어서 뗏목임을 겨우 알 수 있을 뿐이었다. 발해호로 접근하여 단정을 뗏목에 계류하고 사람이 있는지 확인해야만 했다.

안전없이 바다에 몸을 맡기지 마라

단정으로 뗏목에 근접하여 싸이렌을 울리자 뗏목 갑판상에 목재로 만든 좁은 화장실에서 엉거주춤 서있는 탐사대원들의 모습이 시야에 들어왔다.

"살려주세요"
"예. 살아 있어줘서 고맙소."

몇 번의 접안시도가 있었지만 높은 파도로 실패했다. 단정이 뒤집어질 위험을 겪자 도저히 해낼 수 없다는 생각마저 들었다. 뗏목의 갑판과 구조물은 온통 얼음으로 뒤덮여서 내가 올라서기에 만만치가 않았다. 그러자 5001함은 뗏목에 근접한 뒤 파도 방향으로 배를 세워 직접 파도를 막았다. 다시 한번 접안을 시도했다.

'실패하면 안 된다.'
'내가 아니면 누군가가 다시 와야 하고 그러는 동안 저 작은 나무조각에서 생과 사의 기로에 서있는 저 네 사람의 운명은 어찌될 것인가.'

책임감이란 녀석이 다시 마음속에서 속삭인다. 파도의 주기를 측정하고 그 중에 비교적 낮은 파도가 오는 순간을 포착해 겨우 10초 정도 접안할 수 있었다. 그 와중에 탐사대원들을 단정에 편승시켜 모함으로 이동하고 안정을 취하게 하며 동해항으로 입항했다. 참으로 오랜 시간을 그 추위와 싸우며 버틴 이들이 대견하고 고맙기만 했다.

발해 2002호는 탐사경비 문제로 뗏목의 하단을 조립식 막사에 사용하는 스티로폼으로 제작하는 바람에 큰 파도 한 방에 하단부는 모두 떨어져 나갔다고 한다. 게다가 한 달 동안 먹을 식량과 물, 위성통신장비, GPS 등 위성장비를 모두 파도에 잃고 조난상황에 처하게 된 것이었다.

탐사 대원 4명은 구조함이 도착하기까지 이틀 동안 반 평도 되지 않는 화장실에서 4명이 서로 껴안은 채 체온을 유지하며 구조를 기다렸던 것이다.

산악인이었던 발해호의 방의천 대장을 비롯한 탐사대원들은 이 사건으로 바다의 무서움을 깨달았을 것이다. 그러나 돌이켜 보면 17년 전인 1998년에도 같은 방법으로 발해 탐사대원들이 뗏목항해를 추진하다 4명이 모두 숨지는 사고가 발생했었다.

이번 사례가 잊혀질 즈음 다시 누군가가 비슷한 도전을 할지도 모른다. 비록 탐사가 의미있는 일이라 할지라도 안전이 담보되지 않으면 바다에 몸을 맡겨서는 안 된다는 기본적인 경각심을 깨닫게 되는 사례다.🛟

어떤 생명이든 구조하는 전사

내가 구한 첫 번째 생명

 2008년 여름, 경남 사천시 사천 해양파출소에서 근무하던 중, 관광객이 해상에 추락한 사고로 인해 근무복을 입은 채 해상에 뛰어들어 심폐소생술을 실시하여 한 사람의 생명을 구조한 일이 떠오른다.

 순경 공채로 임용을 받은 이후 경비정에서 3년 정도 근무하고, 처음으로 사천파출소에 발령받아 근무하던 중이었다.

 삼천포구항으로 관광 온 관광객 중 할머니 한 분이 부둣가에 방치된 부서진 의자에 앉으려다 해상으로 추락한 사고였다. 인근에서 포장마차를 하던 상인이 이를 목격하고 파출소로 뛰어와 해상에 추락자가 발생했다며 신고했다.

 반사적으로 구명환을 들고 30미터 가량 뛰어 나갔다. 추락 사고 발생 지점 부근 해상에 떠있는 할머니를 발견하고 곧 바로 해상에 뛰어들어 구조를 시도했다.

 삼천포는 경상도 해역에서 만조, 간조의 조차가 심하게 발생하는 지역이며, 그 날은 사리때의 최간조 시간대여서 부둣가와 해안가의 높이 차이가 무려 4미터 가량이었다. 조차가 심하면 조류가 빨라 혼자 구조 못하고 다른 경찰관 및 주민들의 도움을 받아 인근에 계류중인 어선으로 추락자를 인양했다. 배로 올라간 뒤 호흡과 맥박 여부를 확인해 보니 미세하지만 아직 호흡을 하고 있어 즉시 심폐소생술 및 인공호흡을 실시했다.

119 구급차가 현장에 올 때까지 CPR을 실시했고, 약 100여 차례가량 인공호흡을 시도했던 것으로 기억난다. 그 할머니는 119구급차에 의해 인근 병원으로 후송되었고, 의식이 없어 계속적으로 응급 치료를 했다.

누구나 마땅히 구해야 할 생명

수소문 끝에 같이 관광 온 일행을 만나 할머니 가족들에게 연락을 취했고, 서울에 거주하는 아들이 즉시 내려와 할머니를 진주에 있는 경상대 병원으로 이송해 응급치료를 했다. 그리고 그 다음날 아들이 내가 있던 파출소로 방문했다. 그는 내 앞에서 뜻밖에도 눈물을 흘리면서 이야기를 시작했다.

"우리 어머니를 구해주셔서 정말 고맙습니다. 사실 우리 어머니가 나병 환자인데, 그럼에도 불구하고 사람의 목숨을 살리기 위해 인공호흡을 하며, 목숨을 구해주신 것에 대해 고맙습니다."

나병이야 이제는 단순 접촉으로 감염되지 않는 병으로 알고 있지만 얼마 전까지만 해도 이 질병에 대한 공포가 상당해서 사람들이 오인하던 질환이었다. 나병 환자란 사실을 몰랐지만 알았어도 내 행동엔 변화가 없었을 것이다. 눈물로 감사를 표하는 아들 앞에서 나는 이런 생각이 들었다.

'해양경찰이 마땅히 하는 일을 누군가는 고맙게 여기는 구나.'

해양경찰에 입사한 이후 처음으로 바다에 뛰어들어 사람을 구조했고, 구조한 할머니가 나병환자인 것을 알게 되었지만, 그날은 해양경찰인 내 자신이 무척 뿌듯했었다.

농담으로 나에게 나병이 옮을 수 있다며, 얘기하던 동료 경찰관들도 본인이라면 그렇게 인공호흡을 하지 못했을 것이라고 나를 추켜세워 주었다. 덕분에 스스로도 대견하고 자랑스러웠다.

나병환자든 보통 사람이든 구조가 필요한 상황이 오면 언제나 지체 없이 달려가는 우리는 생명을 지키는 전사라는 생각을 하게 된 것이다. 지금도 그날을 생각하면 뭉클해지고, 후배들에게 자랑할 수 있는 소중한 경험이 되었다.

이 글을 쓰며 다시 한 번 그때 그 할머니가 생각난다.

전문성은 헌신할 자의 필수 덕목

사람이 빠졌다.

2000년 여름도 어김없이 무더웠다. 내가 근무하는 통영은 아름다운 섬이 곳곳에 있고 사계절 관광객이 많이 찾는 곳이다. 특히 여름 7, 8월은 피서객들이 절정을 이룬다. 그 날도 피서철 특송 기간중이라 휴대폰 조회기, 무전기, 경찰봉 등으로 완전무장을 하고 통영연안여객터미널 선착장 주변을 순찰하며 땀을 뻘뻘 흘리고 있었다.

그때 저쪽 선착장에서 근무를 하던 의경이 예사롭지 않은 표정으로 달려오며 고함을 지르고 있었다. 한 눈에 봐도 심상치 않은 일이 일어난 것을 느낄 수 있었다.

"사람이 바다에 빠졌어요!"
"그럼 구해야지!"

나는 그렇게 중얼거리면서 손가락으로 가리키는 쪽으로 달려갔다. 다급한 순간이었다. 뛰어가면서 조끼를 벗고 경찰장구와 근무복을 차례로 벗어던졌다. 나중엔 팬티만 입은 채 달리고 있었다. 수 백 명의 피서객들이 이 상황을 지켜보고 있었으나 그게 문제가 아니었다.

달리면서 소리쳤다.

"어른이냐, 아이냐!"
"아이입니다!"

다행이었다. 아이라면 어른보다 구조하기 쉬울 것이다.

현장에 도착해 보니 물위에 떠 있는 소년은 6세 가량의 어린이였다. 아이는 안벽에서부터 15m 가량 떨어진 해상에서 배영자세로 떠있었고 파도가 안벽에서 점점 외곽으로 밀어내는 중이었다.

나는 냅다 물속으로 뛰어들었다. 평소 연습한 대로 어린이를 감싸안고 안벽방향으로 서서히 수영을 하고 있었다. 구조가 순조롭게 마무리 될 순간이었다. 바로 그 때였다.

"아이구, 이놈아!"

아이의 할아버지가 대책 없이 바다로 뛰어들었다. 수심은 보기와 다르게 훨씬 깊은 곳이었다. 공포에 질린 할아버지는 즉각 내 목을 감아 잡더니 내 등위로 올라타 버렸다. 한 손에 아이를, 내 등엔 할아버지를 업은 채 물에서 빠져나와야 하는 상황이 펼쳐진 것이다. 입속으로 바닷물이 가차없이 들어왔다. 죽어라 하고 두 발을 움직여 부력을 얻으려고 애썼다. 그런데-,

"아이고, 영감!"

잠시 후 할머니가 나타났다. 할머니 역시 바다로 뛰어들었다. 그리고는 내 등에 올라탄 할아버지의 등을 붙잡고 허우적거렸다. 구경꾼들이 탄식을 하고 있었다. 나는 점 점 물속으로 끌려들어가는 중이었다. 다시 두 번인가 짠

물을 먹어야 했다.

'나는 여기서 이제 죽는구나.'

그때 안벽 쪽에서 피서객들이 구명로프를 던져주었다. 내가 구명로프를 어떻게 잡았는지는 기억이 없다. 다행히 살았으니 그저 구명로프 덕분에 살았다는 생각뿐이었다. 그렇게 모두 구조할 수 있었다. 나중에 이야기를 들어보니 조부모를 포함한 일가족이 피서를 다녀가던 중 아이가 선착장 안벽에서 실족하여 물이 빠졌고 그 사실을 몰랐던 가족들은 그 아이를 찾아 헤매다가 나를 발견했다는 것이다.

정말 기분 좋은 날

우여곡절이 많았던 그 날, 바다는 평온했고 사고는 없었다. 아무도 다치지 않고, 아무도 기억하지 않는 이런 날이야 말로 해양경찰이 보여줄 수 있는 가장 훌륭한 날이 아닐까. 그 날밤 나는 보람을 느끼며 이런저런 생각들을 했다.

이날 무작정 바다에 뛰어든 3명, 무엇이 우리를 바다에 뛰어들게 했던가.

'임무', '사랑', '가족'...등등..

아. 공통점을 굳이 찾자면 우리는 모두 '보호자'다.
보호해야 하는 객체가 있고, 그를 지켜야겠다는 마음이 있다. '신념'이라고 하면 될까? 그것을 위해 자신의 몸을 던지는 것은 '헌신'일 것이다. 그리고 그것은 '생명에 대한 사랑'일 것이다.

그리고 중요한 하나는 '전문성'이다. '전문성'은 '헌신'의 상황에 놓인 사람이 갖추어야 할 필수 덕목이다. 구조를 모르는 할아버지와 할머니의 등장으로 우리 모두가 사선을 넘나들었지만, 바다에서의 전문성과 안전장비의 중요성을 새삼 실감할 수 있었던, 정말 기분 좋은 날이었다.

사소한 일들의 이면

미세한 진동

  2007년 12월 20일. 해양경찰 전경을 제대한지 4년 9개월 만에 다시 해양경찰관 순경이 되어 돌아왔다. 첫 발령지는 부산 P-52정. 전경일 때 대형함정에만 근무했던 나는 소형함정인 P정 근무가 설레는 한편 두려웠다.

  연말 승진 시험일이 다가오자 항해장과 기관사는 시험준비를 위해 휴가를 가고 함정에는 직원 4명 전경 4명이 전부였다. 드디어 소형정에서의 첫 번째 항해가 시작됐지만 그날 밤 기상이 악화되는 바람에 우리 정은 부산 남항의 어느 부두에 계류하고 정박등을 켰다.

  내가 당직을 서는 시간은 자정부터 아침 4시 까지였다. 23시 30분. 미리 근무지로 나온 나는 함정에서 가장 넓은 공간에 앉아 당직을 시작했다. 한밤에는 간간히 작동하는 청수펌프의 소리와 진동이 유난히 크다. 그런데 그날따라 처음 느끼는 미세한 진동이 감지됐다.

  '뭐지??? … … 별일 아니겠지…'

그래도 무시할 수 없는 진동은 계속 나를 괴롭혔다. 온몸의 감각을 모아서 진동이 오는 쪽으로 기울여 보았다. 틀림없이 일정한 간격을 두고 미세한 진동이 발생하고 있었다. 기관실엔 모든 계기가 잠들어 있었는데도 말이다.

'이상하다'

렌턴을 들고 갑판으로 나갔다. 겨울바람과 파도소리가 뒤섞인 평소와 같은 밤이 지나고 있었다. 갑판을 따라 돌면서 렌턴을 바다 쪽으로 비춰 보는데 사람 목소리가 들렸다.

"구해주세요!"

바다에 빠져서 허우적대는 사람이 주먹으로 경비정을 때리고 있었던 것이다. 내가 느꼈던 미세한 진동은 그것이었다.

"잠시만 계세요"

곧바로 익수자에게 구명환을 던져주고 침실로 내려가면서 소리쳤다.

"익수자 발생! 익수자 발생!"

자다 말고 깜짝 놀라 갑판으로 뛰쳐나온 승조원들 덕분에 익수자는 어렵지 않게 갑판으로 건져 올릴 수 있었다. 젖은 옷을 벗기고 따뜻한 물로 체온을 높인 뒤 담요를 덮어주었다.

사소하지만 되짚어 봐야 할 것들

잠시 후 연락을 받고 가족이 도착했다. 가족들은 우리에게 연신 감사하다고 머리를 숙이며 익수자를 데리고 돌아갔다.

키 크고 체격 좋은 그 사람은 술을 마시고 바다에 뛰어들었다가 그 뒤 몇 미터나 되는 안벽을 오르지 못해 주변에 계류된 배들 사이를 헤엄치며 육지로 올라올 기회를 찾고 있었다고 한다. 그런데 수많은 선박 중에 유독 불이 켜진 우리 경비정의 정박등을 보고 여기까지 헤엄쳐온 것이라는 것이다.

'얼마나 추웠을까?'

겨울바다를 헤엄치면서 경비정을 두드려 댄 그의 체력과 정신력에 나는 감탄했다. 만약 그날 우리 경비정이 남항부두에 들어오지 않았더라면… 그의 일생은 어떻게 풀려나갔을까. 그건 그의 운명이었을 것이다. 만약 해양경찰 경비함정이 정박등을 켜지 않고 있었더라면, 그리고 당직 중인 내가 다른 곳에 집중해 미세한 진동을 느끼지 못했다면…. 그것도 그의 운명이었을까.

정박등을 켜는 일과, 당직을 서는 일처럼 평소 자주 접하게 되는 사소한 일들의 이면에 얼마나 무거운 책임이 함께 하는지 새삼 깨닫게 되었다.

우리는 전문가로서 사소하다고 생각한 것들을 되짚어 봐야 할 것이다.
그것이 국민이 우리에게 바라는 것이고.
우리가 수요자 입장에서 다른 분야의 전문가에게 바라는 바이기 때문이다.

어려울 때 지키는 보호자

태풍속의 어촌 풍속도

 2015년 8월24일, 15호 태풍 '고니'가 내가 근무하는 기장 지역을 스쳐 일본을 향해 지나고 있었다. 이미 언론을 통해 이번 태풍의 경로를 포함한 다양한 소식들이 쏟아지고 있었고 우리도 인근 계류선박과 저지대 시설물, 행락객 안전관리 등 태풍대비에 여념이 없었다.

 이날 오전 주민들은 별 일 없이 평온한 가운데 그물을 손질하는 등 조업 준비에 한창이었다. 주민들은 해경의 통제만 없으면 조업을 나가고 싶은 눈치였다. 태풍이 지나가던 당일 오전부터 비가 세차게 내려 항포구는 한산했고, 계류된 선박들만 파도를 타며 춤추고 있을 뿐이었다.

 관할지역을 책임지고 있는 나로선 아침부터 바쁘게 움직여만 했다. 아침부터 해안가 저지대로 연결된 도로를 너울파도가 뒤덮으며 해조류와 자갈을 널부러지게 쏟아놓곤 했다. 그런 장애물들을 피해 출근할 때부터 마음이 분주해진 것이다. 순찰조에서는 관내 해안가 갯바위 사진을 전송하며 사진찍는 출사객 증가 동향을 TRS로 알려오고 있었다.

기장 8경의 하나로 경치가 수려해 촬영명소로 알려진 '오랑대'는 태풍으로 커진 집채더미만한 파도가 부서지는 장면이 연출되어 사진작가들의 발길을 유혹하고 있었다.

'이 태풍에 저 사람들 미쳤네...'

인원통제를 지시하고 나니 도로위에 흩어진 미역과 해조류를 줍는다고 인근 주민 몇몇이 위태롭게 넘어오는 파도를 피해 다니고 있다는 보고가 이어졌다. 또 해안가 절벽 인근 도로변에는 사람은 보이질 않고 전동휠체어만 비를 맞고 있다는 보고가 들어왔다.

매 순찰조마다 각종 임무를 수행하여 별일은 없었지만 비바람에 흠뻑 젖어서 돌아왔다. 오후가 되자 태풍이 더욱 가까워지면서 만조까지 겹치고 있었다. 오전에 이어 직원 한 명과 함께 관내 항포구와 해안가 순찰을 위해 차에 올랐다.

만조를 만난 태풍너울이 하얗게 물보라를 일으키며 육지를 향해 돌진하고, 길을 넘어온 파도에 각종 쓰레기와 해조류들이 시커멓게 도로를 차지하고 있었다. 마음도 눈도 모두 분주해졌다.

드문드문 보이는 행락객들과 출사객, 넘실대는 계류선박들... 혹시나 놓칠세라 고개를 돌려 뒤를 돌아보기도 수차례... 어느덧 순찰차는 칠암 문중항에 이르렀다. 문중항 인근도 아수라장이다. 매립을 해서 넓어진 주차장과 도로는 오간데 없이 쓰레기 반 파도 반이다. 물이 조금 더 차면 인근 민가로 파도가 밀려갈 판이었다. 불어난 파도에 길이 끊겨져 돌아가려던 찰라 방파제 끝쪽으로 사람같이 보이는 형상이 스쳐 지나간다.

흩날리는 물보라 탓에 희미했는데 순찰차를 세우고 와이퍼를 세게 돌려보니 정말 사람이다. 시선을 돌리자 방파제를 넘어온 파도가 발목까지 차 있고 육지쪽에서는 주민 3명이 그 상황을 보고 발만 구르고 있었다.

"나오세요!!, 돌아 나오세요!!"

순찰차에서 튀어나가면서 외쳤다. 뒤따르던 직원과 호루라기를 불면서 함께 뛰어가는데 주민들이 손짓 하는 게 보였다. 주민들 말로는 방파제 끝에 있는 사람이 장애가 있어서 듣지도 말하지도 못한다는 것이었다.

장애 어민 구조

아 ~! 이렇게 난감할 데가... 거리는 50여 미터.. 파도와 바람소리에 우리가 소리치는 것은 들리지 않더라도 호루라기 소리는 들릴 법한데.. 귀머거리라니...폭탄이 터지듯 솟아오르는 물보라 사이에서 장애가 있는 어민은 하던 일만 계속하고 있다.

고민할 것도 없었다. 물폭탄이 터지고 있는 방파제로 달려갔다. 소리가 들리지 않는 어민은 꿈쩍도 하지 않는다. 바로 코앞에 가서 눈앞을 손으로 휘저으니 그제서야 고개를 들어서 나를 쳐다봤다.

"파도가 높습니다!!! 지금 바로 나가셔야 합니다!!!"

귀에다 대고 외쳐도 알아듣는지 못 알아듣는지 하던 일을 계속한다. 상황을 보니 방파제에 보관하던 본인의 통발어구를 챙겨가려고 하는 것 같았다. 팔을 잡고 밖으로 안내하려하는 데 손 사례를 치며 통발만 가리킨다.

결국 남은 통발 모두를 거들어 어민의 오토바이에 연결된 수레에 실어주고 함께 가자고 했다. 못 알아듣는 그에게 계속 소리치다 보니 목이 쉴 지경인데 오토바이 엔진까지 파도에 젖어 시동이 걸리지 않는다. 함께 온 직원과 오토바이와 수레를 밀고 끌면서 도로로 나왔다.

밖에 나오니 마음 졸이며 상황을 보고 있던 인근 주민들은 해양경찰이 있어 다행이라며 고생했다고 칭찬이 대단했다. 주민 중에 장애어민의 부인도 있었는데 부인 또한 듣지도 말하지도 못하는 장애인이었다. 주민들 말로는 암수술과 뇌종양 수술까지 받고 퇴원한 게 얼마 전이라고 했다. 가족이라고는 둘 뿐인데 자초지종을 설명하고 안전계도를 하려고 해도 손짓발짓으로 할 수 밖에 없었다.

우리들은 모자부터 구두까지 모두 젖어서 물에 빠진 생쥐 꼴이 됐지만,
'어려울 때 누군가를 지키는 보호자' 라는 사실이 새삼스레 어깨를 으슥하게 했다.

가슴속에는 갑자기 뭔가 뜨거운 게 남았다.
파도에 쓸려 위험할 뻔한 순간들이 사람들에게 있기 마련이지만
그런 상황에서 해양경찰이 있다는 건 참 다행스런 일이다.

그리고 그 순간, 그곳에 있었던 해양경찰이 나였다는 것 또한 자랑스러운 일이었다.

구조자의 의지가 생사를 가르다

밤바다로 사라진 사내

　해양경찰로 20년을 살았다. 그동안 근무하면서 잊지 못할 사건 중 하나는 2010년 강구파출소에 근무할 때 일이다. 파출소 팀장으로 근무했는데 새벽 1시쯤 전화 한 통이 걸려왔다. 40대쯤으로 보이는 여자의 울고 있는 목소리였다.

　"함께 온 사람이 술을 먹고 물속에 들어가 없어졌어요."

　옆에 있던 직원 두 명과 함께 사고현장으로 출동했다. 신고자와 만나 사건에 대한 내용을 들어보니 20시경 바닷가 인근 식당에서 함께 식사와 술을 먹고 서로 의견차이로 싸웠는데 그러다 남자가 옷을 입은 채로 바다로 뛰어들더니 보이지 않는다는 것이었다.

　강구 삼사항은 아주 작은 포구임에도 방파제로 쓰이는 삼발이가 많다. 동해안의 너울성 파도를 막기 위한 것으로 항 안쪽에서 바다로 들어갔다면 남자의 몸은 방파제를 넘지 않았을 것으로 보였다.

'지금으로선 순찰정을 띄우는 것보다 해안선을 따라 수색하는 게 좋겠다.'

달이 없는 칠흑같은 밤이라 우리는 휴대용 후레쉬를 이용해 곳곳을 비추며 사라진 남자를 찾기 시작했다. 조업 중이던 인근 어선 선장도 소식을 접하고 합류했다.

해안선을 따라 열심히 찾아도 남자의 흔적은 발견할 수 없었다. 단지 모래밭에 남자가 벗어놓은 신발 2짝이 전부였다. 어디로 갔을까. 머릿속이 복잡했다. 요즘처럼 일교차가 심한 날, 어딘가 살아있다고 해도 아침까지 생존하기 어려울 것이었다.

부유물들을 손으로 하나씩 확인

머리를 들어보니 아까 수색에 참여했던 선장이 방파제로 놓인 삼발이 위에 오르는 것이 보였다. 우리는 겹겹이 쌓여진 삼발이 위에 올라 실종자를 찾기 시작했다. 그러나 삼발이 위쪽에서는 아래쪽으로 이어진 어두운 부분을 확인할 수가 없다.

삼발이를 타고 다시 내려갔다. 휴대용 탐조등을 들고 방파제 아랫부분을 수색하기 시작했다. 수위가 내려간 해면과 삼발이 사이의 틈 속에는 바다에서 떠내려온 스티로폴 부이와 포대자루들이 흡사 사람처럼 뒤섞여 있었다.

나는 그것들을 하나하나 손으로 더듬어 확인해갔다. 얼마 후 삼발이 사이에 늘어져서 있는 남자를 만났다. 그는 기진맥진한 채 미동조차 없다. 상태를 확인해 보니 맥박과 호흡이 있었다. 우리는 남자를 부축해서 방파제를 빠져나와 미리 신고해 놓은 119에 인계했다.

이 날의 사건이 기억에 남은 것은 이 사건이 내게 준 의미 때문이다. 바다에서 사람을 구조하는 것이 일상이지만 어떤 상황에서는 내 의지가 사람의 생사를 가르기도 한다는 책임감을 크게 느끼게 한 사건이기 때문이다.

　늦은 시간이라는 이유로 수색을 중단하고 다음 날에 재수색 하기로 했더라면 남자는 생존할 수 있었을까.

살릴 기회도 단 한 번

　생명이란 돌이킬 수 없으므로
　누군가의 생명을 살리는 기회도 단 한 번이다.
　자칫 잘못되면
　마음에 큰 짐을 올려놓고
　평생을 지내야 하는 일이다.

　해양경찰로 20년…
　이제 나도 진정한 해양경찰이 되어간다.

약취당한 섬 노예의 해방

일하러 가고 싶어! 맞은 적 없어!

해양경찰이 되고 3년차에 접어들 무렵인가 보다.
형사계에서 열심히 근무하던 시절…매일 퇴근을 불사하고 일에 열중하고 있을 때 한편으로는 지치고 힘들었고, 한편으로는 사명감에 불타고 있었다.

그날도 평소처럼 사건을 훑어보며 하루를 시작하는데 심상치 않은 전화한 통이 걸려왔다.
자기가 일 했던 섬지역의 해태밭 양식업자가 정신연령이 낮은 인부를 매일 구타한다는 신고였다.

반장님과 함께 한달음에 섬으로 달려가 피해자를 만나보았다.

꾀죄죄한 행색으로 사람의 눈치를 살피는 40대 초반의 남성 앞에 섰다.
그의 외모는 50대 후반은 된 것처럼 늙어 보이고 말을 걸어도 대답이 없는 데다 사람을 볼 때 눈을 마주치치 못하고 계속 피하기만 했다.
고용주 때문에 그런가 싶어 한쪽 모퉁이로 데려가 조용히 이야기를 시작했다.

하지만 그는 *"일하러 가야한다"*는 말만 반복했다. 그가 한 말은 이것이 전부였다.

"구타당한 적은 없어요?"
"월급은 받고 밥은 제대로 줘요?"

어떤 질문에도 대답은 일체 없는 채 속절없이 시간만 흘러갔다.

가만 보니 그는 6세 아이 정도의 지능과 언어능력을 가지고 있었다.
문득 마음의 문을 열도록 해야겠다는 생각이 들었다.

"엄마가 보고 싶지 않아? 집에 가고 싶지 않아?"
"집에 가고 싶어!"

그가 처음으로 반응을 보이며 한 말이었다.
그를 데리고 오면서 차안에서 이런 저런 이야기를 나눌 수 있었다.
피해자는 어눌한 목소리로 고용주가 많이 때렸고, 돈은 한 번도 받은 적이 없다는 이야기를 했지만, 불행히도 자신의 이름조차 정확하게 알지 못하는 상태였다.

사무실에 돌아와 가족을 찾아주기 위해 지문조회를 거쳐 신원 조회를 하고 피해조사를 시작하려 할 즈음 고용주가 사무실로 찾아왔다.

고용주를 보자 피해자는 사색이 되었다.

"일하러 가고 싶어! 나는 맞은 적도 없어!"

피해자는 같은 말을 반복했다.

나는 다급하게 생각하지 않았다.
그를 고용주와 격리시키고 3일간 함께 숙식하며 지냈다.
함께 목욕을 하려고 보니 그의 몸은 온통 멍과 상처투성이라 측은했다.

정말 고마웠다고요

안쓰러워하던 내 마음을 알게 된 것인지 모르지만
그는 3일 만에 세상과 단절했던 마음의 문을 열고 그동안의 이야기를 시작했다.

업주에게 약취, 유인당해 10년 동안 섬 노예로 전락한 채
모든 것을 잃어버리고 살아왔던 것이다.

고용주는 매일 술을 먹고 그에게 폭행을 가했다.

초점 없는 그 눈동자에 내 시선을 맞추자
마치 내 가족의 이야기처럼 내 가슴이 미어져왔다.

그의 이야기를 듣고 진술을 이끌어내자
무혐의로 끝날 것 같던 사건이 정상적으로 종료되었고 피해자도 가족을 만나게 되었다.

동생을 찾아온 피해자의 형은 6~7세의 지능을 가진 동생을 보고 하염없이 눈물을 흘렸다.
20년 전 동생은 학교성적도 우수하고 모범생이었는데 어떻게 이렇게 되었을까...

동생은 학교에서 친구들에게 왕따를 당하고 가출하여 연락이 두절되었다고 했다.
지금이라도 동생을 찾아주어 정말 고맙다고 울먹였다.

내 바람대로라면 이제 피해자는 가족을 만나고
그동안 누리지 못한 행복한 일상을 만들어갈 것이다.

몇 달 뒤 피해자의 형에게 연락이 왔다.
그가 집으로 돌아간 뒤 건강검진에서 말기암 판정을 받았다고 했다.
그리고 몇 달을 견디지 못하고 그는 사망했다는 것이었다.

'야속하다. 끝내 그의 인생에 행복한 순간은 단 한 번도 허락되지 않았던 것일까.'

"동생은 마지막까지 형사님 예기만 했습니다."

피해자 형님이 말을 꺼냈다.

"정말 고마웠다구요."

여섯 살... 그의 생각 속에 가장 고마운 사람이 나라니......
나도 순간 울컥 눈물이 나고 말았다.
한없이 슬프지만 행복한...
내가 사소하게 여겨 아무렇게나 구겨 넣어도 될 것 같은 사소한 일상이
누군가의 인생에서는 가장 행복한 순간이며
잠깐의 관심을 둔 것조차 일생의 은인이 될 수 있다니...

그의 죽음은 한없이 슬프지만
지금 나는 한없이 행복하다.

누군가에게 감사를 받는 일.
나는 지금, 정말 좋은 일을 하고 있지 않은가.

나는 해양경찰이다.

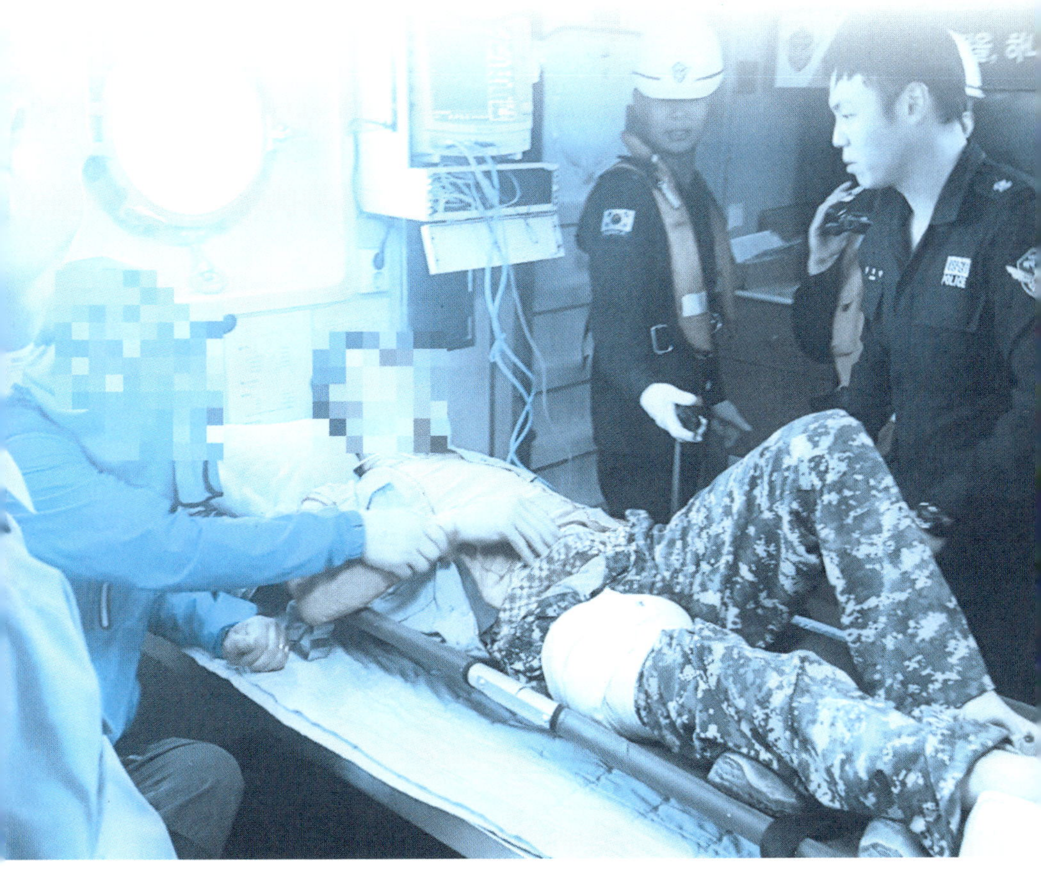

항상 위급한 구조상황

17년 전의 일이다.

　이제 막 시보순경을 지나 어엿한 대한민국 해양경찰 순경이 된 그 즈음 울릉도 파출소에 배치받고 막내 순경으로 임무를 수행하게 되었다. 내가 울릉도에 살게 될 줄은 생각지도 못한데다, 경험이 없어 하루하루 행정업무를 처리하기에 정신없던 어느 날 파출소 밖이 웅성거리며 무슨 일이 벌어진 느낌이 들었다.

　"해경 !! 여기 사람이 물에 빠졌어요."

　한적한 평일, 인적도 없는 울릉도에서 한 번도 접해보지 못한 신고를 받은 것이다. 본능적으로 파출소 출입문에 놓여있는 구명환을 집어 들면서 옆에 있는 의경에게 가자며 정신없이 달리다 소리가 난 방향으로 고개를 들어보니 파출소에서 150m 정도 떨어진 부두에서 몇몇 사람들이 웅성거리며 모여 있는 것이 보였다.

　그리고 부두 끝단 3~4m 해상에는 익수자 한명이 물에 빠져 허우적거리는 모습이 눈에 들어왔다. 달려가는 시간 동안 '그대로 물속으로 뛰어드는 게 좋을지' 아니면 '구명환을 먼저 던지는 게 좋을지' 수많은 생각들이 머릿속을 맴돌고 있다.

몇 발짝 앞서 부두에 도착한 의경이 먼저 단화를 벗어던지고는 그대로 바다에 뛰어들어 익수자를 잡는 것이 보였다. 나는 얼른 전화기를 꺼내 119센터에 전화를 걸고 구급차를 요청했다.

익수자를 부두에 끌어올려 눕히고는 상태를 살펴보니 나이가 꽤 들어 보이는 할아버지였다. 입가에는 이미 하얗게 포말이 나오고 동공은 풀려있으며 얼굴빛이 하얗게 변해가고 있는 것이 위급한 상황임을 알 수 있었다.

구조했으나 아쉬움 남아

구급차가 도착하기 전에 심폐소생술을 하는 것이 가장 중요하다. 교육 받은 데로 순서를 되짚으며 가슴을 먼저 압박하고 포말이 흘러나오는 입 주위를 손으로 닦아내고 인공호흡을 실시했다. 불과 몇 분의 시간이었을 텐데 내 얼굴과 온몸에서 땀이 줄줄 흘러내렸고 바닥에 무릎을 꿇고 앉은 근무복이 흙으로 더럽혀지는지도 모른 채 정신없이 심폐소생술을 하고 있었다.

한참 뒤 119대원들이 눈앞에 우루루 달려와 내 옆에 서는 것을 보자 격렬하게 심폐소생술을 하던 몸이 긴장이 풀어지며 온몸에 힘이 풀려버렸다. 익수자 할아버지를 구급차에 실어드리고 파출소로 돌아오는 길, 근무복은 젖어 흙이 묻어 엉망이고, 단화를 신고 달린 덕분에 발가락 끝이 아려왔지만 그 날은 하루 종일 생전처음 느껴보는 뿌듯함이 가득 차있었다.

3일 뒤 박카스 한 박스를 들고 장년의 남자가 파출소로 찾아왔다. 으레 할아버지를 구해준 감사의 인사를 하러 온 가족 같은데 남자의 표정은 오히려 걱정과 고민이 뒤섞여 있었다.

남자의 이야기를 들었다. 그날 긴급 후송된 할아버지는 다행히 목숨을 건졌지만 의식이 없는 식물인간 상태가 되었고 하루하루 벌어 먹고사는 아들 부부에게 큰 짐이 되어 버렸다는 것이다.

　아들은 해양경찰이 아버지를 살리기 위해 노력해준 것이 고맙지만 한편으로는 그날 이후 생활이 크게 어려워졌음을 걱정하고 있었다. 그런 복잡한 그의 심경이 시원스레 고맙다는 말도 못하고 그저 걱정스러운 얼굴로 박카스 한 박스를 건네주고 돌아서는 이유였다.

　해양경찰 생활 17년이 된 지금도 여전히 그 날의 일이 잊혀지지 않고 생생한 것은 완벽하게 한 사람을 살리지 못한 해양경찰관으로서의 아쉬움일 것이다. 누구나 위기의 순간에서 최선을 다하지만, 그 최선의 수준도 각자가 가진 역량에 따라 다를 것이므로...

　나는 어제보다 더 강한 사람이어야 한다는 다짐을 오늘도 하고 있다.

　나는 해양경찰의 주력이며
　현장에서 국민을 대하는 대표선수이기 때문이다.

메이데이 메이데이...

통신기 고장? 모두 침몰?

　해양경찰에 몸담은지 올해로 만 10년이 되었다. 돌아보니 그 중 3년이 채 안 되는 짧은 함정근무 기간 중 응급환자 후송, 실종자 수색, 사고선박 수습, 세월호 현장수색과 헬기 추락 현장수색 등 해양경찰의 일원으로 제법 많은 현장에서 땀을 흘렸다. 이처럼 다양한 경험 중 내가 평생 잊을 수 없는 하루가 있다.

　설 명절을 앞둔 2015년 2월15일. 내가 근무하던 3002함은 정기출동으로 바다에 나와 있었다. 통신 당직을 교대하고 얼마 지나지 않은 16시 57분경. VHF 통신기에서 희미한 소리가 들렸다.

　"메이데이 메이데이. 여기는 OO호. 메이데이 메이데이..."

　잡음 속에 멀리 들리는 듯 희미한 목소리는 아주 다급했다. 분명 긴급 상황임에 틀림없었다. 반사적으로 통신기 앞으로 튀어나갔다.

　"제주해경입니다. 위치와 선명을 말해주세요."

소리가 제대로 들리지 않았다. 긴급 구조의 무선통신이 깨끗하게 들리는 경우는 거의 없다. 악천후에 사고가 많은 데다 비정상적 상황이 겹치는 현장의 환경 자체가 대개 그렇다. 몇 번을 재차 확인한 후 겨우 위치와 선명을 파악할 수 있었다.

신고 선박은 선수(뱃머리) 절반 부분만 남기고 선미는 가라앉은 상태라고 했다. 그야말로 1초를 지체할 수 없는 급박한 상황 아닌가!!

곧바로 상황실에 보고하고 엔진을 전속으로 올려 사고 해점으로 이동을 시작했다. 사고 해점까지 가는 데는 어림잡아 1시간이 걸릴 것이다. 비가 내리고 있어 바다는 잿빛 그 자체였다.

16시 59분 : 침몰중인 선박과 두 번째 교신을 했다. 선원들 모두 퇴선 준비를 하라고 했다.
17시 01분 : SSB 와 VHF 로 인근선박에 구조협조방송을 했다.
17시 02분 : 세 번째 교신을 시도했으나 침몰 중이던 선박은 더 이상 응답이 없다.

통신기가 작동불능인지, 모두 퇴선한 것인지, 아니면 사람과 함께 완전 침몰 한 것인지 짧은 순간에 여러 생각이 머릿속에 맴돌았다.

비바람은 불고 앞은 안보이고...

사고 선박과의 통신이 두절된 상태로 사고 해점으로 이동하는 수밖에 별다른 방법이 없게 됐다. 가용 구조세력이 총동원되고 있었으나, 사고 해점에 가까워 올수록 일몰시간은 다가오고, 바람은 초속 10~20m로 점차 강해지고 있었고 파도는 흰 이빨을 드러내며 일어서고 있었다. 위험한 상황이었다.

게다가 심한 해무와 비로 인해 조타실에서의 시야는 500 야드(약 457m) 정도다. 악조건 속에서 임무를 수행하려면 어떻게 해야 할지 생각을 해야만 했다.

17시 30분 : 사고 해점 약 7해리 전에 고속단정을 투입했다.
17시 55분 : 본함이 사고 해점에 도착했다.

비바람이 내리 꽂히는 사고 해점에는 심한 경유냄새를 풍기며 기름띠만 무심하게 일렁이고 있었고 사고 선박은 보이지 않았다. 음향측심기를 작동해 보니 수중 85.7m 정도에서 침몰한 사고 선박으로 추정되는 돌출물만 확인되고 있었다.

견시 요원을 추가 배치하고 생존자가 있다면 들을 수 있도록 기적을 계속해서 울렸다. 기름띠가 있는 해역을 중심으로 수색을 했으나 잿빛 장벽 안에서 생존자는 발견되지 않은 채 아까운 시간이 흘러가고 있었다.

18시 40분. 사고 발생 후 1시간 40분이 지나고 있었다.
이때 고속단정에서 손에 쥐고 흔드는 조명탄같은 '신호 홍염'을 발견했다는 보고가 통신기를 통해 들어왔다. 잠시 후 반가운 소식 하나 -

"구명벌 확인 결과 생존자 2명을 확인, 구조 후 이동하겠음."

고속단정에서 보내온 음성 통신은 스피커를 통해 조타실의 모든 승조원이 들을 수 있었다. 순간 조타실에서는 "와!"하는 환호가 터져 나왔다. 무표정하고 침울했던 동료들이 모두 나와 똑같은 바램을 가지고 있었던 것이다.

18시 48분 : 승선원 2명을 구조하고 모함으로 이송했다.

생존자들은 저체온증 증세를 보였으나 건강한 편이었다. 보온조치를 취하고 원격의료시스템을 가동했다. 도내 H 병원 의사의 원격진단결과 큰 이상이 없다는 소견을 듣고 안정을 시킨 후 사고경위 확인에 들어갔다.

반복 훈련된 선장의 침착함

사고선박은 그 날 아침 07시 30분경 해저에 있는 광케이블을 감시하려고 제주 한림항을 출항한 배였다. 오후 4시경 제주도 북서방 47해리 해상에서 기상이 악화되어 파도가 거세지자 배를 돌려 회항 중이었다. 그런데 16시 55분 경, 오른쪽 선미부분으로 커다란 너울성 파도가 덮쳤는데 거대한 물 덩어리가 선박위에 올라탄 뒤 배수가 되지 않자 배를 바다속으로 끌고 들어가기 시작한 것이다.

침몰위기를 맞은 선장은 VHF로 구조요청을 한 뒤 승조원과 함께 구명동의를 착용하고 구명뗏목으로 탈출했으며, 선미부터 가라앉던 선체는 구조요청 후 20분 만에 완전히 물속으로 사라졌다고 한다.

다행이 인명피해는 없었던 이번 사고는 내게 값진 교훈을 주었다.

해상에서 조난사고가 발생할 경우 사고선박에 승선한 사람들은 설령 신고절차를 알고 있다고 하더라도, 경황이 없고 불안한 심리상태가 되어 신고를 제대로 하는 경우가 드물다. 구조요청을 하는 무전을 받아보면 대부분이 차분하지 못한 채로 두서없이 말을 쏟아내곤 한다. 그런데 해양경찰관으로 10년을 재직하면서 실제로 *"메이데이(mayday)"* 콜싸인을 받아 본 것은 그 때가 유일했다.

선장은 배가 침몰하는 순간에도 침착하게 국제규정에 의한 '메이데이' 신호를 송출하였기에 해양경찰이 보다 더 신속하게 대응할 수 있었던 것이었다. 제대로 반복 훈련을 했다는 증거일 것이다.

그 날 선장의 침착함이 인명사고를 막았다고 생각되었다.

승조원들의 안전교육조차 제대로 시킨 적이 없고, 사고발생 직후 선장과 승조원들만 줄지어 탈출했던 세월호 사고를 비교해 보면 평소 몸에 밴 매뉴얼과 지속적인 훈련이 얼마나 중요한지를 다시금 생각나게 해준 값진 경험이 되었다. 부디 이 경험이 나에게 국한되지 않고 항해하는 모든 해양인과 나아가 해양 민족의 상식이 되었으면 하는 바램이다.

그 날 구조된 생존자들은 가족과 함께 즐거운 명절을 보냈을 것이다.

메이데이(mayday)의 유래

항공과 해양세계에서 긴급구조신호로 사용되는 'mayday'는 언제 어떻게 만들어 졌고, 노동절의 mayday와 왜 같은 표시로 사용될까?

응급 콜싸인 'mayday'는 1923년 런던의 크로이든 공항에서 근무하던 프레드리 스탠리 먹포드(Frederick Stanley Mockford. 1867-1962)라는 항공무선사가 고안해 냈다. 항공기 위급상황 시, 조종사나 지상근무자 모두에게 응급상황임을 알릴 수 있는 용어를 고민 끝에 만든 호출신호가 메이데이(mayday)라는 콜사인이다.

원래 프랑스어로 '메데(m'aider)'였고 이 뜻은 'Help'로 '도와 주세요', '살려 주세요'라는 뜻이었다. 항공과 해양 선진국이던 유럽에서는 프랑스어도 곧잘 전문용어로 사용하기에 '메데(m'aider)'가 받아들여 졌지만 세월이 흐르고 영어가 항공과 해양 세계에서 힘을 갖게 되자 영어식 발음으로 '메데(m'aider)'를 부르다 보니 mayday로 굳어진 것이라고 한다. 그러니 노동절인 5월 1일을 메이데이로 부르는 것과는 전혀 상관이 없다. (편저자 주)

제3장

끊임없이 몰아치는 파도처럼

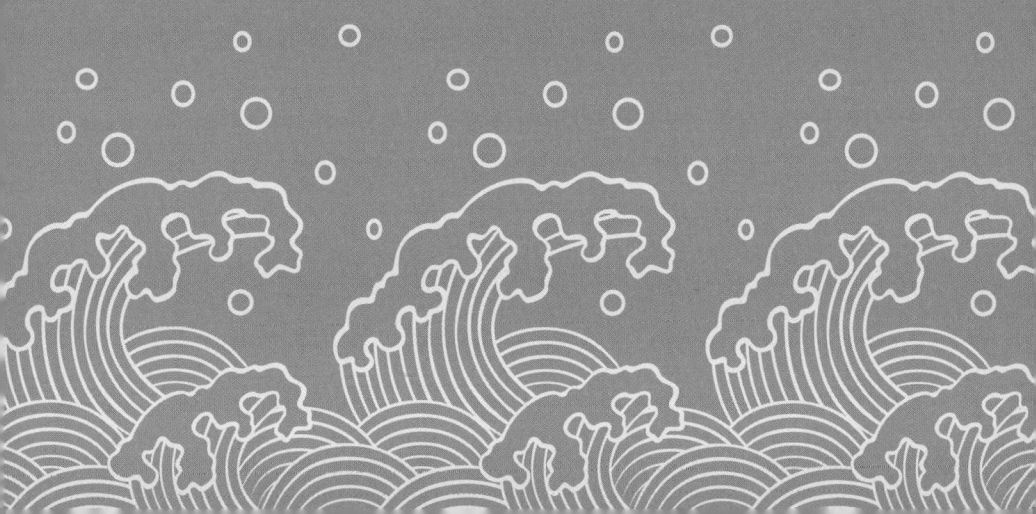

편저자의 글

바다를 잘 모르는 해양 강국 사람들

우리가 삼면이 바다인데 바다를 모른다고?
그렇다.
삼면이 바다에 둘러 쌓여 살면서도 우리는 바다를 모르는 우물 안 개구리였다.

21세기에 사는 지금도 슈베르트의 가곡 '거울 같은 강물에 oo가 뛰-노네' 하는 노래의 제목이 숭어냐 송어냐고 물으면 헷갈려 한다. 암기력이 좋은 사람들은 서슴없이 '숭어'라고 답하고 일부는 조금 자신감 떨어지는 소리로 '송어.. 아닌가요?' 하는 대답을 들을 뿐이다.
숭어와 송어는 모음 하나 차이로 발음이 비슷할 뿐이지만 실제로는 생김새나 서식지나 심지어 회 맛조차 다르다. 숭어는 바닷고기요, 송어는 민물고기이기 때문이다. 그런데도 우리는 헷갈려하고 어려워한다.
바다를 모르기 때문이다.

삼면이 바다인 나라에 살면서 왜 바다를 잘 모를까. 조선왕조 500년 대부분을 해금(海禁)된 채 살아왔기 때문이다. 수평선 밖으로 나가면 형벌을 가했으니 원양어업은 고사하고 연안어업도 제대로 할 수 없었다.

오죽했으면 가장 큰 섬 제주도조차 어업이 발달하지 못한 채 일제가 들어오기 전까지 척박한 땅을 갈아 농업으로만 살아야 했을까.
　조선시대의 어업은 특별히 조정에 진상할 고기를 잡기 위한 일 말고는 할 수 없는 직업이었다. 당연히 해양적 사고, 해양문화는 존재하지 못했다.

　해양문화에서 개인의 철학이 나왔고 자유의 개념이 싹텄으며 무역과 자유시장경제가 발현되었고 우호통상이 시작되었다는 사실을 우리는 아직도 잘 깨닫지 못한다. (편저자)

끝을 봐야하지 않나

태연한 실족사 진술

2013년 여름 형사계에서 근무하던 시절, 한 사람이 실종되었다는 사건을 접수했다. 실종 경위를 들어보니 다리 하단에 내려가서 다리를 배경으로 사진(셀카)을 찍던 여성이 해상으로 추락했다는 것이다. 동행했던 여성 2명이 목격자 겸 신고자였다.

'실족으로 인한 해상추락 사건이구나.' 이런 생각을 하며 목격자를 대동하고 현장확인을 하기로 했다. 현장에 도착한 뒤 당시 실종자의 위치와 상황을 목격자로부터 청취하며 실종자와 같은 자세로 상황을 재연해 보았다. 현장확인이 끝나고 사무실에 복귀했다. 그러나 조사과정에서 나는 평소와는 다른 이상한 느낌을 가졌다.

"김 경사! 목격자들이 너무 태연하게 상황을 설명하는 게 이상하지 않아?"
"저도 같은 생각이 들었습니다."

실종자의 보험가입 여부를 확인해 보았다. 실종 6개월 전부터 보험에 집중

적으로 가입을 했고, 보험금 수익자가 가족이 아닌 제3자인 어떤 남성이었다.

당시 형사계는 사건 발생 수가 워낙 많아 현실적으로 한 사건에 시간을 할애할 여유가 거의 없었다. 나는 계장과 다른 동료들에게 도움을 청했다.

"이 사건은 반드시 해결해야 하니, 나를 믿고 보름만 시간을 주십시오."

동료들은 이구동성으로 *"그래. 당연히 그래야지."* 라며 나를 응원했다.

같이 일하면서 서로 믿고 의지할 수 있는 동료들이 있어 나는 힘이 났다. 그때부터 동료들은 새로운 사건들을 서로 분담하고 내가 사건에 집중할 수 있도록 배려해 주었다. 그렇게 보름이 지나는 동안 '보험금을 노린 범죄'라는 사실과 증거자료는 모두 수집했지만 그때는 이미 낌새를 알아챈 공범자들이 도주한 상태였다. 실종자의 흔적도 없는 상태였기에 보험금을 청구하지 않은 이상 사기죄 등으로 체포할 수 있는 근거도 없어 더 이상 수사를 진행할 수 없는 상황이었다. 그 때 다시 동료들이 힘을 실어주었다.

"한 달이 걸리든 두 달이 걸리든 끝은 봐야하지 않냐?"

오히려 더 열심히 하라고 독려해 주었다. 그 덕분에 다시 보름 동안 이들을 추적해 공범 3명의 위치를 알아냈으며 그들의 동선과 행동반경을 모두 파악할 수 있었다. 그러던 중 실종자의 시신이 실종장소가 아닌 엉뚱한 곳에서 그물에 엉킨 채 발견되었다. 실종자의 신원이 확인됨과 동시에 공범들을 미행해 오던 우리는 공범 모두를 체포했다. 이후 우리가 구속할 수 있는 열흘 동안 밤잠을 설치며 고민과 조사를 거듭해 사건의 실체를 밝힐 수 있었다.

단순 실종사건으로 끝날 뻔 했던 이 사건은 믿음직한 동료들 덕분에 해결할 수 있었다. 나를 믿고 기다려주는 배려심을 가진 그런 동료와 함께 일하는 행운을 가진 까닭에 한 사건의 진실을 수면위에 올려놓을 수 있었다.

   지금도 동료들과 술 한 잔 마실 때면 당시 힘들었던 일들이 어느덧 안주거리로 올라오곤 한다. 10년 아니 2~30년이 지나도 우리의 소중한 추억은 변하지 않을 것이니 얼마나 살만한 세상인가.

동료를 돕는 일은 나를 빛나게

엄청난 수도 요금을 추적하다

2010년 나는 경찰서 경무계에서 근무했다. 청사관리를 맡고 있던 동료직원이 에너지 절약대책을 수립하면서 도움을 요청했다. 각 파출소, 함정별 전기, 수도 사용량과 고지서를 정리하면서 월별로 일목요연하게 자료를 만들어야 하는데 이를 데이터화하는 작업을 도와달라는 것이었다.

'간단한 일이네'

그렇게 하기로 하고 문서들을 넘겨보며 정리를 하는데 이상한 점이 눈에 띄었다. 유독 함정부두의 상수도 요금이 많이 나오는 것이었다.

'이렇게 많이 나오면 안 되는데…'

함정에서 보고한 월별 급수 총량과 수도 요금 고지서에 나온 급수총량을 비교해 보았더니 상당한 차이가 있다. 함정 척수는 늘지 않았는데 사용량은 점점 늘어났다. 뭔가 잘못된 것이다.

이 시기에 함정부두에는 많은 관공선들과 항만 부대 입점 업체가 우후죽순 생기던 중이라 누군가 물을 몰래 쓰는 게 분명했다.

'범인을 검거해야 한다.'

데이터 작업을 도와주러 시작한 일이 커지고 있었다. 나는 앞장서서 담당자인 동료에게 제대로 확인해보자고 제의했다. 우선 각 함정에 제한급수를 한다고 알리고, 함정에서 물을 받을 때만 제한적으로 수도밸브를 열어주는 방식으로 하루에 두 번씩 부두를 오가며 급수사용량을 점검했다.

수도계량기에서 함정급수라인까지 1km의 지하 수도배관을 어떤 업체와 관공서가 함께 사용하고 있는지 파악하는 데만 여러 날이 걸렸다. 그러나 원인은 우습게도 파공된 급수배관이었다. 수도 계량기에서 함정급수라인까지 연결된 지하의 수도 배관 일부가 노후로 파공되었던 것이다.

동료가 부탁한 파일정리는 한 시간이면 할 수 있는 일인데, 보름 동안이나 이 일에 매달려 시간을 소모해 버렸고, 내 업무는 지나간 시간만큼 쌓여져 있었다. 그러나 그 과정에서 나는 많은 것을 얻을 수 있었다.

초심으로 돌아가서!

먼저 함정부두에 어떤 업체가 있는지 정확히 파악했고, 관리청에서 조차 파악하지 못한 급수배관도면을 모두 파악해 전달해 주었으며, 값비싼 수도요금을 절반으로 낮출 수 있었다. 그간 함정의 급수사용량은 3분의 1도 안 된다는 사실도 확인했다.

사소한 사건에서 시작된 일이 나름 대단한 일로 인정받은 이 사례로 주변 동료들은 나를 '성실한 사람'이라고 인정해주었다. 이만하면 '꿩 먹고 알 먹고'가 아닌가.

'동료를 돕는 일은 손해 보는 일이 아니라 오히려 나를 빛나게 하는 일이다.'

사람들은 본래 서로 돕는 것을 좋아한다. 그러나 직장에서 사무분장의 칸막이로 인해 우리는 인색해진다. 내 업무도 처리하기 바쁘고 힘든데 다른 사람의 업무까지 살펴본다는 것은 쉽게 생각하기 힘든 일이다.

'그러나 돕는 것이 가능한 일임에도 습관적으로 외면하고 있지 않았나.'

이번 일을 계기로 돌아보니 나 역시 초심을 잃고 주위동료를 적극적으로 도와주는 것에 인색해 지고 있음을 반성하는 계기가 되었다.

긍정의 힘

불법 중국 어선 몰수

입사한지 올해로 10년이 되었다. 그 중 대부분을 형사로 생활했는데 초기 몇 년 동안 성과업무를 도맡아 실적을 챙기다 보니 많이 지쳐 있었다. 그 힘든 시기에 본청에서 근무하던 선배님과 전화통화를 한 일이 기억난다.

조직에 대한 부정적인 생각을 하던 나에게 '긍정의 힘'에 관해 설명해 주셨고 책도 몇 가지 소개해 주었는데 내용은 '긍정적으로 생각하면 그 꿈이 현실로 이루어진다.'는 것이었다.

'그래 좀 더 긍정적으로 생각해 보자'

그때부터 비로소 나는 마음을 다잡고 근무하게 되었던 것 같다.

군산 3010함에 근무했던 2012년도 10월경이었다. 당시 청장님이 중국어선 단속과 관련, 격려차 군산을 방문했을 때였다. 그 자리에서 미리 정해진 건의사항을 다 이야기 하고도 시간이 많이 남았다.
청장님께서는 *"다른 건의 사항이 있으면 말해보라."*고 여러 차례 말씀하

시어 망설이던 내가 손을 들었다.

"1주일 전 무허가 중국어선 약 300톤급 2척을 검거해서 군산항에 압송한 일이 있습니다. 그러나 담보금을 내지 못한다고 하는 바람에 곧 바로 중국 공안에 인계한 적이 있습니다. 그런데 제가 「배타적 어업법」을 검토해 보니까 그 배를 우리가 충분히 몰수할 수 있으며, 몰수해야 한다고 생각합니다."

당시 본청 외사과나 서해청 외사과에서는 '불법 중국어선은 몰수할 수 없다'란 내부 보고서를 작성하여 시행중에 있었다.

청장님을 수행하던 서해청장, 태안서장, 평택서장과 수행원들도 모두 몰수할 수 없다고 청장님께 설명했다. 그 자리에서 나는 30여 분 동안 '몰수 할 수 있고 몰수 해야 한다'는 필요성을 피력했었다.

청장님은 회의를 마치고 본청에 돌아간 다음 외사과에 무허가 중국어선에 대해 몰수를 검토하라고 지시했다.

일주일 후 태안 1507함 소속으로 단속중이던 해양경찰관을 해상에 추락시켜 중상을 입힌 무허가 중국어선 2척을 3010함에서 검거한 일이 있었다. 청장 지시에 따라 무허가 중국어선 2척을 몰수했고 올해(2015년) 대법원은 최종적으로 몰수 판결을 했다. 이어 일사천리로 군산해경서 경리계에서 몰수한 중국어선을 경매 처분해 버렸다.

'긍정적인 생각은 세상을 바꿀 수 있다'는 선배님의 말씀은 꼭 맞았다.

이 일로 우리 조직이 나포한 불법중국어선 처리 비용을 확보하는 근거를 마련했고, 불법 외국어선들은 몰수에 대한 두려움으로 강력하게 저항하는 것을 주저하기 시작했다.

지금 우리 조직은 고난의 시간을 견디고 있다. 달라진 근무여건으로 힘들어 하는 직원들이 곳곳에 있을 것이다.

나는 작금의 우리 조직에 대한 처방 마저도 '긍정'에 있다고 생각한다. 예전보다 더 긍정적인 마음으로 '이제 머지않았다. 좋은 시절이 오겠지'하며 어깨를 펴는 일부터 시작하는 것이다.

선배·동료님들 힘내십시오!. 우리에게는 희망만이 남았습니다.!

오늘도 행복한 하루 되십시오.

하려고 하면 길은 열린다

"이 땅을 우리에게 줄 수 있습니까?"

2010년 인천서 해상안전과에 근무할 때의 일이다. 파출소를 담당하고 있었는데 월곶 출장소를 볼 때마다 항상 마음에 걸렸다. 월곶 출장소는 경기도 시흥시 공동어판장 조립식 창고 건물의 한쪽을 칸막이로 막아 사무실과 방 한 칸씩을 만들어 사용하고 있는데 한 마디로 열악함 그 자체였다.

'여기서 우리직원들이 어떻게 근무를 할 수 있을까?'

비가 와서 빗물이 세어도 우리 건물이 아니기에 예산을 사용할 수 없고 수리도 할 수 없었다. 정상적인 다른 출장소는 모두 철근 골조 건축물인데 월곶 출장소만 무상임대중인 가건물이었다. 분명히 새로 신축을 해야 하는데 인근에 부지를 구하기가 쉽지 않아 고민이었다.

아마 전임자들도 같은 생각을 했겠지만 워낙 이곳이 상가 밀집지역이다 보니 땅값도 비싸고 다른 방법이 없었을 것이다. 수없이 현지답사를 해보고 시흥시에 찾아가 상의를 해보아도 뾰족한 수가 나지를 않았다.

'반드시 월곶 출장소를 다시 지어야겠다!'

나는 이 일에 전념하기로 했다. 주변에 빈터만 보이면 쫓아가서 이곳에 우리 출장소를 신축할 수 있게 해달라고 부탁했는데, 어느 날 출장소 옆에 공원 같기도 하고 녹지 같기도 한 공터를 발견해 시청담당자를 찾아갔다.

"이곳을 검토해 주십시오."

그러자 담당 공무원은 대뜸 *"지을 수 있으면 한번 지어보라"*고 했다. 의아하게 생각했지만 그래도 반가운 마음에 현장을 방문해 보니 그곳은 하수종말처리장위를 콘크리트로 덮어놓은 곳이었다. 그곳을 매립한다 해도 공사비가 기하급수적으로 투입되어 애초에 공사를 할 수 없는 땅이었다.

나온 김에 출장소나 들러 볼 생각으로 이동하던 중 눈이 번쩍 떠지는 곳을 발견하게 됐다. 출장소 바로 옆의 횟집 상가 건물이 철거중인 것이다! 정말 그때는 주변에 빈 땅만 보이면 거의 환장하던 수준이었기에 부리나케 달려가 보았다. 무슨 건물공사를 하냐고 물었더니 "불법건축물이라 민원이 들어와서 철거 중"이라고 한다. 즉시 시흥시청으로 달려갔다.

"이 땅을 우리에게 줄 수 있습니까?"

참 뻔뻔한 이야기였다. 민원 때문에 골치 아픈 마당에 이제 겨우 해결해 놨는데 이 땅을 해양경찰이 달라고 하니 담당계장 얼굴엔 실소 섞인 웃음밖에 나오지 않았다.

"그곳은 불법건축물로 하도 민원이 많이 들어와 골치가 아픈데, 이제 겨우 해결하고 있는데 해경한테 주면 주민들이 가만 있겠냐고요."

고개를 끄덕이며 돌아왔지만 그 후 몇 날 며칠을 돌아다녀 봐도 역시 그 땅 밖에 없었다. 다시 찾아갔다.

"다른 방법이 없겠습니까. 정말 그 땅을 줄 수 없습니까?"
"이 땅은 공동위판장과 한 필지로 되어 있어 도저히 안 되는 곳입니다."
"땅을 우리에게 주면 우리가 분할해서 가져가겠습니다."
"그럼 그 땅 살 돈은 있어요?"

간절히 원하면 반드시 이루어진다.

물론 없었다. 재정팀에 문의했더니 한마디로 '불가'였다. 대신에 우리 청에는 땅이 많으니 대토(代土) 같은 건 어떠한 지 시흥시에 물어보라고 했다. 그런데 우리 청 땅이 다른 곳에 있지 시흥시와 대토 할 만한 것은 없지 않은가. 시흥시도 다른 곳에 있는 땅은 필요가 없단다. 여기서 물러설 수가 없었다. 이리저리 힘을 써 일단 분할 측량까지 이끌어 낸 것만 해도 성과라 할 수 있었다.

얼마 후 파출소를 방문한 서장님은 "내가 뭐 도와 줄 일은 없느냐"고 물었다. 기회다 싶어 얼른 대답했다. "월곶 출장소를 지을 부지가 주변에 있긴 한데 시흥시 담당자들이 소극적입니다"라고 하자 서장님은 "시흥시장과 저녁식사를 한 번 해야겠다"고 했다.

며칠 후 다시 시흥시와 협의하러 갔는데 이번에는 해양수산계장이 재정담당계장을 불러 동석한 채 회의를 했다. 회의 도중에 알게 된 것은 공원조성사업을 하고 있는 시흥시가 계획 부지 안에 들어있는 기획재정부의 땅이 걸림돌이 되고 있어 골머리를 앓는다는 사실이었다.

귀가 번쩍 띄었다. 우리가 그 땅을 관리환해서 그 땅과 대토하겠다고 했더니 시흥시 공무원들이 *"정말 그렇게 해 줄 수 있냐"*고 좋아하는 눈치였다. 일이 풀리는 것 같았다.

며칠 뒤 기획재정부를 찾아가서 공원부지 2000평을 받아왔다. 월곶 출장소 부지의 땅값과 맞추어 관리환하고 월곶 부지를 분할 측량하여 그 땅과 대토하는 일을 일사천리로 끝내고 결국 월곶 출장소를 지금의 자리에 준공할 수 있었다. 결국 해 낸 것이다.

월곶 출장소 부지확보 과정에서 나는 '맨땅에 헤딩하는 느낌'을 받았다. 그러나 이 일로 내가 느낀 것은 '아무것도 없는 상태에서도 하려고만 하면 길은 열린다'는 사실이었다.

'간절하게 원하면 반드시 이루어진다' 는 유명한 말을 몸소 체험하게 된 셈이었다.

지금 이 순간에도 우리는 모두 최선을 다하고 있지 않은가.
반드시 우리가 원하는 것들은 모두 이루어질 것이다.

원칙과 기본은 우리의 구명복

"왜 시끄럽게 만드냐?"

멋모르고 정신없이 살아왔다. 시키는 일, 해야 하는 일들을 찾아 헤매면서 지내온 해양경찰 생활이 벌써 23년이나 흘렀다.

지금부터 15년 전쯤, 경찰서에서 유도선 담당으로 근무하고 있을 때였다. 당시만 해도 지자체로부터 유도선 업무를 인수받은 지 얼마 되지 않아서 면허관련 민원이 많은 때였다. 하루는 유선업(遊船業 · 유람선 사업)을 하시는 지긋한 어르신이 낚시가 잘되는 4곳의 갯바위를 중간기착으로 정하고 낚시객들을 실어 나르겠다고 면허 변경신청을 하러 온 것이다. 그러면서 의미심장한 표정을 지으며 **"대충 해주시면 됩니다"** 라고 말하는 게 아닌가.

며칠 뒤 나는 '면허변경 불가'라고 통보했다.

과 전체가 발칵 뒤집혔다. 민원인은 '도대체 해상에 대해 철저히 검토·확인하고 면허를 발급하는 공무원이 어디 있냐'는 눈치였고, 과장님도 나를 불러 **"도대체 왜 상황을 이렇게 시끄럽게 만드냐"** 며 한소리 하셨다.

한 달 전까지 경비함정에서 근무해 온 나는 이 부근 해역의 상황을 알고 있었다. 그래서 눈 하나 깜짝이질 않았다. 다만 내 판단에 혹시 허점은 없는 지 다시 검토하기로 했다.

며칠 뒤 나는 다시 경비함정을 동원해서 민원인이 요구하는 기착지 4곳의 갯바위를 둘러보고 항공순찰을 하는 헬기에 편승해서도 다시 둘러보았다. 아무리 생각해도 낚시객의 안전이 보장되지 않는 곳이었다. 나는 '허가 할 수 없다'는 최종 결론을 내렸다.

사무실로 돌아온 나는 허가 불능 사유를 보고서로 작성해 과장까지 보고를 마쳤다. 이대로 넘어가는 것 같았다. 그러나 얼마 후 본청 유도선 담당 주임으로부터 전화가 걸려왔다.

"민원이 들어와 죽겠네!! 왜 면허 발급 안 해주나?"

업무포탈이 되는 시절이 아니었다.

"주임님. 보고서 사본을 보내 드릴테니, 검토 후 전화주십시오."

보고서 사본을 보낸 뒤 본청에서는 두 번 다시 이 일로 연락이 오지 않았다. 이제 끝난 것일까? 이것으로 끝난 게 아니었다. 얼마 후 민원인은 과장을 찾아 왔다. 나는 면허 불가에 대한 설명을 위해 과장실에 여러 사람들이 모여 앉은 자리에서 민원인에게 또 한 번 설명을 해야 했다.

"이 지역은 이러한 ㆍㆍㆍㆍ위험사유로 인해 낚시객들을 승하선 할 수가 없습니다. 위험하기 때문입니다."

설명을 마치고 민원인에게 인사를 드리고 일어서려는 순간 민원인이 답답하다는 듯 소리쳤다.

"아, 위험하니까 보험 들었잖아!"

나는 이 말을 듣고 분노하고 말았다. 도대체 유선승객들을 돈으로만 생각하는 망언이 아닌가. 당시 젊은 혈기에 민원인에게 고함치고 대들며 싸웠다. 그는 *"다시는 해양경찰과 상종을 안 한다"*며 문을 박차고 나갔다. 그리고 지금은 유선을 폐업하고 낚시어선을 하면서 우리 파출소에 매일 출입항 신고를 하며 산다. 당시 윗분들의 압력과 민원이 두려워 소신과 다르게 면허를 발급했다면 민원보다 더 큰 사고가 발생했을 것이다. 원칙과 기본을 지키는 공무원의 소신이 후회하지 않는 해양경찰의 인생을 만들어 주고 있는 것이다.

원칙과 기본을 지키는 공무원은 어느 누구도 두려워 할 필요가 없다.
지금 내게 남은 수 년의 해경인생도 그렇게 살아가게 될 것이다.

내가 23년의 조직생활에서 깨닫고 확인한 '원칙과 기본'에 관한 신념을 의미있게 받아들여 우리 후배들이 불필요한 시행착오를 겪지 않았으면 한다.

해양경찰에게 시행착오란 '거대한 재난과 인명피해'를 두 눈으로 직접 목격하는 것이고 그 후 '지독한 트라우마'를 평생토록 가슴에 품게 됨을 의미한다.
우리의 임무가 막중한 만큼 시행착오의 아픔도 크다.

그런 우리에게 원칙과 기본은 인생의 구명복이다.

오늘보다 나은 내일을 위해

고대구리 어선 단속

2002년 6월은 월드컵 열기가 가득했다. 온 나라가 붉은 물결로 떠들썩했던 그 시절 나는 여수해경 소속 경비함 신임 순경으로 근무하고 있었다.

그날은 6월10일. 우리함은 당직함으로 국가중요 목표시설 및 광양제철 축구연습장에서 연습중인 덴마크 선수단의 대테러 방지임무를 수행하고 있었다. 자정을 앞둔 23시 50분. 인근 레이더 기지에서 관공선망(MTS)으로 다급한 교신이 들어왔다.

"여수파랑새, 여수파랑새, 여기는 R/S"
"묘도 근해 의아선박 발생 확인바람"

교신과 동시에 우리 함은 현지로 이동해 단정을 내렸다. 나는 검색 요원으로 단정에 승선했다. 당시 단정은 레이더가 없었다. 경비함정에서 지시하는 침로로 선박 추적에 들어갔다. 인근의 육군 경비정도 우리를 따라붙었다. 전투태세로 공포탄을 발사하며 정선명령을 했다. 우리가 추적하는 도주 선박은 2척이었다. 이들은 경비함의 추적을 피하기 위해 섬 사이로 들어갔다 나왔다를 반복했다.

 '*어선처럼 보인다!*'

 사이렌을 울리고 정선명령 방송을 하며 추적했으나 계속 도주했다. 승선검색하기로 하고 단정을 도주선박의 현측에 접근시켜 등선을 시도했다. 그러자 도주 선박은 지그재그로 도주하며 해경이 올라타는 것을 방해했다.

 신임 순경이었던 나는 당시 활개를 치던 소형기선저인망(고대구리) 소탕작전을 수차례 경험하며 수십 척을 검거했었고, 젊은 시절의 날렵한 몸으로 자신감이 가득 차 있었다.

 단정장이 몇 번의 시도 끝에 도주 선박의 현측에 접촉하자 나는 기회를 놓치지 않고 뛰어올랐다. 그런데 이게 웬일인가. 순간 도주 선박이 반대편으로 급변침하는 바람에 나는 그대로 미끄러져 밤바다로 떨어졌다.

 한 치 앞이 안 보이는 무월광의 새벽 바다... 갑자기 정신이 번쩍 들었다. 큰일이다. 무엇보다 선박 뒷부분의 스크루 프로펠러였다. 도주 선박의 스크루 프로펠러는 아슬아슬하게 나를 지나쳤고 이후 나는 단정에 의해 구조되며 아찔한 순간을 넘겼다.

 추적은 계속되었다. 이미 바닷물에 흠뻑 젖은 나는 무슨 자신감이었을까. 동료의 만류에도 불구하고 도주 선박에 다시 오르겠다고 고집했다. 단정이 접근하자 이번에도 도주 선박은 서치라이트를 비추어 단정의 시야를 방해하며 지그재그로 도주한다.

 단정장은 위험을 무릅쓰며 추적했고 나는 다시 도주 선박으로 몸을 날렸다. 도주 선박은 이번에도 등선 현측 반대편으로 급변침했고 나는 이번에도 바다로 추락했다.

야구글러브 같은 실밥을 손가락에 달고서

순간 다시 프로펠러를 피해야겠다는 생각이 들었다. 배에서 멀어져야 한다는 생각으로 떨어지는 순간 힘차게 선박을 밀어냈다. 나를 향해 다가오던 도주 선박의 선미를 이번에도 피할 수 있었다. 그러나 나를 바다로 떨어뜨리고 계속 달리던 도주 선박은 전방에 있던 우리경비정을 발견하지 못하고 그대로 충돌하고 말았다.

"쿠-웅!"

거대한 소리가 밤바다를 울렸다. 선장은 좌현측으로 등선을 시도하는 나를 의식한 나머지 우현측에서 엄호하고 있던 본함을 발견하지 못한 것이다. 그 충돌사고로 도주 선박은 반파했지만, 다행히 침몰하지는 않았다.

충돌로 인해 동료들은 경황이 없었던지 나는 한동안 바다에 떠있었다. 이상하게도 두렵지 않았다. 그 날 따라 밤하늘의 별들이 평소보다도 선명해 보였고 아름다웠다.

시간이 얼마나 지났을까? 물에 떠있는 내게 검은 물체가 다가왔다. '경비정이 나를 발견한 모양이다.' 그러나 경비정은 멈추지 않았다. 함수가 먼저 나를 지나쳤다. '함미엔 스크루 프로펠러가 있는데..' 함정과 멀어지기 위해 안간힘을 쓰고 있던 그 순간 구조의 빛이 나를 비춘다. 써치라이트였다. 함정은 스크루 프로펠러 회전을 정지시켰다.

그들로부터 구조된 나는 함정으로 기어올랐다. 갑판 바닥에 쓰러지듯 누우니 긴장이 풀리면서 추위가 몰려왔다. 왼손 손가락도 뜨거운 통증이 있었다.

도주 선박에서 떨어지다가 구조물에 찍힌 모양이었다.

상처를 확인하려는데 붉은 피와 통증이 몰려왔다. 얼른 손가락을 쥐어 지혈을 하며 함정 식당으로 들어가 앉았다. 어느새 03시 30분. 추적이 3시간 넘게 이어진 것이다. 나는 곧 육군 경비정에 편승해 병원 응급실로 가서 찢어진 부위를 봉합했다. 손가락에 야구글러브처럼 실밥을 달고서 다시 경비정으로 돌아왔다.

조사결과 경남 사천 선적 불법저인망 어선으로 야음을 틈타 여수근해에서 불법조업을 마치고 노출되지 않도록 등화도 켜지 않고 어구는 어창에 은닉한 채 입항하다가 육군 레이다 기지에 걸린 것이었다. 게다가 선장은 음주 상태였다. 한밤의 추적을 벌였던 그 선박은 수산자원보호령위반과 해상교통안전법위반으로 검거되었다.

13년이 지난 지금 해양경찰의 노력으로 소형기선저인망(고대구리)은 자취를 감췄다. 사람들 눈에는 보이지 않지만 소형기선저인망 소탕으로 우리 바다는 다시금 풍요롭게 회복되었다.

해양경찰은 눈에 보이지 않는 일을 한다.
안전에 관해 '어제 같은 오늘'을 만들어 현상을 유지하고
위험에 관해 '오늘 보다 나은 내일'을 만들어 현상을 유지한다.

당시에는 '당연히 뛰어들어야 할 일'이라 생각했고
한동안은 '목숨을 걸고 뛰어들 만한 일이었는지' 고민하던 시절도 있었다. 그러나 지금 생각해 보니 위험했던 과거들이 고스란히 내 인생이 되어 있었다.

옳은 일이었고,

누군가는 나서야 하는 일이였으며,
바다를 지키는 우리 본연의 일이기 때문이었다.

다시 내게 같은 순간이 와도 선택의 여지는 없다.
위기의 순간이 오면 그 위험한 용기가 다시 고개를 들것이고
나는 서슴없이 바다로 몸을 날릴 것이다.

그날 밤바다에 누워 바라보던 선명한 은하수가 다시금 생각난다.

Tip 고대구리

전라남도 여수 인근 어민들이 사용하던 바다 밑바닥을 훑어 어린 물고기까지 잡는 어구(漁具)를 일컫는다. 고대구리 어업이란 자루 모양의 그물을 로프로 연결해 바다 밑바닥까지 훑으면서 어획하는 작업방식으로, 그물코가 작고 어구 입구를 넓힐 수 있는 전개판까지 부착하고 있어서 어획 강도가 높고 조업 조건도 매우 유리한 어구이다.

일제강점기때 우리나라 남해안에서 성행하던 일본 저인망어업이 광복 이후 우리나라 어민들에게 도입되면서 비롯됐다. 2005년 당시까지 고대구리는 약 2,000여 척으로 추산됐는데, 주로 경상남도 홍도와 전라남도 소리도·광도, 전라북도 위도 및 어청도에서 주로 가자미·넙치·아귀·새우·문어·낙지 등을 남획해 왔다.

소형 선박과 적은 작업 인원만으로 작업이 가능한 고대구리는 어촌의 소득원으로 큰 역할을 해왔다. 하지만 한번 그물에 걸린 어린 고기들까지 빠져나가지 못하는데다가 바닷속 바닥을 청소하듯 긁어버림으로써 수산 동식물의 산란과 생태계를 파괴하는 등 문제가 심각해 정부에서는 불법으로 규정하고 대대적인 단속을 시작했다. 2005년에는 557척에 166억 원을 보상하며 어업방식 전환을 유도했고 연근해 어장의 어업 질서 확립과 지속적인 수산자원 보호 증식을 도모했다. 이 과정에서 저항하는 어민들의 폭력을 동원한 사건도 적지 않았으나 해양경찰의 노력으로 지금은 대한민국 전 해역에서 고대구리 어업은 자취를 감추었고 해양 생태계도 안정을 되찾았다.(편저자 주)

바다를 압수수색?

"한 번 해봅시다"

　입사 10년차에 접어들었다. 6년간 수사업무를 하면서 여러 사건이 있었지만 작은 어선에 올라 3일간 화장실도 못 간 채 해상 수색을 했던 그 날은 지금도 잊을 수 없다.

　2009년 4월이었다. 정보관으로 있던 선배에게 한 장의 서류를 받았다. 내용을 보니 〈구룡포 통발협회장은 어구(漁具) 절도를 신고하는 조건으로 가리선원이 정보를 제공하고 그 선원에게 보상금 500만원을 주기로 한다〉는 내용이 기재되어 있었다.

　가리선원이란 조업일정에 따라 1~2회만 승선하는 선원으로 상시 고용된 사람이 아니다. 나는 그를 찾아내 승선했던 어선의 절도행각에 일체에 대한 정보를 얻을 수 있었다.

　그 선원은 영덕지역의 89톤 근해 통발 어선의 선원으로 6박7일 동안 승선한 적이 있었는데 그 기간 동안 이 어선이 해중에 있는 9틀의 어구를 끌어올려 대게를 포획하고 다시 바다에 던져놓았다고 했다. 그런데 그 어구들 중 한

틀만 그 어선의 것이었고 나머지는 모두 다른 어선이 설치한 어구였다고 진술했다.

다른 선박이 설치한 어구를 양망(양망·揚網-그물을 끌어올림)해서 어획물을 가져가는 것은 해상 절도행위로 형사 범죄이다. 어구실명제 사업에 따라 바다에 설치한 통발에는 주인의 이름이 있는데, 통발이 타인의 것임을 확인한 이 선원이 그 표식을 뜯어 증거물로 통발협회장에게 제보한 것이었다.

제보자의 진술 외에도 다른 보강증거를 수집하기 위해서 해당어선의 GPS 플로터와 조업 장부를 압수하고 피해자들이 어구를 투망해 두었다는 해점(해상지점)과 피해자의 어구를 무단 양망하고 재 투망하기까지 2~3시간 항해하였다는 진술을 확보해 수사를 시작했다.

진술을 토대로 독도 북동방 약 40마일 해상 6개 해구를 압수수색 장소로 특정해 영장을 신청하기로 하고 담당검사를 만났다. 담당검사가 물었다.

"바다를 압수수색할 수 있나요?"
"절도범죄가 발생했으니 해야 합니다."

그 이유를 설명했다.

"전례가 없잖아요."

난감해 하며 고개를 갸웃거리는 검사는 계속되는 내 설명에 마지못해 "그럼 한 번 해봅시다."라며 동의했다. 영장청구를 하자 범죄의 장소가 되었을 바다를 특정해서 압수수색영장을 발부받을 수 있었다.

구룡포 근해 통발협회의 지원으로 54톤급 통발어선에 승선원 9명과 함께 승선했다. 구룡포항에서 출발한 지 20시간이 지나서야 범죄 해역인 독도 북동방 약 40마일 해상에 도착했다. 수색대상 해역은 용의선박에서 압수한 GPS플로터에 기재된 해점을 근거로 추정된 6개 해구이며 수색대상은 해당 해역 안에 투망되어 있는 어구일체였다.

목격자 없고 증거확보 어려운 해상 절도 사건

선원침실에 머물며 씻기는커녕 화장실도 가지 못한 채 수색에만 전념할 수밖에 없었다. 광활한 해역에서의 어구수색은 그야말로 모래사장에서 바늘찾기처럼 불가능해 보였다. 바다가 잔잔해도 무수한 물결이 넘실대는데 그 속에 작은 어구를 찾기란 무척 어렵다. 하물며 파도가 일면 더 난감하다. 그런 어려움 속에 3일째 되던 날 GPS상에 기재된 해점에서 용의선박의 부이가 설치되어 있는 어구 한 틀을 발견했다. 어구를 올려보니 매달아 놓은 부이와 달리 주인이 따로 있는 어구였다. 결정적인 단서를 발견하고 용의선박의 선장을 특수절도죄로 구속, 선원과 장물업자 등 총 5명을 불구속 기소의견으로 송치했다.

해상에서의 절도사건은 선박의 승선원 외에는 목격자가 없고 증거를 확보할 만한 수단이 전혀 없으므로 경찰관으로서 다루기 어렵고 특히 먼 해상으로 나갈수록 어려움은 더 커진다. 이러한 점을 이용해 타인의 재산을 마음대로 가져가는 해상에서의 절도행위는 그 죄질이 매우 나쁘다.

선장의 절도범행은 실형 1년을 선고 받는 것으로 마무리 되었다.

이번 사건을 처음 접하면서 해볼만 하다고 생각했고 모든 신경을 집중했다. 밝혀낼 수 있을 거라고 생각한 이유는 무엇보다 현장에 있던 선원의 진술이 확보되었고 막연하지만 보강증거를 찾을 방법이 떠올랐기 때문이었다.

해상에서의 절도사건은 증거를 찾기 힘들어 미제로 처리되는 때가 많다.

그러나 누군가가 그 임무에 달려들어 해결의 단서를 만들고, 그렇게 경험이 쌓이면 조직은 언젠가 완벽하게 문제를 해결하는 방법을 찾을 것이다.

그렇게 되면 비로소 '해양경찰의 열정이 해상에서의 절도사건을 없애 버렸다'고 말할 수 있을 것이다.

어민의 수호자

이번 사건의 조사과정에서 생각치도 못한 험난함을 감수해야 했다. 작은 어선에 올라 독도 북동방 40마일 해상까지 가서 며칠간 임무에 집중할 수 있는 공무원은 대한민국에서 해양경찰뿐일 것이다. 그리고 이번 일로 인해 '해양경찰은 바다도 압수수색할 수 있다'는 경험을 얻었다.

국민을 위해 서비스를 제공하는 공직자의 역할은 기존에 하던 일을 잘 하는 것 외에 문제를 해결하기 위해 고민하고, 그 고민의 끝에 가끔은 해보지 않았던 도전적인 발상과 추진을 하는 것이다. 물론 험난한 과정을 감수해야 하지만 그 험난한 과정이란, 현장에 있는 해양경찰이면 누구나 겪는 것이 아닌가.

세월호 사건 이후부터 툭하면 해경의 수사권을 없애야 한다는 주장이 언론을 장식한다. 만약 그 주장이 실현됐더라면 바다에서 일어나는 이런 사건들을 누가 해결할 수 있을까. 바다를 터전으로 살아가는 고단한 어민들은 누구를 믿고 의지할 수 있을까. 해양 경찰관의 제복은 그런 홀대받는 어민들을 안전하게 지켜주는 수호자의 상징이며 홀대받아선 안되는 존재이다.

실체적 진실

불법고래포획 추적

2015년 해양경찰청이 해체되어 국민안전처 소속으로 바뀌고 정보수사 인원의 상당수가 경찰청(육경)으로 넘어가며 인원이 대폭 줄어 어수선했던 시기에 동해시 관내에는 불법고래포획 사건이 발생했다. 도주하던 5척의 용의선박 중 한 척이 고래살점이 담긴 것으로 추정되는 포대자루 수십 개를 싣고 도주하자 해양경찰 헬기가 이를 추적하기 시작했다.

헬기를 발견한 용의선박은 급히 포대자루를 차례로 해상에 던졌고 그 장면은 헬기에서 빠짐없이 채증해 갔다. 도주하던 다른 선박들은 남쪽으로 이동하다가 죽변항과 후포항으로 분산해서 입항했다. 당시 형사계에서 근무하던 나는 헬기에서 채증한 용의선박이 입항한 후포항으로 곧장 이동했다.

후포안전센터 직원들의 도움으로 용의선박 선원들 중 도주한 1명을 제외한 전원의 신병을 확보할 수 있었다. 긴급체포가 되지 않는 상황에서 임의동행을 한 후 간단히 1차 조사를 했으나 선원들은 서로 입을 맞춰 피의사실을 부인하면서 버텼다.

다음날 선원들을 해양경찰서 형사계로 불러들여 분리조사를 시작했다. 선장의 조사를 맡은 나는 밤새 피의사실을 입증하기 위한 증거자료 수집하고서 조사를 시작했다. 나는 먼저 여유를 부리며 선장에게 얘기했다.

"지금 범죄사실을 부인하는 선장 진술이 사실이면 저도 좋겠습니다. 그런데 우리 헬기에서 너무 선명하게 채증하는 바람에 빠져나가기가 힘들겠네요."

한참을 고민하던 선장은 채증된 피의사실만 인정하기로 마음을 바꾼 것 같았다. 고래를 포획한 적은 없고 운반은 했고, 누가 포획한지는 모르고 총책임자도 모른다고 진술을 바꾸었다.

선장이 운반사실을 인정하자 선원들도 운반사실을 인정하며 선처를 바라면서도 다른 피의사실에 대한 진술은 일체 함구하고 있었다. 나는 부족한 형사경험으로 이번 사건이 나에게 벅차다는 느낌을 받았다.

이때 일부 동료들은 용의자들이 인정한 고래운반에 대한 부분만 수산자원관리법 위반으로 기소해서 이번 사건을 끝내면 된다고 했다. 그러면 우리 모두가 어려운 이번 사건에서 벗어날 수 있게 되는 것이다. 그러나 사건 담당수사관이었던 나는 그럴 수 없다고 생각했다. 실체적 진실을 밝히는 것이 수사관의 도리이고, 현재 어려운 조직의 여건 속에서 해양경찰의 수사력이 얕잡아 보일까 걱정이 생기기도 했다.

비록 아무도 몰라주어도...

나는 급히 고래포획선이 운집했던 레이더 기지에 공문을 보내 항적이 남아있는지를 확인하고 직접 찾아갔다. 거기서 용의선박의 당일항적을 살펴보다 이상한 점을 발견했다. 운반만 했다고 주장하던 선박이 포획선과 함께 항해하며 다른 선박들과 공조하여 포획을 한 정황을 항적으로 발견한 것이었다.

최근 몇 년간 불법 고래 포획사건에 대한 기록을 모으고 전국의 용의선박 리스트를 받아 검거된 선원들의 과거 이력을 파악해 보니 단순히 운반만 했다는 그들의 진술에 신빙성이 떨어지고 있었다.

용의선박들의 항적을 세분화해 보고서를 작성하고 선원들의 과거경력을 분석해 역할을 밝혀냈다. 신병확보를 위해 신청한 선장에 대한 구속영장이 집행되었고, 구속기간에도 선장과 선원들은 끝까지 단순운반만 했다고 주장했지만 결국 선장은 불법고래포획혐의 수산업법으로 의율하여 징역형을 선고받았다.

해양경찰은 참 힘든 직업이다. 좋은 사람, 진실을 말하는 사람을 대하는 직업이면 좋겠는데 오히려 그 반대의 인생을 사는 사람을 만나는 직업이다. 그래서 나는 쉽게 편한 방향으로 일을 끝낼 수 없다. 내가 편한 선택을 할수록 범죄자에게 면죄부를 줄 우려가 커지기 때문이다.

2015년은 해양경찰 수사에 대한 무겁고 어수선한 분위기 속에서 중심을 잡고 올바른 길을 선택한 결정이 실체적 진실을 밝힐 수 있어 나에게는 보람된 한 해였다. 해양경찰 수사관의 끈질긴 면모가 우리바다에 정의를 세우고 우리를 명예롭게 할 것이다. 비록 아무도 몰라주더라도…🛟

의심을 확신으로

위축감을 기회로

　10년 전, 처음 수사과 업무를 시작했을 때의 일이다. 형사 서무를 거쳐 1년 정도 외근활동을 하던 시기였다. 어느 날 팀장이 2주간 교육을 가있는 동안 혼자 사건처리를 담당하게 되었다. 형사 경험이 적은 나는 살인, 폭처법, 변사, 실종, 충돌, 절도 등 강력사건과 수많은 형사특별법 사건을 혼자 처리해야 한다는 사실이 내심 부담스러웠다.

　이러한 위축감을 떨쳐내는 것이 우선이었다. 오히려 나는 1년 정도의 외근 경험을 밑천으로 혼자 부딪히면서 업무적으로 성숙할 수 있는 좋은 기회라는 생각을 가지고 사건에 임했다.

　그러던 중 인상적인 사건이 발생했다. 2008년 7월초였다. 부산 다대포에 있는 다대포 해수욕장에서 20대 남자 두 명이 수영을 하다 한 명이 실종되었다는 신고가 접수된 것이다. 실종된 사람은 군대를 막 제대하고 복학을 준비 중인 영도구 동삼동에 살고 있는 청년이었다.

　나는 신고를 접수받고 평소와 같이 신고인과 가족 지인 등을 상대로 탐문

활동을 하고 동시에 아파트 엘리베이터 CCTV를 확인하는 등 동선을 확인했으나 실종에 대한 별다른 범죄혐의점이 없었고 단순히 수영미숙으로 실종된 것으로 예상되었다.

나는 전국에 실종자를 수배했다. 특징으로는 20대 중반 남자, 키는 182Cm 검은색 트렁크형 수영복 착의, 어금니 1개 치료 등의 내용을 기재했었다.

열흘 후 저녁 즈음 포항 해양경찰서 형사계장으로부터 전화가 왔다.

"그 실종자와 같은 변사자가 포항에서 발견되었다."

발견된 사체의 특징에 대해 물으니 위 실종자의 특징과 모든 것이 같았다. 다만 키가 179cm로 수배자 보다 3cm 더 작았다. 포항 형사계장은 사망하여 피부 등이 줄어들면 그 정도 오차는 있을 수 있으니 일단 사체를 인도받아 수사를 하라 하였고, 우리서 형사계장 또한 같은 의견이었다.

신장 3cm의 차이

나는 확실히 하기 위해 부산대 법의학팀 공의에게 전화를 해 사후에 키가 변화할 수 있는지에 대해 문의하였는데 법의학 공의의 의견은 양쪽 계장님들의 생각과는 달랐다.

*"사람이 죽어도 키는 거의 변하지 않는다"*는 답변을 한 것이었다. 이러한 사항을 포항해경서와 우리 형사계에 보고했었지만 이것은 받아들여지지 않았다.

그날 저녁 포항에서 발견된 사체를 부산으로 운구하여 사하구에 있는 한 장례식장으로 안치하고 유족들에게 확인시켰다. 유족은 운구된 변사자를 보자마자 자신의 아들이 맞다고 했다. 변사체의 모습은 이미 얼굴이 부패하여 알아볼 수 없을 정도로 백골화가 진행되었지만 20대 중반의 키 180cm 정도의 남자이고 검정색 트렁크 수영복을 착의하고 어금니 치료 흔적도 있어 내가 수배한 실종자와 흡사하고 가족들도 한 눈에 알아보는 점으로 보아 동일인임을 의심할 여지가 아예 없어져 버렸다.

부산대 법의학 공의에게 사체검안서를 발부받고 유족진술서 등 그동안 수사자료로 사체를 부검 없이 유족에게 인도하겠다고 변사사건 발생보고 지휘건의서를 담당검사에게 제출하였고 검사는 제출한 의견대로 사체를 검시한 후 유족에게 인도하라고 지휘했다.

그러나 법의학 공의의 의견이었던 '신장 3cm 차이' 나는 이것이 마음에 계속 걸렸다.

사건을 바로 잡을 사람은 나 하나 뿐

그래서 혹시나 실종자의 남동생에게 죽은 형이 최근 치아를 치료한 적이 있는지를 물어 그 병원인 사하구 괴정동의 치과를 찾아갔다. 담당의사에게 사건경위를 설명하고 치아 진료기록부 사본을 발부받아 재차 부산대 공의를 불러 치아진료 기록의 치아번호와 변사체 치아치료 기록이 일치하는지를 확인해 보았다.

여기서 중요한 차이가 발견되었다. 실종자는 치아치료 기록상 5번 치아를 치료했고, 발견된 변사자의 치아는 6번 치아가 치료되어 있는 상태였던 것이다. 검시를 했던 법의학 공의는 이 번호 하나의 차이로 동일인이 아니라고 딱 잘라 말했다. 재차 확인해 달라고 요구했지만 바뀌는 것은 없었다.

발견된 변사체는 우리가 찾던 사람과 완전히 다른 사람이었다. 사건은 다시 처음으로 돌아가고 말았다. 이 상황을 유족과 검사, 그리고 양쪽 형사계에도 설명해야 하는 상황은 무척이나 부담스럽고 난감했다. 그러나 실종자의 부모에게 다른 변사체를 인도할 수는 없는 일이기 때문에 사건은 바로 잡혀야만 했다. 이 사건을 바로잡을 사람은 세상에 단 한 명, 나 밖에 없다.

공의에게 검시한 상황을 자필진술서로 확인받고, 사무실로 들어가 이러한 사항을 먼저 상부에 구두보고 했다. 그리고 변사사건 재지휘보고서를 작성해서 담당검사에게 직접 대면보고를 했다. 경위를 들은 담당검사도 깜짝 놀라며 부장검사에게 보고를 하고 와서 사체를 다시 포항 해경서로 운구하고 내가 작성한 건의서 의견대로 하라고 지휘했다.

만약 위의 사건에서 담당자인 내가 의심스러운 부분을 확인하지 않고 대충 사건을 넘겼다면 아주 이상한 일이 벌어졌을 것이다. 실종자와 변사자는 뒤바뀌고 다른 자식의 장례를 치루는 한 가정과, 그런지도 모르고 자식을 평생 찾아 헤매는 한 가정이 생겼을 것이다. 그리고 그렇게 시간이 지나면 아무도 그 잘못을 시정할 수 없었을 것이다.

이 일을 계기로 나는 법집행과 민원처리 등 대외업무는 아무리 사소한 일이라도 의심되는 것이 있으면 몇 번이고 확인한 후 확신이 생길 때 업무를 집행하고 있다. 특히 경찰공무원은 법 집행관으로 한번 잘못된 법집행으로 국민에게 치명적인 불행과 상처를 줄 수 있다. 앞으로도 성실한 업무수행으로 실수 없는 법집행을 해야겠다고 오늘도 다짐해본다.

한 수사 경찰관의 노력

흔한 진실의 왜곡

2005년 무렵... 경찰서 수사계에서 경장 계급으로 수사실무 경험이 많지는 않은 상태에서 사건담당을 하던 때였다. 근해 기선저인망 어선에서 발생한 선상 폭력 신고사건을 배당받아 수사를 하게 되었다.

어선의 간부선원이 초보선원에게 조업작업을 잘 못한다는 이유로 다른 선원들이 보는 앞에서 주먹으로 폭행을 가했다는 내용이었다. 폭행 피해선원은 중년의 나이에 어선을 처음 승선한 초보선원이었다.

그는 대학에서 R.O.T.C 훈련을 받아 육군 대위로 예편하고, 일반 사회생활에서 몇 차례 실패를 했다고 한다. 특별한 기술이 없는 상태에서 별다른 직장을 구하지 못하자 생계를 위해 동분서주하던 중 어선을 타면 고액의 임금을 준다는 전단지 광고를 보고 어선 선원생활을 시작하게 되었다는 것이다.

수사과정에서 가해 간부선원은 자신은 폭행한 사실이 전혀 없다면서 폭행 사실을 일체 부인했고, 피해선원은 정말 억울한 감정을 표출하며 폭행을 많이 당했다고 주장했다.

한편, 당시 폭행이 일어난 어선 갑판상에서 작업한 선원들의 진술은 가해선원과 같이 폭행 사실이 없거나 목격한 사실이 없다는 주장들뿐이었다. 피해선원의 주장을 뒷받침해줄 별다른 증거가 없는 상태였다.

하지만, 수사결과 실제 그 간부선원이 다른 선원들 앞에서 그 피해선원을 일방적으로 폭행한 것은 사실이었으며, 다른 목격선원들은 오랫동안 선상생활을 함께 한 간부선원의 편에 서서 처음부터 모두 합심해 거짓말을 한 것으로 드러났다. 피해선원 입장에서 보면 그 어선 내에는 자기 편이 되어줄 사람이 단 한 명도 없었던 것이다.

어떻게 보면 이 사건은 그다지 규모가 큰 사건도 아니고 경찰서 수사계에서 폭행사건은 접수건수도 많아 그저 평범한 사건에 속했다.

하지만, 다른 선원들까지 모두 한편에 서서 일방적으로 진실을 왜곡하는 사건은 그리 흔하지 않았다. 덕분에 그 사건을 해결하는데 보통 사건에 비해 시간과 에너지가 배 이상 소모되었다.

나는 그 사건의 진실을 밝히기 위해 수사과정에서 면밀한 현장 실황조사와 목격 선원들을 수차례 만나가면서 설득한 끝에 겨우 진실을 밝혀낼 수가 있었다.

진실을 건져 올리다

해상범죄는 육상범죄와 비교하면 그 특성상 증거인멸을 시도하고 성공할 확률이 매우 크다. 이 수사를 마무리하는 시점에서 그 피해선원은 "함께 일했던 선원들이 하나같이 수사기관에서 그 가해 간부선원 편에 서서 거짓말을 하고 자신이 말하는 진실이 오히려 그 선원들의 담합된 진술로 인해 거짓이 되는 것을 느끼고, 정말 배라는 곳은 정상인 한 사람을 바보로 만드는 것은 *일도 아닌 정말 무서운 곳이구나*"라는 생각을 하게 되었다고 한다. 사건 처리 이후 그 선원은 어디론가 멀리 떠나는 길에 내게 감사 전화 한 통을 넣어 주었다.

"그래도 제 말을 끝까지 믿어주고 진실을 밝혀주셔서 고맙다는 말을 정말 하고 싶었습니다."

나의 수사 초임시절에 있었던 경험으로 가끔씩 그 사건을 생각하면 내가 한 집의 가장으로서 아내와 아이에게는 미안하지만 수사경찰관으로서는 내가 조금 더 노력한 결과로 인해 보람된 결과를 얻을 수 있었다. 그로인해 해양경찰관으로서 내가 다시 한 번 더 각오를 다질 수 있게 하는 사건으로 기억된다.

당시 실황조사를 하던 날은 내 인생에 첫아이가 태어나는 날이었다. 하지만 실황조사는 가해 선원 등의 부인 진술에다가 어선 조업일정상 더 이상 날짜를 미룰 수가 없는 상태여서 할 수 없이 강행해야 했다. 그 시간에 아이는 세상 밖으로 나왔지만 결국 아빠는 옆에 있어주지를 못했다. 그 점은 아직도 아이와 아내에게 미안하다. 대신 억울한 사람을 구할 수 있는 진실을 건져 올릴 수 있었다.

방화범이 사망한 방화사건

이건 방화다

2015년 5월 17일 03시 25분. 목포 해양경찰서 상황실로 다급한 음성의 전화를 받았다.

"목포 북항에서 큰 불이 났습니다. 빨리 전파해 주세요."

무슨 일인지 물어 볼 겨를도 없이 전화는 끊어졌고, 형사계 직원들에게 전파하면서 현장으로 달려가 보니 현장은 거대한 화염에 휩싸여 있었다.

"이게 뭐야?"

왠지 모를 섬뜩한 기분이 들어 나도 모르게 중얼거렸다.

선착장 안벽에 첫 번째로 계류된 46톤급 근해 통발어선 3008만선호가 어둠을 밝히는 횃불처럼 활활 타고 있었고 그 옆에 주차되어 있던 고급승용차는 완전 숯덩어리가 돼 있었다. 막 도착한 소방관들은 진화에 여념이 없었다. 어선이 FRP 재질로 오히려 불길을 키워 쉽게 진화되지 않았고 날이 밝아 정오가 되어서야 시커멓게 타다 만 어선은 흰 연기를 남기며 화재는 겨우 잡혀갔다.

내가 볼 때 이 사건은 그간 접해왔던 화재사건과는 느낌이 달랐다. 현장에 도착했을 때부터 '이건 방화다'라는 촉이 나를 휘감았다. 주변의 CCTV를 통해 어선이 어떻게 화재가 일어났는지부터 확인했다.

같은 날 새벽 03:05경 고급 차량이 안벽에 주차를 하고 운전석에서 내린 사람이 선박에 드나들기를 3~4회, 마지막으로 어선에 들어간 지 14분 뒤 거대한 폭발이 일어났고 순식간에 어선은 화염에 휩싸였다. 그러나 어선이 폭발한 뒤 밖으로 나온 사람은 없다.

'들어갔던 사람은 왜 못 빠져 나왔을까?'

도망을 간 것일까, 바다에 빠졌을까? 종잡을 수 없었다. 나는 수사관으로 이 사건을 담당하면서 이번 사고가 꽤 복잡한 것임을 직감했다.

선박을 폭발시킨 사람은 누구인지, 무엇 때문인지, 배후에는 누가 있는지, 이런 것들을 확인하기 위해 우선 고급승용차의 주인부터 찾아봐야 한다.

전소된 고급승용차의 주인은 여자였다. 통화를 시도하니 예상 밖에도 전화를 받는다.

"승용차가 전소되었습니다. 알고 계신가요?"

여자는 갑자기 횡설수설한다. 차를 타고 간 사람은 남편이고, 자기는 현재 서울에 있다고 대답했지만 말들이 앞뒤가 맞지 않았다.

여자가 남편이라고 한 사람, 선박에 들어간 후 선박폭발과 함께 사라진 그 사람은 통영사람인 황씨였다. 불에 전소된 현 선박주인을 만나 조사했다.

"저는 황씨를 전혀 모릅니다. 통영사람이라곤 전소된 3008만선호를 진수(進水)했던 전 선박주인 박씨만 알고 있습니다. 그리고 박씨가 빌려간 돈 10억을 갚지 않아서 내가 법적 절차에 따라 어선을 통영에서 가지고 왔는데, 박씨가 불을 질러버린다고 자주 협박을 했습니다."

퍼즐 맞추기 작업

사건 당일은 일요일이었고, 영장을 발부받을 시간이 없었다. 영장 없이 긴급으로 휴대전화 실시간 위치추적과 동시에 통신사로부터 통화내역을 받았는데, 전 선주 박씨와 통화내역이 전혀 없던 방화범 황씨가 사건이 발생한 2015년 5월 초부터 집중적인 통화기록이 있었고, 황씨의 마지막 통화기록 역시 전 선주 박씨였다.

흩어진 범죄의 조각퍼즐들이 맞춰지고 있었다.

'박씨가 황씨를 사주했구나'

내 머릿속엔 온통 그 생각뿐이었다. 그러나 황씨의 소재가 확인되지 않은 상태에서 이건 심증에 불과하다. 황씨의 배우자를 불러 집중적으로 추궁을 시작했다.

그러나 여자는 사건 당일 목포에 있음이 확인되었는데도 서울에 있었다고 주장하는 등 앞뒤가 맞지 않은 진술을 계속했고, 상황이 자신과 남편에게 불리하게 흘러갈 때마다 입을 굳게 닫아 버렸다.

나는 진술의 모순점을 찾아 추궁하는 동시에 불타버린 승용차의 통행기록을 확인하는 등 사건 당일 행적을 모두 긁어모으면서 정황증거들을 보강 수집했다.

그러던 중 전소한 3008만선호를 국과수와 해경이 합동 감식하는 과정에서 선박의 기관실에 있던 황씨의 불에 탄 사체를 발견했다. 다시 황씨 부인을 불러 추가조사를 했다. 황씨 부인은 사건당일 인근 모텔에 있다가 선박에 화재가 발생한 시점에 현장을 피해 택시를 타고 통영으로 도주했으며, 통영으로 가는 과정에서도 전 선주 박씨에게 전화를 걸어 16분간 통화를 한 것이 확인되었다.

방화범이 사망해 진술할 수 없는 상황에서, 수사를 지체할 경우 사건은 미궁으로 빠질 것이 뻔했다. 여자를 상대로 2회의 조사를 마친 5월 20일 자정에 통영으로 넘어가서 같은 날 오전 10:00경 전 선주 박씨를 긴급체포 했다. 죄명은 '현주(現株)선박 방화교사' 혐의였다.

박씨를 구속했지만 게임은 지금부터였다.
방화범 황씨가 사망했다는 것을 알고 있는 전과 17범의 박씨는 절대 순순히 자백할 사람이 아니었다. 오히려 증거가 있으면 가지고 오라며 수갑을 찬 상태로 오기를 부리고 있었다.

우리는 사망한 황씨, 구속된 박씨, 거짓말을 하는 황씨 부인의 휴대전화를 모두 압수해서 복구 작업에 들어갔고 통화내역을 모두 확보하여 분석을 시작했다.

분석해 보니 사건 당일 박씨와 황씨 부인이 통영에서 만난 정황이 포착됐다. 사건이 일어난 날 박씨가 다른 전화를 이용해 황씨 부인을 만나 범죄를 모의한 것이다. 박씨 주변 인물들을 불러 박씨의 허위 진술을 깨기 시작했고,

부인을 다시 불러 남편의 진짜 사인을 알려주고 설득하자, 책상 너머에 앉아 있던 여자는 갑자기 목놓아 큰소리로 울기 시작했다.

30여분의 시간이 흐른 뒤 부인은 진실을 말하기 시작했다. 남편 황씨가 박씨에게 매수되어 착수금 400만원을 받았고, 범죄가 성공하면 배 한 척을 주기로 했으며, 절단기를 가지고 가라고 했다는 구체적인 진술을 확보했다. 이제 사건의 퍼즐은 거의 맞추어 졌고, 경찰이 범죄자보다 유리해 졌다.

회심의 미소를 지으며 철창 속 박씨에게 다가갔다.
박씨는 지금까지의 태도와 다르게 안절부절했다.

"형사님 꼭 드릴 말씀이 있습니다."
"뭡니까."

"제가 다 말씀드릴게요."
"늦었어요. 이제 다 아니까."

대 검찰청 강력사건 부문 최우수 사례인 사건

사건의 전말은 이러했다.

박씨는 3008만선호를 자신이 진수했는데, 빚을 갚지 못해 배를 빼앗긴 것에 앙심을 품고, 어선의 선체보험금이 딸의 명의로 되어있는 점을 이용해 보험금을 수령할 목적으로 방화를 교사한 것이었다.

우리는 추가적으로 방화범이 휘발유를 구입하는 장면, 방화범의 사건 당일 행적과 착수금 인출 계좌 등 기타 혐의 입증에 필요한 증거들을 모두 수집한 후, 구속 송치했고 박씨는 재판을 받게 되었다.

이 사건을 해결하기 위해 여러 조사기법이 총 동원되었으며, 사생활을 버린 우리 동료들의 열정도 모두 바쳐졌다. 이후 이 사건이 대검찰청 강력사건 부분 최우수 사례로 선정된 것 역시 이러한 해양경찰의 역량 때문이다.

나날이 해상사건은 더 늘어나고 있는 반면 해양경찰의 수사 인력은 계속 감축돼 왔다.

국민이 바라는 평온한 세상을 우리가 만들고자 한다면
현장이 더 유능해야 하고, 현장이 더 유능하기 위해
수사 인력은 절대 보강되어야 한다.

 진수(進水)

'진수'란 새로 만든 배를 조선대(造船臺)에서 처음으로 물에 띄우다는 뜻. 영어로는 Launch. (편저자 주)

제4장

반짝이며 빛나는 물보라처럼

편저자의 글

일제가 진짜 수탈한 우리의 해양 자원

　독도를 표기한 조선시대 지도가 여러 버전이 있다. 그러나 일본과 국제사회를 설득하기엔 역부족이다. 지도마다 독도와 울릉도의 크기와 위치가 매우 다르기 때문이다. 해금정책과 함께 섬을 비워버리는 공도(空島)정책을 폈던 조선시대에 울릉도와 독도엔 사람이 살지 못했다. 게다가 수평선 밖으로 배를 타고 나갈 수 없으니 독도를 지도상에 표기하기 위해서는 동해 지방에 대대로 살아온 어민들의 구전된 내용을 토대로 지도를 만들 수밖에 없었기 때문이다.

　일제 강점기에 일본인들이 우리의 농산물을 수탈했다고들 하지만, 이는 사실과 다르다. 법제도를 들여놓은 일본인들은 합법적으로 수매가를 고시하고 절차를 거쳐 쌀을 사갔다. 그래도 식민지인들이 크게 이익보지 못하는 것은 마찬가지였겠지만, 강탈하듯 빼앗아갔던 것은 아니었다. 역사학자들이 정확한 기술을 하지 못했음을 지적하려는 이유는, 정작 강탈당한 자원은 따로 있었으나 한 마디 언급도 없기 때문이다. 다름 아닌 어족 자원이다.

　일제 때 우리의 바다는 사실 일본인들의 바다나 마찬가지였다. 수면 아래로 지천이던 어족 자원은 거의 모두 일본 어부들에게 싹쓸이 되고 있고 있었다. 그걸 지킬만한 배나 법제도도 없었고, 지켜야 한다는 생각을 가진 사람도 없었다. 근 500년 동안 바다를 잊고 살았기 때문이었다. '고대구리'는 해저 밑바닥까지 그물을 내려놓고 배로 끌고 쓸어 담는 어로행위다.

고대구리 그물질이 한 번 쓸고 간 바닥엔 부서진 산호초와 갯펄의 흙탕 말고는 아무것도 남지 않는다. 당연히 건져 올려진 그물 속에는 각종 치어들부터 온갖 바다 생물들이 싹쓸이로 담겨져 있다. 어족 자원의 말살을 가져오는 이런 행위는 자기 바다라면 할 수 없는 범죄다. 그런 어로방식이 일제 때 우리 바다에서 성행했었다.

값싼 임금으로 한국인 어부들을 배에 태워 서해와 남해바다를 싹쓸이 해가곤 했는데, 이 남획의 기술을 해방 후 한국인들이 고스란히 물려받았다. 하지만 일본인들보다 100분의 1도 해내지 못했다. 왜 그랬을까? 어로작업에 동원할 동력어선이 거의 없었기 때문이었다. 해방 초기 어촌엔 조선시대로 돌아간 풍경과 비슷했다. 구겨진 황포 돛대 세운 배들만이 항구를 지켰다.(편저자)

나에게 영웅이 된 그 '노인'

비 맞고 서 있던 노인

함정이나 센터의 경우 퇴직이 얼마 남지 않은 나이 많은 고참 직원들이 있게 마련이다. 해양경찰의 지난 역사와 함께 산전수전을 다 겪은 노장들…

하지만 현실에서는 업무능력이 떨어지고 현실감각도 더디고, 무엇보다도 컴퓨터를 이용하는 업무처리에 적응하지 못해 쉬운 일도 다른 직원이나 의경들에게 전가하는 모습을 보이는 노쇠하고 쓸모없어 보이는 노인들…

내가 기억하는 한 사람도 그랬다.
한 눈에 봐도 그는 노쇠하고 쓸모없는 노인 고참 직원이었다.

그를 처음 만난 것은 포항서 어느 대형 경비함정에서였다. 매일 같이 하는 일이라곤 커피 한 잔을 들고 이 방 저 방을 돌아다니거나 갑판을 배회하면서 잡담을 나누는 것이 전부였다. 회의라도 할라치면 이내 조는 모습을 보이곤 했고, 컴퓨터 앞에 앉아 있는 것을 본 적이 한 번도 없었던 것 같다.

10월의 풍랑이 세찼던 어느 날이었다.

항해 당직근무를 하던 중 기관고장 선박의 구조요청 신고를 접수한 우리 함정은 비바람 속에 덮쳐오는 산더미같은 파도를 뚫고 조난선을 향해 다가가고 있었다.

파도 속에서 10마일을 지나 현장에 도착할 무렵 함내 방송에 따라 승조원들이 함미 갑판에 하나 둘씩 모이고 있을 때.

이미 그는 갑판에 나와 있었다.
뒤이어 나온 우리들은 비바람을 피할 만반의 준비를 해서 나왔는데 먼저 나온 그는 비옷은 입었지만 언제부터 있었는지 이미 흠뻑 젖어 있었다.

그는 벌써 몇몇 직원들에게 예인줄을 준비하도록 미리 조치해 두었고 투색총이며 각종 구조 장비들을 바로 사용 할 수 있도록 갖추느라 몸이 비에 젖었던 것이다.

그 날 이 후 그를 보는 나의 시각은 바뀌었다.
모두가 꺼려하던 해상표류 사체 인양 때에도 가장 먼저 나선 사람이 그 '노인 직원'이었고, 응급환자 호송임무를 하면서 모두들 고된 얼굴로 무성의하게 대처할 때도 따뜻한 대화로 지쳐있는 환자를 안정시키던 것도 그 '노인 직원'이었다.

나는 얼마나 영웅에 가까울까

이후에야 알았지만 커피를 들고 종일 배회하던 뒤에는 함정에 비치된 각종 장비를 살피고 조치가 필요한 사안들에 대한 논의는 각 방에 들러 의견을 나누고 평소에 미리미리 준비를 해 놓았던 그 '노인 직원'이었다.

정작 필요한 상황에서 우왕좌왕 당황하던 우리에 비해 그 '노인 직원'은 가장 앞서서 침착하게 일을 처리해 나갔다. 평소에는 아무 것도 아닌 일일수 있지만 정말 중요한 순간에 필요한 그 하나… 그 '노인 직원'이 바로 그랬다.

그렇게 그 '노인 직원'은 나의 영웅이 되었다.

돌아보면 우리 조직에는 그런 영웅들이 참 많다는 생각이 든다. 드러나지 않지만 평소의 준비를 통해 필요한 순간에 그 능력을 발휘해 내는 이름없는 영웅들…

해양경찰의 지난 과정을 겪으면서 산전수전 다 겪은 노장들…

뒷방 늙은이가 아닌 영웅들… 그들의 시대가 저물어 가고 있다. 새로운 영웅이 필요한 난세가 도래했는지는 모르겠지만 그 숨겨진 영웅에 나 자신은 얼마나 가까울지 돌아봐야겠다.

누가 바뀌어야 하는 걸까
우리는 단편적인 식견으로 쉽게 사람을 평가한다.
그리고는 고집스레 그것을 사실이라고 믿는다.
그러나 그것은 단편에 불과하다.
사람에 대한 잘못된 편견은
결국 스스로 만든 것이다.
그래서 가끔은 잘못된 판단이었음을 인정하게 된다.
상대방을 바꾸기 위해서는
과연 누가 바뀌어야 하는 것일까.

다시 한 번 같이 근무하고 싶다

정확히 일치하는 선원들 진술

나에게는 꼭 한 번 다시 근무하고 싶은 사람이 있다.
2006년도 7월 하루 종일 볕이 뜨겁게 내리쬐이던 어느 날이다.

나른한 오후, 전남 신안군 임자도에 선적을 둔 어선에서 변사사건이 발생했다는 전문을 받았다. 이번에도 역시 형사 2반이 출동해 변사자를 확인하였고 선박의 선원들 진술을 들어보니 변사자는 뜨거운 여름에 강달(깡치, 황석어) 조업을 마치고 선미 창고에 들어가 쉬던 중 열사로 인해 사망한 것 같다는 진술을 받게 되었다.

선원들의 진술이 모두 일치하고 별다른 특이점은 없었다. 의사에게 검안하게 하고 곧이어 사체를 가족에게 인계하고 돌아왔다.

김 반장...
사무실에 돌아오니 늘 그 자리, 선배 수사관이 앉아있었다.
그가 대뜸 말을 꺼낸다.

"이렇게 선원들 진술이 정확히 일치할 수는 없어."

김 반장은 이번 사건에서도 많은 의문을 쏟아내고 있었다.

'또 상상의 나래를 펼치시는 구나'

동료 수사관들은 모두 그가 그러지 않았으면 좋겠다는 생각을 했다.
과장님, 계장님도 그런 김반장이 탐탁치 않았을 것이다.

김 반장은 그날로 선원들을 찾아 나섰다.
가엽게 죽은 선원을 위해 장례식장에 들러 조문을 하고, 구석자리 한쪽에 앉아서는 동료선원들을 눈여겨 지켜봤다.
김 반장은 선원들의 대화내용 중 수상한 대화내용을 잡아냈다.

"야! 니가 죽였지."
"아니예요! 저는... 아무튼... 제가 죽인 게 아니예요."

다음날 김 반장에 의해 수사과 전원 비상소집이 걸렸다.
그리고 끝내 우리는 사건의 전말을 밝혀냈다.

수사관의 눈을 가진 김 반장

변사자는 배에서 힘 좀 쓰는 나름 잘나가는 선원이었다.
선장과 불화가 생기자 선장이 선원 2~3명과 함께 변사자를 묶어놓고 동키 호스로 입에 바닷물을 주입하는 고문을 하고, 이에 반항하자 선박 크레인에 매달아 바닷물에 넣는 등 고문을 한 끝에 사망에 이르게 한 것이었다.

선장은 상처 하나 없이 사람을 고문하여 죽인 후 어창에 자연사 한 것처럼 넣어두고 다른 선원에게 발견한 것처럼 신고하도록 지시한 것이다.
그리고는 누구 하나 이 사실을 발설할 경우 집안 모든 사람을 죽이겠다고 협박해 이에 겁먹은 선원들은 아무도 경찰관에게 진실을 말하지 못했던 것이었다.

부검을 해보니 변사자의 장이 파열되었고 갈비뼈 8개가 부러져 있었다.
변사자는 선원들의 진술처럼 당시 일이 힘들어 어창에 들어가 쉬다가 열사에 사망한 것이 아닌 선장의 고문으로 인한 타살이었던 것이다.

사건의 실체를 밝힌 것은 해양경찰이지만 그 해결의 단서를 발견하는 수사관의 눈은 김 반장에게만 있었던 것이다.

김 반장은 그렇게 내 가슴에 남아있는 사람이었다.
그가 폐암에 걸려 생의 가망성을 잃어가던 마지막 순간까지

"의리는 잊지 말자, 나는 죽어도 여한이 없다."

그의 진심어린 목소리가 좁은 병실에서 메아리 치고.
내 손을 꼭 잡던 순간의 묵직한 느낌은 그에게 얼마 남지도 않은 마지막 힘이었을 것이다.

"나는 세상모든 것을 다 누렸다."며 해양경찰 형사로, 자부심을 잃지 않았던 그 분.
술을 좋아하고, '골목길' 노래를 좋아하셨다.
이제 다시 돌아올 수 없는 곳으로 가셨지만 나는 꼭 그 분과 다시 근무하고 싶다.

김광준 반장님 보고 싶습니다!

그런 지휘관이 될 수 있을까

"투묘 한 번도 안 해봤지?"

다시 한 번 더 그 분과 근무해 볼 수 있을까?

2014년의 일이다. 해경이 되고 20여 년, 소형정만 근무하다가 처음으로 대형함정으로 배치 받았다. 직책은 안전팀장이었다. 안전팀장은 함정에서 갑판에 대한 업무를 담당하는데, 처음 맡아보는 직책이라 부담감이 컸다.

보통 직책을 맡으면 마음속에 밑그림을 그려보는데, 대형함정 안전팀장의 임무에 대한 그림이 당최 그려지지 않았다. 한 달 정도가 지나고 지방청에서 주관하는 해상종합훈련에 참가해서도 모르는 게 너무 많았다. 시나리오를 앵무새처럼 읊고 훈련을 무사히 마쳤지만 스스로에게 줄 수 있는 점수는 낙제였다.

훈련이 끝나고 발생한 세월호 사고 때문에 우리는 곧장 진도해역으로 이동했다.

진도로 수색지원을 가서 처음에는 계속 항해를 했는데 보름쯤 지나고부터는 한 번씩 투묘를 하게 되었다(투묘:해저에 앵커를 내리는 일, 안전팀장의 임무이다).

남·서해안 함정들과 달리 수심이 깊은 동해에서는 대형함정의 투묘상황이 거의 없어 이론적인 지식만 있고 경험이 없었다. 게다가 소형정만 근무한 탓으로 훈련 상황조차 접해볼 기회가 없었다.

그래도 임무인 만큼, 수색현장에서 투묘를 지휘했다.

훈련과 달리 실제 투묘를 하면 닻줄의 방향과 각도를 함교에 보고해야 한다. 그러면 조타실에서 보고 내용을 감안해 조함하면서 정상적으로 투묘를 하게 된다.

나는 당시 닻줄의 방향과 각도 보는 법을 정확히 몰랐다.
내가 함수에서 어리버리하고 있으니 함교에서 함장님이 내려오셨다.

'욕을 겁나 먹겠구나…'

입장을 바꾸어 놓고 생각해보았다. 내가 함장이었다면…
투묘법을 모르는 함장이면 당황해서 나에게 화를 낼 것이고
투묘법을 알고 있는 함장이면 그것도 모르냐며 나에게 화를 낼 것인데.

"안전팀장! 투묘 한 번도 안 해봤지?"

함장님은 별 일 아닌 듯 웃고 계셨다.
함장님은 투묘를 할 때 팀장의 역할에 대해, 실제 투묘하면서 설명을 해주시고 닻줄의 방향과 각도를 보는 방법과 기준을 소상히 알려주셨다.

나는 너무 감명을 받고 말았다.

'아! 세상에 이런 지휘관도 계시는구나...'

시간이 흘러 첫 번째 세월호 수색지원을 마치고 두 달이 지난 여름이 되어서야 2차 수색지원을 나서게 되었다. 그때는 어느 정도 현장의 상황이 정리가 된 상태여서 단정을 이용한 지원이 대부분이었는데 우리 함도 거마도 부근해상에서 투묘를 했다.

'정말 고맙고 감사합니다'

1차 지원때 함장님이 직접 가르쳐주신 것을 기억하며 투묘를 잘 지휘하고 나니 너무 기분이 좋았다. 닻도 잘 박혔고 장력도 좋았다. 끌리는 현상도 없다.

수색이 한창이던 어느 날 조타실에서 옆에 있는 의경과 함께 함장님에 대해 대화를 하는데 의경이 함장님 이야기를 해주었다.

"함장님과 의경간 대화의 날에 들었는데 말입니다. 함장님께서는 매일 아침 일어나면 거울을 보면서 반복하시는 말씀이 있답니다."

"권위의식을 갖지 말자"
"권위의식을 갖지 말자"
"권위의식을 갖지 말자"

지금은 다른 곳으로 가셨지만, 함께 근무한 1년6개월 동안 함장님의 지휘방식은 내가 근무한 22년간 본 적이 없는 다른 세상의 지휘관 같았다.

시골 동네 할아버지 같이 편안한 이미지에 조함실력, 상황지휘능력, 부하

직원을 대하는 성품, 함정 전반에 대한 해박한 지식.... 어느 하나 부족한 것 없는 훌륭한 분이었다.

그 해의 함정분위기는 정말 화기애애했다.
우리는 그 해에 훈련평가와 BSC 평가도 모두 1위를 차지했다.
누구 하나 함장님을 험담하는 자가 없고 다들 스스로 행운아라고 믿었다.

지휘관으로서 상부로부터 받는 압박이 있을 텐데...
그로 인해 스트레스도 많을 텐데..
잘해주고 싶어도 어쩔 수 없는 경우도 있을 텐데...

나도 그런 지휘관이 될 수 있을까?
그 분을 보며 여러 생각이 들었다.

이제 그 분의 정년이 얼마 남지 않아 다시 근무할 수 없는 것이 아쉽다.

함장님! 항상 고맙고 감사합니다!

동기에게 형님으로 불리던 선배님

솔선수범의 전형

　항공분야 근무자가 해양경찰이 되고서는 많은 사람을 만나며 근무했다. 항공분야의 특성상 잦은 전국 발령으로 여러 곳에서 근무하다보면 다양한 스타일의 직원들을 만나고 함께 생활하게 된다. 새롭게 만나는 사람들 나름의 개성이 있기 때문에 서로를 인정하면서 생활하는 것이 가장 현명하게 화합하는 방법이다.

　이렇게 만난 개성 있는 사람들 속에 유독 생각나는 선배가 있다. 그 분은 내가 가장 존경하고 인생의 롤 모델로 삼고 있는 선배다. 2003년 내가 해양경찰이 되어 함께 근무했던 선배님은 다른 입사동기들 보다 나이가 많아 동기들 사이에서도 형님으로 불리는 듬직한 분이였다.

　처음 만났을 때 선배님은 40대 중반의 나이였지만 20대 청년과 같은 열정이 가득 차있는 사람이어서 인간적으로는 부럽고 한편으로 함께 근무하는 사람으로서는 힘들기도 했다. 지금 생각해 보면 그때 그 분에게 배운 기술적인 가르침이 지금 나의 해양경찰 생활에 밑거름이 되었다 생각된다.

선배님은 항상 공부하는 사람이었다. 하루 종일 항공기를 정비하시고 밤에는 사무실에 남아 자기가 했던 것을 정리하거나 내일 있을 정비에 대해 공부를 하고 계셨다. 항공에 대한 기술서적은 모두 영문으로 되어 있기 때문에 공부하는 것이 어렵고 정밀한 기술부분은 정확한 해석을 하는 데에만 여러 시간이 걸리는 작업이다.

선배님은 전날 기술서적을 자기 것으로 만들면 다음날 작업을 직접 해본 후 한글로 작업과정을 정리하여 직원들에게 알려주었다. 이런 생활을 5년 동안 해온 덕분에 이제 팬더 헬기에 대해서는 대한민국 권위자가 되어 타 기관에서 자문을 구해올 정도가 되었다.

보통은 기술자 고유의 아집으로 스스로 체득한 지식을 다른 사람에게 알리지 않고 본인만 알려고 하는데 이 선배님에게는 그런 아집을 찾아 볼 수 없어 많은 후배들이 따랐다.

또 한 가지 배울 점은 늦은 나이에 입직한 만큼 나이 어린 입사선배들에게 시종일관 깍듯하게 대우하는 것이었다. 입사하고 시간이 지나면 인간적인 관계를 가지고 편하게 대하는 게 보통인데 선배님은 공과 사를 구분하여 항상 나이 어린 상급자에게 예의를 갖추는 모습을 보고 다시 한 번 존경심을 가질 수밖에 없었다.

이 분을 떠올리면 누군가의 명언이 생각난다.

"인격을 판단하는 진정한 기준은 아무도 알아주지 않으리란 걸 알면서도 자신의 일을 얼마나 성실히 하는 가이다."

내 생각엔 이 선배의 공로가 해양경찰의 헬기정비 기술을 한 단계 높여 놓은 것이 틀림없다. 그러나 열정을 다 해 오신 선배님도 이제 3년 뒤 정년을 맞이하실 것이다. 내 해양경찰 생활의 모델이 되어주신 선배님과 다시 한 번 근무할 수 있다면 얼마나 좋을까.

선배님! 존경합니다! 🛟

내 마음 속의 멘토

왜 섬에다 센터를 짓지?

누구에게나 멘토가 있을 것이다. 내게도 그런 분이 있다.

그 분은 몇 년 전 본부에서 함께 근무한 계장님이었다. 2008년도부터 나는 태안 허베이호 사고를 계기로 총리실 결정에 따라 해수부에서 운영 중이던 연안해상교통관제(VTS)를 해경으로 이관하는 업무를 수행중이었다.

현재 통영시내에 지어진 연안 VTS 관제센터 건물은 원래 해수부에서 2억을 들여 설계한 것이었는데 기본도면에는 통영의 욕지도라는 섬에 건축되도록 설계되었고 그것을 인수한 우리본부에서도 그렇게 업무를 진행하고 있었다.

당시 본부 근무 3년차였던 나는 솔직히 말해 대다수 관리자들이 승진이나 성과위주 업무에 모든 역량을 쏟고 있는 것으로만 알고 있었다.

적어도 새로운 계장님이 오시기 전까지는 그랬다.

"왜 섬에다가 VTS센터를 짓는 거지?"

새로 부임오신 계장님이 팀 회의시간에 물으셨다.

"해수부에서 설계해서 올 때부터 욕지도에 센터가 들어가는 걸로 설계되어 있습니다." 라고 보고 드렸다.

"거기에 센터가 들어가면 우리 직원들이 출퇴근하기 너무 어려울 텐데… 수십 년을 출퇴근 해야 되는 데 육상 쪽으로 이전을 검토해 보는 게 어떨까?"

계장님은 이 사항을 지휘부에 간단히 보고서를 작성해 건의했으나 설계를 변경하는 것은 위험하니까 기존대로 섬에 건축을 진행하라는 답변뿐이었다.

공무원 사회에서 수억의 예산을 들여 확정된 사업을 원점에서 재검토하는 일은 얼마나 어려운 가? 이것을 재검토 한다는 것은 새로운 책임을 가지고 감사원 감사, 국회의원 질의 등의 표적이 되는 것을 감당해야만 한다.

이런 이유로 지휘부에서도 상당히 껄끄럽게 생각하는 것은 당연한 일이었다.

계장님은 지휘부의 그러한 결정에도 불구하고 직원들의 불편과 예산과다를 우려하며 육상 이전의 당위성을 본격적으로 찾기 시작했다. 감사원, 기획재정부, 예산팀, 기본설계업체 등 수없는 자문을 구한 결과 도서지방 산꼭대기에 건축하는 것 보다 육지에 건축하는 것이 수억 원의 예산을 절감할 수 있고 운영상 효율적이라는 확신을 얻었다.

그리고 지휘부 보고를 위한 장문의 논리적 보고서를 만들어 청장님께 재보고 드렸고 결국 육상으로 이전하라는 최종 방침을 받게 되었다.

부서장의 소신이 보여준 충격

계장님의 노력이 관철되기 힘들 것이라 생각했던 나는 충격을 받았다. 계장님과 그 후 2년간 근무하게 되었는데 나는 그 시절을 그 분과 함께한 것이 매우 큰 행운이라고 생각한다.

조직생활을 하면서 최고 수장이 한번 결정한 사항을 소신껏 재검토하여 오직 공익을 위해 결과를 바꾸는 노력은 정말 어려운 일이다. 본부에 근무하면서 그런 소신있는 부서장의 모습을 처음 본 나에게 그것은 신선한 충격이었다.

그 이후에도 자기의 이익이 아닌 조직과 직원들을 생각하는 업무를 뚝심있게 진행하는 모습을 보면 나 자신이 부끄러워질 정도였다. 이런 분이 있는 한 우리 조직의 미래가 결코 어둡지만은 않다고 확신한다.

계장님을 보면 앞으로 나의 가슴속에도 무슨 일을 하든, 공익을 위해, 국가를 위해 업무를 해야겠다는 생각이 들었다. 그는 나의 멘토가 되었다. 내게 이러한 마인드를 가지게 해 준 그 분에게 진심으로 감사드린다.

그리고 그동안 한 번도 말씀드리지 못했던 말씀을 이제 전하고 싶다.

"제 마음속의 멘토는 언제나 계장님입니다. 존경합니다. 그리고 항상 응원합니다."

훌륭한 사람의 모습

"모든 책임은 나에게 있다"

몇 년간 연속해서 경리계 계약담당으로 남게 되었다. 정기발령마다 빌어온 한 가지 소원은 이 자리를 벗어나는 것인데 올해도 나는 그렇게 하지 못해 상심이 컸다.

지난 한 해 모시고 있던 계장님은 올해 다른 곳으로 발령가시고 새로 오시는 계장님은 2015년 쯤 경리계에서 6개월 정도 근무했다는 이유로 강제 차출되어 오시는 분이셨다.

새 계장님은 오래전 경비함정에서 함께 근무한 적이 있었는데, 기관부서 전기팀장님으로 해양경찰서 업무전반에 대해 뛰어날 뿐만 아니라 까칠한 이미지의 소유자라 항해부서 경찰관들은 그 앞에서 숨소리조차 내기 힘들었다.

드디어 착임날이 되어 새로운 계장님으로 그 분이 오셨는데 계원들과 악수를 하고 간단한 인사를 나누면서 시작하시는 말씀이 *"내가 왜 여기로 왔는지 모르겠다."* 였다.
내 처지와 이렇게 똑같다니… 나도 마음속으로 대답했다.

'저도 제가 왜 여기 있는지 모릅니다.'

까칠한 이미지로만 남아있던 계장님은 시간이 지나면서 서서히 다른 이미지가 드러나기 시작했다. 계장님은 사모님과 자녀들을 위해 많은 노력을 하는 가정적인 분이었다. 아마도 업무에 대한 열정이 가정의 평온에서 나오는 것 같았다. 또한 계장으로서 역할을 다하기 위해 수많은 법령들을 출력해 형광펜으로 그어가며 확인하고, 계원들 업무가 진퇴양난일 때 민원인과 직접 해결을 시도하시고, 직접 관련부처에 질의하고 해답을 얻는 모습과 문서를 직접 만들어서 계원들에게 업무를 가르쳐 주는 모습을 보여주시곤 하셨다.

업무가 폭주하는 시기에는 계원들의 일을 나누어 특정한 사람이 매일 야근하지 않도록 나누어 근무하게 했다. 그러면서 언제나 계원들 편에서 생활하면서 항상 하시는 말씀은 "모든 책임은 계장인 나에게 있다"였다.

흔히 계·과장님이 휴가를 가면 그날은 사무실에 평화가 찾아오는 게 보통인데 우리 사무실은 계장님이 없는 날은 재미가 없다고 느낄 정도로 계장님은 우리들의 친구이자 방패막이 역할을 하는 분이셨다.

내가 지금까지 경비함정에서 보았던 기관부서의 까칠한 전기장님의 얼굴로만 편견을 가지고 있었던 것이다. 계장님은 내가 생각한 것보다 훨씬 훌륭한 분이었다.

시간이 흘러 나도 경위로 승진했다. 경리업무를 벗어나지 못하고 경리계장으로 내가 이제 그 자리에 앉아있다. 예전 계장님이 앉아 계시던 그 자리에 앉아서 생각했다.

'예전 계장님이 하시던 것 반 만큼이라도 하자. 그 정도만 따라할 수 있다면 절대 손가락질 받는 일은 없을 것이다.'

훌륭한 한 사람의 모습은 여러 사람의 삶에 영향을 주므로,
그의 노력을 누군가 알아주지 않더라도 결코 헛되지 않다.

관계를 형성하는 리더의 역할

부드러운 카리스마

　해양경찰이 되어 바다만 바라보며 정신없이 살아왔다. 오늘처럼 마지막 날이 되면 한꺼번에 몇 년이 이렇게 쏜 화살처럼 지나버렸음을 실감한다. 처음 해양경찰에 들어와 동분서주하며 뛰어다니던 내가 몇 해 된 것 같지도 않은데 벌써 나이 오십의 장년이 되었다.

　그동안 만났던 많은 지휘관 중에 유독 떠오르는 지휘관이 있다. 보통 지휘관은 근엄한 얼굴에 금방이라도 불호령이 떨어질 것 같은 인상이라면 그 분은 동네 슈퍼 아저씨같은 푸근함 그 자체였다.

　지금은 명칭이 바뀐 당시 파출소 순찰 근무를 하고 있을 때였다. 경찰 오토바이를 타고 순찰을 돌고 있는데 누군가 내 이름을 큰소리로 부르는 소리가 들렸다.

　"태영아!"

　'누구지? 감히 누가 경찰관의 이름을 함부로..'

소리 나는 쪽을 보다 깜짝 놀라고 말았다. 검정색 승용차가 지나가면서 손을 흔들고 있는 노신사가 있었는데 자세히 보니 얼마 전 부임한 서장님이었다.

'저 분이 내 이름을 어떻게 아실까?'

나는 그것이 참으로 궁금했다.
이 후 파출소에서 열린 지휘관과 화합의 시간에 서장님의 세심함에 다시 한 번 깜짝 놀라고 말았다. 이 분은 참석한 직원들의 이름은 물론 가정사를 하나하나 모두 파악하고 계신 것이었다. 그리고 이러한 배경 뒤에는 직원들의 애로사항을 해결해주려는 인자함이 느껴졌다.

지휘관이 사심 없이 직원들을 대하고 이들의 복지와 근무여건을 향상시켜 주려는 노력은 이후에도 계속되었는데 이것이 직원들의 근무의욕을 높이고 해양경찰을 통해 국민에게 제공될 서비스의 질을 높이게 될 것이 분명했음으로 나는 이후 그 분을 매우 존경하게 되었다.

또한 언제나 직원간의 관계와 발전방향에 초점을 두고 고민하셨고, 지시와 명령이 아닌 권유와 충고의 부드러운 카리스마를 통해 조직을 이끌어 가시던 분이었다. 나는 그 시기에 리더의 역할은 '지시와 통제'가 아니라 '관계를 형성하는 것'임을 배우게 되었다.

이제 우리 조직도 아래로는 매우 명석하고 젊은 동료들이 성장하고 있고, 위로는 합리적이고 열정적인 지휘관이 늘어나고 있다. 지금 나는 이렇게 좋아지는 조직에서 이제는 그 분처럼 좋은 지휘관이 많아졌으면 좋겠다는 생각을 한다.

그 분은 바로 오늘, 2015년 마지막 날 40년의 해양경찰의 생활을 마감하고 직원들의 박수와 눈물을 뒤로하고 정년을 맞으셨다.

훌륭한 인품을 가진 개인으로
부하직원들에게 존경받는 지휘관으로
그 분과의 인연은 자랑스럽고 행복했다.
이제 그 훌륭한 인생은 웃음가득한 후반전을 맞을 것이다.
이제 다시 함께 근무할 수는 없지만
최재평 과장님!!! 항상 건강하시기 바랍니다!!!🛟

나는 성실히 살아가고 있나

이 길이 정말 내 길인가?

1997년은 내가 7년여의 해군부사관 근무를 끝내고 제2의 인생을 해양경찰에서 시작하기로 마음먹고 해양경찰이 된 시기였다.

12월에 경찰종합학교를 졸업하고 당시 포항해양경찰서 265함에서 근무를 시작했다. 노후한 경비함정, 열악한 시설, 가치관이 다른 직원들과의 생활은 해군과는 또 다른 낯선 환경이었다. 이 조직에 적응할 수 있을지 걱정이 앞섰다.

밖에서 보았던 해양경찰과 직접 보고 느낀 해양경찰은 여러 면에서 차이가 많았다. 나는 줄곧 같은 고민에 잠겨있었다.

'이 길이 정말 내가 갈 길이 맞나?'

고민도 하고 이직을 생각하기도 했지만 현실을 무시할 순 없었다. 현실이 나를 자꾸 붙잡고 있다는 말이 정확한 표현일 것이다.

'그래 기왕 할 거면 한번 멋지게 부딪혀보자'

나는 현실에 부딪혀 보기로 마음먹고 하루하루를 버텨 나갔다.

그러는 사이 십여 년의 세월이 흘러 2008년이 되었을 때 나는 방제정에서 근무하고 있었다. 어느덧 10년차… 해양경찰로 자리를 잡은 나는 정기발령으로 새로운 기관장님을 만났는데 이 후 상상도 하지 못한 일이 벌어지고 있었다.

老 해경이 보여준 교훈

정년이 3년 밖에 남지 않은 나이 많은 기관장님이 오히려 매너리즘에 빠진 내 일상에 새로운 교훈을 새기고 있었던 것이다. 그 분을 더욱 대단하게 생각하는 것은 내가 느낀 수많은 교훈을 모두 행동으로 보여주었다는 점이다.

첫째. 한결같은 성실함이었다.

기관장님은 출근을 하면 쉬는 법이 없었다. 가장 중요하게 생각하는 기관 정비를 마치면 문서업무를 챙긴 후에 다른 부서에 도와야 할 일을 찾아 도와 주곤 했다. 이런 생활은 한결 같았고 비가 오거나 점심시간에 잠시 짬이 난다고 침대에 눕는 법이 없었다.

두 번째는 솔선수범이었다.

어렵고 힘든 일이 있으면 항상 가장 먼저 앞장서고 사람들을 독려했다. 나이 많은 선배직원으로 지시만 하고 물러나있는 법 없이 항상 팔을 걷어 부치는 사람이었다. 한번은 기관 장비에 문제가 생겼는데 그 분이 밤 세워 수리해 놓은 사실을 다음날 출근해서야 발견한 경우도 있었다.

셋째는 긍정적인 마인드였다.

이 분은 일을 두고 한 번도 불평하지 않으셨다. 오히려 문제를 해결하는 방법을 생각하는데 남은 에너지를 모두 투입하는 것처럼 보였다. 그리고 사심도 없어 일의 결과를 본인의 공으로 말하는 것을 듣지 못했다.

마지막은 자기계발이었다.

열정과 재주가 가득했던 그 분은 붓글씨, 드럼, 전자올겐, 한자쓰기 등 잠깐 동안 함께 한 기간 중에 여러 가지 소양을 익히고 자격증을 취득하기도 했다.

큰 산처럼 느껴졌던 기관장님을 보며 나는 해양경찰이라는 같은 직업을 가진 내 자신이 무척이나 괜찮은 사람이라는 것을 느꼈다.
그 분으로 인해 그 어떤 교육보다 많은 것을 배웠고, 그 어떤 자서전보다 훌륭한 성품을 바로 옆에서 지켜 본 그 한 해 동안 나는 뒤늦은 나이에도 불구하고 정말 많은 자극을 받았다.

지금은 퇴직을 하고 무엇인가 새로운 도전을 하고 계실 기관장님을 생각하면 아직도 존경과 경애심이 든다.

새로운 한해가 시작되는 지금, 나는 성실히 살아가고 있는지 자문해 본다.
그리고 수많은 영웅들이 묵묵히 소임을 다하는 이곳 해양경찰에 기관장님을 닮은 또 다른 한 사람이 멋있게 서있는 모습을 떠올린다.

나도 멋있는 사람이 될 것이다.

진짜 해경으로 만들어 주신 분들

초심을 잃지 않는 마음으로

처음 무엇인가를 시작한다는 것은 언제나 긴장과 두려움, 그리고 설레임이 앞서는 것 같다. 신임 해양경찰관으로 임용된 그 때가 기억난다. 그때 처음 만났던 선배들이 오늘의 나를 있게 한 밑거름이 되었고 지금도 가끔 그들이 생각난다.

통영서에 처음 발령을 받고 경찰서에서 인사를 마치고 부두로 왔다. 전용부두에서 내가 근무하게 될 127정을 찾아봤지만 발견할 수 없었다. 다시 사무실로 올라가 확인해보니 127정은 부산 정비창에서 수리중이라고 했다.

그 길로 버스를 타고 부산 다대포로 이동했다. 다음날 아침 이른 시간, 정비창에 도착해 육지의 배를 올려놓기 위해 만든 상가대(上架臺)에 얹혀있는 127정을 발견할 수 있었다. 먼저 부장님을 뵙고 이어서 정장님께 착임보고를 드렸다. 정장님은 경찰관의 이미지라기보다는 털털한 시골영감 같은 분이였다.

오전에 직원들과 간단한 인사를 하고 오후부터는 녹을 제거하는 청락망치를 들고 갑판을 두드리며 페인트를 벗겨내기 시작했다. 녹을 제거하고 페인트를 칠하는 며칠간 우스꽝스런 내 모습이 어색하기 그지없었다.

'경찰관이 이런 일도 하다니'

짧은 수리기간을 마치고 거제도를 돌아 통영 모항에 입항하니 다음 날이 출동이라고 했다. 막상 출항일이 되자 심장이 뛰었다. 공채로 입직한 나로서는 뭘 해야 할지 막막하기만 했다.

한려해상국립공원의 통영 앞바다는 한겨울의 찬바람 앞에서도 아름다운 자태를 감추지 않았다. 이상한 나라에 도착한 느낌이었다. 레이다, GPS, 통신기, 해도 등 온통 처음 보는 장비와 직원들이 사용하는 대화내용도 모두 처음 들어보는 단어들이었으며 펼쳐진 바다 풍광이 나를 바라보고 있는 것 같은 착각이 들었다.

내가 바다의 경치에 감탄하고 있는 사이 조타실에서는 신임 순경에 대한 교육준비가 끝나고 강도 높은 교육이 진행되었다. 다른 교육을 마치고 항해장님이 한마디 하셨다.

"지금부터 해도를 보고 섬을 다 외워."

지금도 나는 통영의 크고 작은 섬들 80여개를 모두 외우고 있다. 최남단 갈도, 좌사리, 국도, 홍도를 기본으로 하루에도 몇 번씩 모습을 달리하는 섬들이 동네 이웃처럼 느껴질 때 비로소 해양경찰이 되었다는 생각이 들었고, 바다가 더 이상 낭만이 아니라는 생각이 들었을 때 진짜 해양경찰이 되는 것 같았다.

그때까지 최고의 멘토는 정장님이었고, 스승은 항해장님과 갑판장님 이었는데 모두 해양경찰을 위해 태어난 것처럼 완벽한 분이셨다. 그리고 성실한 의경들에게도 많은 것을 배웠다. 일 년이 지나 시보순경에서 정식임용이 되었을 즈음 항해에 자신이 생겼고 그로부터 일 년이 더 지나서는 당당하게 해기사 면허를 취득했다.

백지장에 처음 밑그림을 어떻게 그리느냐가 중요하듯 선배들이 그려준 밑그림에 곱게 색칠을 하고 정성스럽게 가꾸고 테두리를 만들어 지금 한 명의 해양경찰이 있다고 생각한다. 나는 그들에게 감사한다. 항상 초심을 잃지 않는 마음가짐으로 정진할 것이다.

지금은 사무실에 근무하고 있지만 내 삶의 터전이 바다라는 것을 잊지 않고 있다.

나는 항상 바다와 함께 존재할 것이고 바다에 항상 내가 있을 것이다.

하급자를 존중하는 리더십

우중(雨中) 비행

　지금부터 20여 년 전이다. 한창 무더위가 기승을 부리고 장마가 시작되던 시점이었다. 군산에 있는 모 항구에서 멸치잡이 어선들이 해수부 어업지도선을 둘러싸고 해상시위를 하고 있었다.

　조업구역의 지역분쟁으로 시작한 단체행동으로 어업지도선이 꼼짝없이 어선에 둘러싸여 있었다. 당시 김포공항에서는 2명의 조종사와 나를 포함한 2명의 후방승무원이 한 팀인 벨 헬기에 청장, 경무국장, 수사계장, 인사계장 이렇게 4명의 지휘부가 타고 이륙했고, 인천전용부두에서는 카모프 헬기가 이륙해 군산으로 향했다.

　다행히 짧은 시간에 시위대는 해산되었다. 카모프 헬기는 먼저 김포공항으로 복귀를 했고, 지휘부가 탑승한 벨 헬기는 1시간 정도 늦게 현지에서 출발해 서해를 통해 복귀하던 중이었다. 항공기가 충남 서천 상공을 통과할 때였다. 하늘에서 갑자기 장맛비를 만난 것이다.

　당시 벨 기종에는 GPS가 없었고 조종사가 직접 항법지도를 보고 운항하던

시절인데다 기장이 초행길이었다. 장맛비가 내리는 하늘에서는 지상의 지형지물을 제대로 판별하지 못하니 항법지도가 무용지물이 돼 버렸다. 하늘에서 헬기가 길을 잃은 것이다. 일순간 기내에서는 혼란에 빠졌다. 기장은 뒷자리에 순경 계급장을 달고 후방 승무원으로 앉아 있던 나에게 여기가 어딘지 물었다.

헬기는 주로 고속도로를 기준으로 길을 파악하고 비행한다. 옛날 한때 충남에 살았던 적이 있던 나는 기억을 더듬어 흐릿하게 보이는 고속도로들을 분별해 내고 앞에 앉은 두 조종사에게 항로를 알려주었다. 헬기는 비로소 항로를 되찾고 안정되는 듯했다. 그러나 또 다른 문제가 발생했다. 길을 잃고 헤맨 덕분에 연료가 떨어져가고 있었다.

운 좋게도 충남 예산에는 한벨 헬리콥터 공장이 있고 당연히 여기서 비상 연료 수급을 받을 수 있었다. 하늘은 계속해서 장대비가 내리고 있어 운항이 여의치 않았다. 그런데 경무국장이 다음 일정이 잡혀있어 당장 올라가야 한다고 강력 주장하는 바람에 하는 수 없이 우리는 비속에서 이륙을 해야만 했다.

당시 공사 중 이었던 서해안고속도로 상공에서 길을 따라 이동하고 있던 중 고압철탑을 서너 개 넘었을까. 갑자기 헬기가 짙은 구름속으로 들어가 버리더니 기체가 수평자세를 상실하고 말았다. 마치 영화처럼 비상벨이 울리는 가운데 자세계, 고도계, 속도계 등 모든 계기들이 빙글빙글 돌고 정상으로 작동되는 건 하나도 없었다.

절체절명의 위기가 우리 앞에 닥친 것이다. 내 앞의 두 조종사들은 서로 자기가 조종간을 잡겠다고 다투었고, 내 뒤의 기내에서는 지휘부들끼리 의견 충돌로 분위기가 삽시간에 혼란 속으로 빠져들었다. 순간 나는 '무엇이 문제인가' 골똘히 생각하며 기체를 점검하기 시작했다. 가장 먼저 눈에 들어오는 것이 '자세계'(姿勢計 A.I.-Attitude Indicator)였는데, 항공기의 피칭이나 롤링 상태를 체크해 주는 자세계가 기체가 흔들리는 데도 움직이지 않고 있었다. 항공기 사고의 많은 요인 중 하나가 자세계의 고장 때문이어서 요즘은 보조 자세계를 2-3개씩 부착하고 다니지만 당시 내가 탑승했던 헬기는 달랑 하나만 있었다. 그리고 그것도 고장 나 버린 것이다. 평소 같으면 자세계가 작동불능이라도 육안으로 지평선을 보며 기체를 수평으로 유지하고 비행할 수 있겠지만 먹구름 속에서는 그런 기준선을 외부에서 찾지 못하니 헬기는 장님이 된 거나 마찬가지였다. 이러다가 큰 산이나 고층건물에 부딪히거나 고압선을 만난다면 대형 참사로 이어지는 것이다.

'왜 자세계가 안 될까?'

너무 많은 비가 퍼붓다 보니 자세계, 고도계, 속도계 등에 영향을 주는 곳에 물이 들어간 것이라고 판단했다. 나는 일단 조종사들을 진정시키고 속도계에 연결된 히터를 작동시키도록 했다. 순경 계급이 감히 상관들에게 지시를 하다니! 하지만 해야 했다. 그리고 누구도 이걸 문제 삼지 않고 내 말에 따라주었다.

존중하고 소통할 수 있는가

기다리는 시간은 지옥과 같았다. 비구름 속에서 조종사들이 헬기의 수평을 유지하려 애쓰고 있는 가운데 모든 탑승자들은 바닥까지 머리를 숙이고 신음하고 있었다.

5분쯤 지났을까. 계기들이 정상으로 돌아왔고 다행히 발밑으로 구름사이에 파란 언덕이 보이기 시작했다.

"저기 보이니까 서서히 선회하여 하강합시다."
결국 남양의 산 중턱에 있는 어느 공장부지에 비상착륙을 했다. 청장님과 경무국장님은 곧바로 안산경찰서장의 차량을 이용해 복귀했고, 계장님들은 콜택시를 이용해서 복귀했다. 나를 포함한 승무원들은 헬기에서 밤을 지새우고 다음날 김포공항으로 무사히 복귀할 수 있었다. 복귀 후 본청청사에 들어갔다. 청장님께서 집무실로 불러 따듯한 차를 내주셨다.

"고생했고, 살려줘서 고맙네."

고맙다는 말씀 한마디에 어제의 피로가 풀리고 고생스러웠던 기억은 다 잊게 된다.
그 날의 두 조종사들과 지휘부들은 지금은 모두 정년퇴직을 하시고 함께 동승했던 순경 승무원은 소방정비사로 이직해 나갔다. 그래서 그 날 헬기에 있었던 사람은 이제 나 하나만 남았지만, 아직도 그때 일은 잊혀지지 않는다. 당시 순경이었던 내 말을 무시 했더라면 우리 모두가 이 세상 사람이 아니었을 것이다.

요즘도 많은 항공사고들이 일어나지만 모두 의사소통의 문제라고 생각한다. 기내에서는 서로의 의사 존중이 무엇보다 중요하다. 지금도 나는 내가 청장이나, 항공대장이 되더라도 계급이 낮은 순경 승무원을 존중하고 소통할 수 있는 사람인가를 되물으며 산다.

최상급자가 모든 상황을 책임질 수 있다면 가장 이상적이지만 현실은 복잡해서 때로는 하급자의 전문능력이 지휘권을 가져야 해결되는 상황도 발생한다. 그럴 때 진정한 리더십이란 그런 하급자의 의견을 존중해 주고 따라주는 것이라고 생각한다. 유교문화 속의 장유유서(長幼有序)나 충효(忠孝)사상에만 너무 익숙해지면 사고가 수직적으로 굳어져 하급자의 전문역량을 부정하게 되고 자칫 공동체를 위기로 몰아넣을 수 있다고 본다. 이는 내가 지금까지 겸손하게 후배직원들을 존중하는 이유이기도 하다.

작은 친절이 키우는 감동

할아버지같은 마음의 선장님

목포시 북항 안전센터는 오늘도 역시 분주함으로 하루를 맞을 것이다.

북항은 5백 여척의 크고 작은 어선들이 저마다의 질서를 갖추고 정박해 있는 곳이다. 3년전 까지 내가 근무할 때의 기억을 떠올리면 작은 선외기 어선과, 선외기보다는 큰 20톤 이하 어선들, 차도선과 화물선 등의 출입항으로 잠시도 바다를 두고 안심할 수 없는 곳이었다.

하루에도 수없이 밀려드는 출입항 신고를 처리하면서 바다를 터전으로 살아가는 어민들을 대했는데 그중 유독 나를 좋아해주는 선장님이 계셨다. 원앙호는 2톤 남짓한 작은 어선이었는데 선장님은 수십 년 전 직장을 퇴직하면서 어선을 마련해 어업도 하고 취미생활로 낚시도 하시곤 했다. 나이는 1931년생, 80세를 훌쩍 넘어 백발이 성성했는데 출항신고를 위해 자주 파출소에 오셨다.

파출소에 오실 때에는 항상 과자나 빵을 검정봉지에 담아서 친할아버지처럼 먹으라며 건네곤 했는데 자식같은 우리 조 직원들에게는 밥 한끼 사주고 싶다며 쉬는 날에 시간을 내어 줄수 있느냐며 자주 물어보시곤 했다. 그때마다 우리는 아주 감사한 마음을 표현하고 정중하게 거절하곤 했었고.

세월호 사고가 일어나고 나서 해경이 해체된다는 소식을 듣고 걱정이 되었는지 그때는 경찰서에 근무하던 나를 일부러 찾아와 안부를 물으시기도 했다. 조직이 해체되면 내가 직장을 잃을 것으로 생각하신 것 같았다. 혹시 그렇게 되면 북항 선장들 서명을 받아 청와대에 탄원서를 제출할거라고 말씀하시는 게 우습기도 하고 고맙기도 해 한바탕 함께 웃었던 기억이 있다.

작년에 내가 다시 함정으로 발령받아 전용부두에서 근무하는데 지나가다가 생각나서 들렀다며 선장님이 찾아오셨다. 할아버지가 주는 것이라며 역시 검정 봉투안에 별도로 잘 포개진게 있었다. 뭔가 하고 들여다보는데 "*그거 세뱃돈~*"이라며 주시는 것이다.

"선장님 저 이거 받으면 직장 못 다녀요, 건강하게 오래오래 사셔서 제가 퇴직하면 그때주세요"

봉투째 돌려드렸더니 선장님 말씀이 지금은 한 해 한 해 지날 때마다 몸이 예전 같지 않아 언제 돌아가실지 모르겠다는 생각이 든다고 하시는데 마음 한 컨이 짠했다.

선장님이 이렇게 내게 잘해주시는데 생각해보니 나는 원앙호 선장님께 특별히 잘 해드린 것이 없었다. 굳이 선장님이 나 같은 해양경찰을 좋게 보는 이유를 찾는다면 파출소에 출입항 신고를 하러 오시면 먼저 인사드리고, 이런저런 이야기를 하면 들어주고, 가끔은 믹스커피를 한잔 타 드린 것이 전부다.

다만 한 가지를 더 꼽자면 민원인을 대할 때 갖는 '역지사지'의 마음일 것이다. 아무리 사소한 것이라도 상대방의 처지나 입장에서 생각해 보고 배려하는 것이다. 그리고 그 상대방이 누구인지, 그래서 내게 이득을 줄 사람인지 여부를 따지지 않는 공정하고 진실한 마음일 것이다.

　원앙호 선장님은 북항 파출소에 오시면 늘 웃으며 맞아주는 직원들이 있어 기분이 좋아진다고 말씀하시곤 했다. 우리의 작은 친절이 일상에 지친 민원인들에게 오늘도 큰 감동과 기쁨을 주고 있는 것이다.

제5장

눈물로 이룬 바다

편저자의 글

해양 경찰의 아버지는 건국 대통령!

2차 대전을 일으켰다 패전한 일본은 미국의 통치를 받았다. 일본의 미 군정 시대는 1952년 4월28일에 48개국이 참가한 샌프란시스코 평화 조약의 발효로 막을 내린다.

해방 후 부터 그 때까지 약 7년간, 한국의 바다에는 미군정의 맥아더 라인 때문에 주권회복을 못한 일본 어민들이 마음대로 들어올 수 없었다. 해양국가 미국은 비록 독립하지 못한 나라이긴 했지만 한국의 바다를 위한 선을 그어 주었다.

샌프란시스코 평화조약을 기점으로 일본이 주권을 회복하고 재기할 무렵 일본 어민들도 한국의 바다로 출격할 준비를 하고 있었다. 그때 누가 우리의 바다를 지켜줄 수 있는가.

1951년 9월8일, 샌프란시스코 조약이 조인되고 이듬해 4월에 발효된다는 사실을 알게 되었을 때, 전쟁 중이던 국가의 지도자 이승만 대통령은 독재자라 욕을 먹어가면서도 우리의 바다가 일본 어부들에게 빼앗길 것을 직감했다.

국가의 생존이 걸린 시절에도 이승만 대통령은 우리의 바다를 지키기 위해 분투했다. 그는 샌프란시스코 조약의 발효를 석 달 앞 둔 1952년 1월 18일, 독도를 포함한 영해선인 '평화선' 설정을 선포했다. 명분은 "한일간 평화 유지를 위해서". 그러나 실상 평화선은 국제법상 거의 폭거에 가까운 조치였다. 당시 국제법상 영해의 기준은 3마일이었는데 이승만은 그 20배인 60마일을 영해로 선포했기 때문이었다.

　한국과 함께 전쟁 중이던 미국도 차마 용인할 수 없어 한 달 뒤인 2월12일, "평화선을 인정할 수 없다"고 이승만에게 통보했다. 그러나 이승만은 미국의 통보를 간단하게 무시해 버렸다.

　일본도 주권회복이 되려면 석 달 가량을 기다려야 했기에 어쩔 도리가 없었다. 당시 일본 어민들은 동력선 200만 톤을 보유하고 있었고 우리 어민은 무동력선 10만 톤이 전부이던 시대였다. 우리의 영해선이 없었더라면 어족자원은 계속해서 강탈당했을 것이다.

　1952년 4월28일, 샌프란시스코 조약이 발효되자 일본은 자신들의 바다를

편저자의 글

찾겠다고 나섰다. 이승만의 심기를 건드리지 않으려 어업지도선을 타고 몰래 독도에 일본 주소를 적은 나무 팻말을 꽂아 두고 온 것이다.

이승만은 이조차 용납할 수 없었다. 당장 해군을 시켜 그 팻말을 뽑아오게 했다. 전방에서 고지전이 한창이던 그 해 10월, 이승만은 실력행사를 강행해 평화선을 침범한 3백 척이 넘는 일본 어선들을 나포했다. 그 과정에서 일본 어부 44명이 사망했다. 이듬해인 1953년 휴전이 되자 이승만은 12월23일, 해양경찰대를 창설했다. 이것이 오늘날 해양경찰의 탄생 배경이다.

대한민국 해양경찰의 아버지는 후손들에게 처절하게 홀대받는 건국의 아버지 이승만 대통령인 것이다.(편저자)

다시 그 상황이 온다면 어떻게 해야

영화같은 장면

　2014년 4월 16일 이른 아침. 몇 시인지 시간은 기억나지 않는다. P 123정이 전속으로 현장에 도착해 보니 큰 배가 바다쪽으로 기울어져 있는 이상한 장면이 눈앞에 펼쳐져 있었다. 파도는 없는데 여객선이 기울어져 있고 간간이 사람들이 바다로 뛰어내리고 있었다. 영화같다는 생각을 하지 않을 수 없었다.

　'세월호'라 선명이 보이는 거대한 여객선인데 의외로 사람들이 보이지 않았다. 바다에는 붉은 색 컨테이너들과 하얀 스티로폼 같은 잡다한 부유물들이 둥둥 떠다니고 있다. P 123정은 접안 장소를 찾다가 여객선의 선수 쪽에 접안을 시도했다. 나는 서둘러 기울어진 여객선에 올랐다. 나중에 알고 보니 각도가 52도를 넘어서던 때였다. 곧이어 P 123정에서 발진한 고무보트로 이 경사도 함께 선상으로 올라왔다. 우리 모두 근무복에 단화를 신은 채였다. 좌현 쪽으로 기울어진 상층갑판이 아직 물에 잠기기 전이었다.

　비스듬한 바닥에 발을 댄 내가 조타실을 올려다보고 있을 때 이 경사는 난간에 설치된 구명벌을 발로 차 두 개를 떨어뜨렸는데 그 중 한 개만이 펴졌

다. 그 다음엔 더 이상 구명벌을 발로 찰 수 없을 정도로 여객선이 기울었고. 즉시 이 경사가 5m 정도 위의 선내로 진입하려 했지만 얼마 못 버티고 아래 난간 쪽으로 미끄러지는 것이 보였다. 아마 55도 정도로 바닥이 일어서고 있었을 것이다.

이 경사가 진입을 시도하던 곳은 조타실이었다. 선수쪽에서 올랐던 내가 오히려 조타실이 더 잘 보였다. 분명 몇 사람이 보였다. 그런데 배가 좌현으로 기울어져 있어서 철판 바닥엔 붙잡고 오를 만한 것이 없었다.

오를 수 있는 방법이 없을까. 경사진 철판 바닥을 젖은 구두를 신고 오른다는 게 쉽지 않다. 아니 55도 쯤 되면 불가능하다고 해야 옳을 것이다. 뭐라도 잡을 게 있다면 매달리기라도 하면서 오를 텐데…

흐린 하늘로 기울어진 절벽위에 조타실이 비스듬히 튀어나온 형국이었다. 기울어진 조타실 창문으로 아주머니가 보였다. 구명조끼도 걸치지 않았는데 완전히 공포에 질린 표정이었다. 다른 사람들은 보였다 안 보였다 하는데 이 아주머니와는 눈이 계속 마주쳤다. 그래서 소리쳤다.

"*내려오세요! 내려오세요! 그냥 내려오세요!….*"

고함을 질렀지만 아주머니는 꼼짝하지 않는다. 답답했다. 옆에 있었다면 그냥 확 밀어버리고 싶었다. 차라리 어디 한 군데 부러지는 게 낫지, 저대로 가만있다가는 침몰하는 배와 함께 익사할 게 뻔하다.

P 123정에서 '홋줄'을 건네주었다. 이걸 이 경사가 받아서 아래에서 조타실로 던져 올렸고 다행히 조타실의 승객 중 한 사람이 이 줄을 받아서 문짝 어딘가에 고정 매듭을 만들었다.

'이제 곧 올라갈 수 있겠구나.'

그런데 그때 조타실과 연결된 '홋줄'로 줄줄이 사람들이 내려오기 시작했다. 우리는 오르는 대신 조타실에서 탈출해 내려오는 사람들을 123정으로 옮겨 타도록 하는 일에 전념했다. 조타실 쪽에서 내려오는 사람들이 선원인지 승객인지 구분할 겨를이 없었다. 그들은 살기위해 탈출하는 사람들이었다. 위기에 처한 사람들이니 어떻게든 빨리 구해 내야만 하는 절박한 순간이라는 생각만 들었다.

바닥은 70~80도

P 123정으로 옮겨 타려면 파도에 흔들리는 발판을 밟고 올라서야 하는데 여자들은 자기 신체조차 가누지 못했다. 발 하나 하나를 손으로 잡아 발판위로 옮겨주어야 했다. 그러는 사이에 P 123정과 세월호와의 높이가 점점 차이가 나더니 급기야 세월호의 난간이 더욱 바다쪽으로 내려갔다. P 123정보다 훨씬 낮아진 것이다. 그래서 마지막 승객을 도와줄 땐 무척 힘들었다.

이렇게 옮겨 태우고 나니 더 이상 승객들이 내려오지 않았다. 그때 P 123정에 승선하고 있던 대원들이 뭐라고 손가락질을 하면서 소리치는데 들리지는 않는다. 해상에서 선박간 육성은 잘 들리지 않는다. 공중에 떠있는 헬기 탓도 있었을 것이다. 하여간 경황없는 상황이었으니까. 나는 손가락질을 짐작해 보았다.

'아, 조타실로 올라가서 남은 승객들에 대한 조치를 다하라고 지시하는 모양이구나.'

그럴 수밖에 없었던 것이, 당시 거대한 여객선에서 사람들이라곤 조타실에서 나온 사람들말고는 볼 수 없었기 때문이었다. 나는 조타실 아래쪽(사실은 조타실 왼쪽 갑판)으로 이동해 승객들이 타고 내려온 밧줄을 잡고 올라갔다. 조타실 좌현 측문이었다. 열린 문까지 접근 한 다음 기울어진 조타실 안으로 들어갔다. 이미 바닥은 벽으로 변해 가고 있었다. 나중에 사진 채증결과에 의하면 이때 바닥이 적어도 70도에서 80도 정도였다. 하지만 나는 '할 수 있는 모든 것을 다 해야 한다'는 생각뿐이다.

줄을 잡고 겨우 두 발을 바닥에 대고 서 있었다.

조타실은 텅 비어 있다. 더구나 문 안쪽에서 '홋줄' 매듭은 끝이 나고, 뭐라도 잡을 게 더 있었으면 좋겠다는 생각에 두리번거릴 뿐 할 수 있는 게 아무것도 없었다. 선실 벽은 대부분 두꺼운 철판이거나 합성수지여서 표면이 매끄럽다. 게다가 더 이상 버티는 것도 어려워졌다.

나는 줄을 놓아 버렸다. 몸이 거의 선 채로 미끄러져 내려갔다. 몸은 아래 난간 쪽에 부딪히면서 정지했다.

우리 같은 구조대원이나 특수임무를 수행하는 사람들이 근육을 많이 키우는 이유는 웬만한 충격을 견디기 위해서이다. 충격으로 근육이 파열되면 타박상은 입게 되지만 골절상은 피할 수 있고 임무는 완수할 수 있다. 하지만 약한 근육을 가지면 충격이 그대로 뼈에 전달되어 골절상을 입게 되고 그렇게 되면 임무는커녕 오히려 우리가 구조대상이 돼 버린다. 이날 대원들 모두가 온몸에 타박상을 입었지만 우리로서는 그게 일상적인 일이다.

그때 좌현 날개 쪽에서 승객 한 명을 발견했다. 구명조끼도 없이 기울어진 난간을 붙잡고 오가지도 못하고 있었다. 급히 입고 있던 구명조끼를 벗어 그에게 입혔다.

물에 빠진 사람들은 뭐든 잡으면 절대 놓지 않으려 한다. 구명복을 입히려는데 난간을 붙잡고 놓질 않으니 무척이나 시간이 걸렸다.

"자, 같이 뛰어내립시다."

그렇게 해상으로 뛰어들었다. 솔직히 물이 찬지 뜨거운지 느낄 수 없었다. 물속에서 단화를 벗어 버리고 승객의 호흡을 유지한 채 수영하고 있을 때 내 옆에는 구명복을 입은 단원고 학생 세 명이 떠 있었다. P 123정의 고무보트가 신속하게 다가와서 학생들과 우리를 건져 올렸다.

심폐소생술로 한 명 구조

침몰 중에 있는 큰 배 옆으로 작은 배는 접근할 수 없다. 이는 자연의 힘을 아는 사람들의 경험이다. 큰 배가 침몰하는 순간 거대한 소용돌이로 인해 웬만한 어선은 빨려들수도 있기 때문이다. 세월호 같이 6000 톤이 넘는 배 옆에는 P 123정 같은 110톤급 함정도 소용없다. 하물며 구명복만 걸친 사람들은 그대로 빨려들어갈 수 밖에 없다. 나는 그게 큰 걱정이었다. 다행이 그 상황이 오기 전에 123정이 우리를 건진 것이다.

모두 공포에 질린 채 사태를 주시하고 있었다. 이런 현장을 모르고 방송만 보면 구조하는 모습이 답답하게 보일지도 모른다. 실제 현장에서는 눈에 보이지 않는 거대한 힘과 싸우는 중인데도 말이다.

고무보트에서 P 123정으로 옮겨 탄 뒤에 나는 신발을 대신할 운동화를 찾아 신었다. 그리고 배 안에 비치된 구명조끼를 꺼내 걸쳤다.

그러는 동안에도 고무보트가 쉴 새 없이 승객들을 건져 날랐다. 이때부터 1톤급 소형 어선 두 척도 나타나 승객들을 나눠 태웠다. 배안에서 승객들이 조금씩 밖으로 나오는 모양이었다.

우리는 고무보트에서 P 123정으로 승객들이 올라오도록 잡아당겼다. 얼마나 많은 사람이 우리 배에 타고 있는지 알 도리가 없었다. 무조건 실어야만 했다. 여객선의 침몰 순간이 시시각각 다가오고 있다. 적당한 이탈 시간을 놓치면 우리 함정도, 구조된 승객도 모두 함께 물속으로 빨려 들어갈 지도 모른다.

그런 와중에 호흡이 정지된 승객이 실려왔다. 젊은 남자였는데 이 경사와 같이 심폐소생술을 시도했다. 옆에 있던 의경은 환자의 팔다리를 주무르기 시작했다. 그렇게 한 5분 정도 지났을까?
갑자기 구토를 하면서 호흡이 돌아왔다. 소생한 것이다.

잠시 뒤에 또 한 사람이 의식불명인 채로 배로 옮겨졌다. 학생이었는데 기억이 맞다면 이름표가 '정찬웅'이었다. 이 경사와 나는 즉각 심폐소생술을 시작했다. *"바다에 떠 있어 건졌는데 눈과 코에서 피가 흘렀다"*고 구조대원 중 누군가가 전해 주었다.

뇌진탕인지도 모른다고 생각했지만 살려내야 한다는 마음뿐이었다. 그런데 아무리 시도해도 이 친구는 꿈쩍도 하지 않았다. 나의 젖은 제복이 땀으로 다시 한 번 적셔졌다. 이 경사와 나는 교대로 심폐소생술을 실시했지만 더 이상 바이탈 사인이 생기질 않았다. 그때 접근한 헬기로 의식불명의 환자는 후송시켜야 했다.

죽을힘을 다한 노력에도 안타까움만

이럴 때의 절망감은 뭐라고 표현해야 할까. 나중에 이 학생이 사망했다는 소식을 뉴스를 통해 접했을 때 또 한 번 우리는 절망해야 했다.

이런 와중에 누군가가 소리쳤다.

"선실 유리창 안에 사람들이 있다!"

P 123정이 선수 쪽으로 돌면서 발견한 모양이다. 급히 망치를 들고 다시 옆으로 돌아눕고 있는 세월호로 옮겨 탔다. 이 경사와 그리고 구조된 승객 한 사람이 함께 했다(훗날 알고 보니 그 승객은 세월호 선원이었다).

내가 들고 간 장비는 30cm 정도 되는 나무자루에 주먹만 한 쇠뭉치가 달린 망치였는데 이걸로 몇 번 때려도 유리창이 깨지지 않았다(두께가 30mm나 되는 강화유리였다고 한다. 이 정도 두께여야 파도에도 견딜 것이다. 그렇다면 밖에서 아무리 소리치거나 대공스피커로 방송해 본들 안에서는 들을 수 없다).

더군다나 기울어진 바닥에서는 망치질도 쉽지 않았다. 이번에는 이 경사가 망치를 들고 치는 동안 나는 P 123정에서 건네준 쇠파이프 지주봉을 들고 유리창을 내리 쳤다. 옆에 서 있던 승객(선원)도 망치를 건네받은 뒤에 같이 몇 번을 내리쳤다. 그래도 유리창은 멀쩡했다. 그때 곁에 있던 승객이 망치를 내리치는 순간 '퍽' 하고 유리창이 깨져 나갔다. 거의 동시에 선실에서 두 손이 번쩍 올라왔다.

밖으로 솟아 나오는 손을 무조건 잡고 끌어냈다. 하지만 이도 두 사람이 끝이었다. 세 번째 사람부터는 손이 잡히지 않았다. 배가 더 기울어지면서 사람들의 손이 유리창 부근으로 다가오질 못하는 것이다.

이번에도 P 123정에서 '홋줄'을 건네주었다. 줄을 내려주니 사람들이 줄을 잡고 올랐다. 이들을 끌어올리는 오른손에 통증을 느꼈지만 나는 무시했다.

유리창을 깨고 선실에서 승객을 구출해 낼 무렵엔 배의 기울기가 점점 더 심하게 변해갔다. 선수 쪽으로는 거대한 컨테이너들이 계속해서 바다로 떨어지고 있었다.

다음날 퉁퉁 붓기 시작한 손으로 병원에 갔더니 근육파열 진단을 받았다. 기억해 보니 유리창을 깨던 도중에 P 123정과 세월호 사이에 손이 끼었던 모양이다. 불편하지 않으면 그뿐이다. 구하지 못한 인명을 생각하면 사소한 상처였다.

나중에 조사받을 때 '*왜 다른 쪽 유리창은 안 깼느냐*'는 질문에 말문이 막혔다. 그런 사람들에게 뭐라고 설명해야 하나. 하지만 그게 당시 상황에서 우리가 할 수 있는 '죽을 힘을 다한 노력'이었다.

그 거대하고 참혹한 현장은 지금도 잊을 수 없다. 아마 살아생전엔 잊지 못할 것이다. 그리고 지금까지 나는 줄곧 승객전부를 구조하지 못한 안타까운 마음으로 그 날부터 수 천 번 같은 질문을 되뇌이고 있다.

다시 시간을 되돌릴 수 있다면 그 상황에서 우리는 어떻게 해야 할까.

미안하다. 애들아...

깊고 어두운 맹골수도에 뛰어들다

2014년 4월 16일. 그 날은 국민도 1만 해양경찰도 하염없이 슬픔의 눈물을 흘린 날이다. 일 년이 지나 그 날을 기억하려니 그 날의 진도 맹골수도의 엄청난 조류의 울음소리가 가슴에 솟구치는 것 같아 가슴이 조이고 손이 떨린다.

SSU라는 최고의 심해잠수부대를 거쳐 수중구조에 30년을 바친 나였지만 그날 TRS(무전기)에서 전해지던 여객선 침몰소식은 나에겐 충격 그 자체였다. 침착하게 대원들을 통솔하고 장비를 챙겨 버스를 타고 진도로 향했다. TRS를 청취하며 대원들과 잠수방법을 의논하면서 가는 길이 멀게만 느껴졌다.

진도에 도착해 어렵게 배를 섭외하고 P정을 타고 현장에 도착했을 때는, 세월호는 이미 뒤집어진 뒤였다. 얘기를 종합해 보니 수많은 학생들이 배 밖으로 나오지 못했다는 것이다.

수십 년 구조업무를 해 왔지만 이런 참담한 상황은 처음이었다. 아니 앞으

로도 분명 일어나지 않을 재난이었다.

 지금 물속으로 들어가는 게 맞을까. 결단을 내려야 했다. 나의 결단에 따라, 만에 하나 살아있을 아이들의 목숨을 구하는 것도, 내 자식같은 대원들의 목숨도 걸려있다. 글을 쓰는 지금처럼 그때도 구조대장으로서의 사명감에 가슴이 뜨거워졌다.

 *"우리가 들어가서 구조하자"*는 지휘부의 의견이 있었다.
 짧은 시간 대원들과의 눈빛을 교환하는 것으로, 우리는 각자의 마음이 같음을 읽었다. 그렇게 해서 세월호의 깊고 어두운 진도 맹골수도에 대원들이 뛰어들었다.

울음을 멈출 수 없었던 그 날

 첫 번째 잠수조가 투입돼 수중상황을 살폈다. 앞이 전혀 보이지 않고, 엄청난 조류로 몸을 가누지 못했다. 잘못하다간 저 거대한 소용돌이에 휩쓸릴 수 있는 상황이었다. 두 번째 잠수조가 투입이 되어 물밑으로 들어가는 것이 보인다. 그러나 얼마 지나지 않아 단정위에서 안전 줄을 잡아주던 대원이 다급한 목소리로 소리쳤다.

 "두 번째 입수한 대원들의 움직임이 없습니다."

 대원들이 조류에 줄을 놓쳐버린 것이 틀림없다.

 '아 일이 벌어지고 말았나'

 재빨리 상황을 지휘부에 보고했다.

"대원들이 없어졌습니다. 사고가 난 것 같습니다."

모든 것을 잃은 듯한 참담함이 가슴을 쳤다.

얼마나 지났을까 소용돌이에 몇 바퀴나 휘말린 대원들은 선수쪽을 돌아 간신히 난간을 잡고 살아 있었다.

'아 고맙다. 너희들...'

이 후 우리는 수십 일에 걸쳐 배안에 있는 어린 친구들을 인양했다. 오랜 세월 비슷한 상처에 무뎌진 나는, 아픔을 느끼지 못할 것 같았던 나는, 아이들을 한 명 한 명 보듬어 나르며 울음을 멈출 수가 없었다.

미안하다, 얘들아.
미안하다....

힘들 때 곁에서 함께 해준 해경

세월호 실종자 가족 지원을 하다

 2014년 4월16일. 이 날 오전 목포해경서의 아침은 평소와 같이 조용한 가운데 시작되었다. 그러나 일과가 시작되고 몇 분 후 진도해역에서 여객선이 침몰하고 있다는 소식과 함께 분위기가 술렁이기 시작했다.

 상황실을 통해 사건이 전파되었고 상황대응반과 함께 현장 사고수습을 위한 현장요원들이 급파 되었다. 사고현장과 통신이 원활하지 않은데다 침울하고 험악한 분위기가 곳곳에서 피어오르는 듯 했다.

 근무자들 사이에도 무서울 정도로 삭막한 긴장감이 계속되던 중 언론을 통해 전원 구조라는 속보를 접하고 우리는 한숨을 돌렸다. 그런데 오후 한 시쯤 구조자를 실은 마지막 여객선이 팽목항에 입항하자 어두운 예감은 현실이 되었다.

 사고 초기 며칠 동안은 상황 전파 임무를 맡다가 어느 날 진도체육관 가족 지원을 하라는 지시를 받았다. 그 날 밤은 잠이 오지 않았다. 새벽 일찍 도착한 진도체육관은 해경 때문에 가족을 잃었다는 원망으로 가득했다.

내게 부여된 임무는 단원고 실종 가족을 지원하는 임무였고, 그 가족 중에는 지금도 찾지 못한 9명의 실종 학생 중 한 명인 남군 가족이 있다. 처음 남군의 아버지인 남선생님과 대면하게 되었을 때에는 정말 두려웠다.

해경이라면 곧 죽일 듯이 달려드는 사람들에게 "당신들을 이해한다. 필요한 것이 있으면 도와주겠다."고 말하기는 정말로 힘든 일이었다.

주어진 임무라 어쩔 수 없이 남선생님 곁으로 갔다. 체육관 1번 게이트에서 첫 대면을 하게 되었고 명함을 건네며 인사를 드렸다. 아무런 할 말이 없는 어색함이 온통 체육관에 가득 차 있었다.
한참의 시간이 흘렀다.

"담배 있나?"

그 분의 첫 말에 준비해 두었던 담배를 빼어 전했다. 자식을 잃은 슬픈 얼굴로 잿빛 허공에 피워내는 담배연기가 아무 말도 할 수 없게 만들었다. 한참을 그렇게 피우던 남선생님은 나에게 질문했다.

"왜 같이 피우지 안나?"
"저는 담배를 피우지 못합니다."

잠시 눈이 마주쳤고, 나를 쳐다보는 눈빛이 조금 편안해 짐을 느꼈다. 담배를 피우지 않는 사람이 자신를 위해 담배를 준비해 두었다는 사실에 분위기가 조금 누그러진 것 같았다.

이 후 실종자가 발견되면 같이 확인하고, 아직도 돌아오지 않는 아들에 대한 이야기를 나누었고 계속되는 일상에서 함께 식사를 하고, 대화를 하고 서로를 위로하며 그렇게 같은 고민을 하며 몇 달이 흘러갔다.

몇 개월 뒤 경찰서로 복귀한 다음에도 남선생님이 목포 한국병원에 진료를 위해 내원하게 되면 찾아가 병문안하며 인사를 드리곤 했다.

황량한 사막에서 식물의 싹을 틔우듯

우리 모두의 가슴에 흉터로 남은 세월호 사건 후 1년이 지났다. 나는 지금도 남선생님과의 인연을 이어가고 있다. 자식을 잃은 상처를 동여매고 오히려 우리 아이들이 커가는 것을 함께 보고 싶다며 이어가는 그 분과의 인연에서 배울 점이 참 많았다.

'해경 때문에 아들을 잃었다는 원망감'으로 시작된 감정이 '가장 힘들 때 옆에서 끝까지 함께해준 고마운 해경'으로 바뀌었다고 했고 '그 아픔이 아물어 가는 것도 해경의 덕이라며 감사하다'고 했다.

이러한 일을 겪으며 황량한 사막에서 식물이 싹을 틔우는 그림을 떠올렸다. 해양경찰이 된 이후 내 능력 밖에 있다고 생각한 일들을 내가 해내고 있는 것이다. 내 진심이 한 사람 한 사람 국민을 위로할 수 있고, 슬픔을 나눠서 짊어지면 그것이 나중에는 함께 살아내는 삶의 힘으로 되돌아온다는 사실도 배울 수 있었다.

그러나 여전히 가장 중요한 사실은 다시는 이런 사고가 일어나면 안 된다는 것이다. 오늘도 나는 내 자리에서 사고를 예방할 것이다.

시시각각 위험이 도사리는 해안

반드시 살려야 한다는 기도같은 주문

　2006년도 일이다. 명칭은 바뀌었지만 그때도 지금처럼 포항 구룡포 소속인 양포 출장소에서 근무하고 있었다. 치안수요가 많은 곳이지만 그때도 나와 의경을 합쳐 2명이 근무를 해야 하는 열악한 곳이었다.

　출장소에서 1km 떨어진 양포항 방파제는 길이가 800m로 주말이면 낚시객과 행락객으로 인산인해를 이룬다. 2006년도 추석 다음날인 10월 8일이었다. 양포항 방파제는 여느 때와 마찬가지로 낚시객과 행락객들로 붐볐다. 당시 해상엔 특별한 기상특보가 없었고 사고 조짐 같은 것도 전혀 없는 평온한 연휴의 마지막 날을 맞고 있었.

　오전 11시 무렵이었다. 의자에 앉아 방파제를 주시하던 내 눈앞에 '이건 꿈이 아닐까' 의심할 수밖에 없는 상황이 펼쳐졌다. 갑자기 거대한 파도가 방파제를 넘어와 양포항에 모였던 사람들을 덮친 것이다. 너울성 파도였다.

　'이럴 수가!'

나는 본능적으로 의경을 데리고 방파제로 순찰차를 몰았다. 그러나 방파제 입구에서 어지럽게 주차된 차량들이 우리를 가로 막았다. 나는 차에서 내려 무조건 뛰었다. 그야말로 방파제 800m를 전력 질주했다. 숨이 머리끝까지 차올랐다.

"아!......"

입부터 벌어졌다. 방파제에서 바라본 항내는 아수라장이었다. 어림잡아도 25명은 되어 보이는 사람들이 파도에 휩쓸려 방파제 아래 바다로 떨어진 것이다. 우리가 도착했지만 구명환을 던져주는 것 외에 할 수 있는 게 아무 것도 없었다.

구조선박을 수배하려고 다시 방파제를 달렸지만 명절이어서 수배할 선박도 없었다. 그때 마침 부두에 정박 중인 정치망 어선 선장을 발견하고 그를 설득해 배를 출항시켰다. 어선을 몰고 방파제로 향하는 사이 바다로 떨어진 사람들 가운데 일부는 방파제 끝단 테트라 포트(TTP)까지 헤엄쳐 나갔고 나머지 일부는 내가 탄 어선으로 구조할 수 있었다. 그 중 여성 익수자 한 명은 의식불명이었다. 익수자를 선박으로 인양한 뒤 심폐소생술을 실시했다. 사람들이 방파제에 모여들어 심폐소생술을 하고 있는 나를 구경하는 모습이 얼핏 느껴졌다. 그 무리 속에 유달리 발을 동동 구르는 한 초등학생의 모습이 눈에 잡혔다.

저 아이! 내가 지금 소생술을 하고 있는 이 여자는 분명 저 아이의 엄마일 것이다. 엄마를 잃을지도 모르는 불안한 아이의 얼굴을 본 적이 있는가! 나도 모르게 심폐소생술을 하는 몸의 리듬을 따라 이 사람을 반드시 살려야 한다는 절박감에 기도 같은 주문을 외우고 있었다.

'소생하라' '소생하라' '소생해라' '소생하라'.... 제발...

부두에 도착한 119 구급대에게 익수자를 인계했지만 병원에 도착하여 사망했다는 통보를 받았다. 결국 나는 초등학생 아들과 함께 놀러온 어머니를 살리지 못한 것이다.

"내가 어선을 수배하지 않고 그냥 물로 뛰어들었다면 살릴 수 있었을까?"

죽을힘을 다 해 뛰었는데 늑장대응이라니

해양경찰로서의 책임감과 죄책감이 가슴을 무겁게 짓눌렀다. 엄마를 잃은 어린아이의 슬픈 눈망울도 가슴에 사무쳤다. 벌을 받는 심정으로 괴로움을 떨치려 애쓰지도 않았다. 가슴이 무거우면 무거운 대로 버티는 수밖에 없었다. 목숨을 지켜내지 못한 벌을 받는다고 생각했다.

사고 직후 언론사, 경찰서로부터 걸려오는 수 백 통의 전화로 하루 종일 시달려야 했다. 현장을 목격한 즉시 죽을힘을 다 해 뛰었지만 전원 구조가 아닌 이상 해경에게는 항상 '늑장 대응'이라는 오명이 따라 붙는다. 이런 풍토는 어제 오늘 생긴 것이 아니다. 구조현장을 직접 본 적도 없고, 구조를 위해 물로 뛰어든 적도 없는 사람들이 결과만 놓고 해경을 밟아대기 위해 찾아낸 말이 '늑장 대응'이었다.

만약 내가 그 시간에 관내 순찰 같은 공무로 현장을 비웠다면 그들은 '늑장 대응'이 아니라 '초동 대응 실패'로 해경을 몰아갈 것이다. 그러면 나 자신은 물론 우리 조직에도 큰 오점으로 남았을 것이다.

아쉬운 점은 시스템이다. 그 시간에 관내순찰을 나갔더라도 대응할 수 있는 해양경찰의 시스템이 없다. 당시 출장소에 인력이 한 명이라도 더 있었다면, 또는 구조보트나 수상오토바이가 수상에 항시 대기상태였다면 더 구조가 빨랐을 것이다.

방파제에서 그런 사고가 나자 비로소 안전 휀스를 설치했고 6개의 구명장비함도 설치했지만 그것들을 볼 때마다 '소 잃고 외양간 고친 것'같은 자괴감을 감출 수 없었다.

　말로만 안전을 외치고, 인명사고가 발생한 뒤에야 시설을 보강하는 것은 죄를 짓는 것과 다름없다. 예산의 한계를 감안하더라도 안전과 구조를 위한 기본 장비와 인력은 최우선적으로 일선현장에 배치되어야 하는데 말이다.

평생 잊지못할 차분했던 그 음성

통발 어선 전복 사고

　2014년 8월 12일. 상황실 122신고를 접수하는 업무를 하고 있었다. 여름 휴가가 절정이어서 평소처럼 해수욕장은 휴가 온 사람들로 북적이고 수상레저관련 신고가 유난히 많았다.

　한낮의 뜨거운 열기가 가신 늦은 오후, 신고전화가 뜸할 무렵 통영 연안 VTS에서 걸려온 한 통의 전화.

　"지금 거제 해금강 인근 해상에서 예부선(曳浮船-띄워서 끌고가는 배, 바지선)과 어선이 충돌하여 어선이 침몰중입니다."

　상황이 급박해졌다. 먼저 경비정과 122구조대를 이동시킨 후 상황대책팀을 소집했다. 잠시 후 59톤 장어통발 어선이 전복되었다는 사실을 확인했다. 선박출입항 관리시스템에서 선원명부를 확인해 보니 11명이나 승선하고 있었다.

　큰일이다. 대형사고다! 전 함정 비상소집을 내리고 관계기관에도 구조를

지원하도록 통보했다.

그 와중에 122접수대로 한 통의 전화가 걸려왔다. 045로 시작하는 전화번호다. 045는 이용정지된 전화번호가 아닌가. 평소 아이들이 전화기를 가지고 놀다가 긴급전화 122를 눌러 발신된 경우로 대부분이 오인전화인 번호다. 상황이 너무 긴박하고 바빠서 이 전화를 받지 말고 계속 상황처리를 해야 하나 아니면 전화를 받아야 하나 잠시 고민했다.

그래도 혹시나 하는 마음에 수화기를 들었다.

"해경이죠? 지금 배 사고가 나서 선실에 갇혔습니다."

차분한 남자의 목소리다. 순간 정신이 멍했다. 배 안에 갇혔다는 사람으로부터 이런 긴박한 상황에 너무나 차분한 목소리다.

마지막 통화

물속의 에어포켓인데 기적같이 전화가 된 것이다. 먼저 승선원의 건강을 확인하니 특별히 다친 사람은 없다고 했다. 하지만 기관실에서 올라온 연기 때문에 숨쉬기가 힘들고 바닷물이 목까지 차올라 죽을 것 같고 무섭다고 했다.

조금만 있으면 구조가 되니 걱정하지 말라고 안심을 시킨 후 선원명부와 대조하여 선원의 신상을 파악해 9명이나 선실에 갇힌 것을 확인했다. 통화는 10분 넘게 계속되다 어느 순간 점점 목소리가 작아지고 횡설수설 한다. 선내에 산소가 고갈되어 가는 것이다.

'아. 내가 할 수 있는 게 없다니!'

참담했다. 주변에 경비정은 있었으나 잠수구조대가 없어 진입은 불가능했다. 모든 사람이 발을 동동 구를 수밖에 없는 상황이다. 통화는 15분을 넘어 마지막에 다달았다. 뭐라고 중얼거린다. 알아들을 수가 없다. 잠시 후 어두운 물소리가 흐르고 뚜~ 전화가 끊겼다. 동시에 내 머릿속이 하얗게 되었다.

잠시 후 122구조대가 도착해서 전복된 선실에 진입했다는 보고가 들어왔다. 구조대는 차가운 바다 속에서 한 사람 한 사람 더듬어 9명을 모두 찾아냈다. 선원 중 4명은 목숨을 건졌으나, 나머지 5명이 사망했다.

대형 인명사고로 정신없는 가운데에서도 머리속에서 떠나지 않는 차분했던 그 목소리… 신고자가 살아 있기를 간절히 기도했지만 생존자 명단에 그의 이름이 없었다. 가족을 잃은 듯 마음이 아려왔다. 차갑고 깜깜한 그 바다, 숨쉬기도 곤란한 공간에서 그는 일생의 마지막을 일면식도 없던 나와 이야기를 나누다 이 세상을 떠났다. 얼마나 힘들고 무서웠을까.

사고가 수습되고 한참이 지난 후에도 차분하다고 생각했던 그의 두렵고 무거운 목소리가 떠나지 않는다. 아직도 그 사람과의 마지막 통화가 잊혀지지 않는다. 아마 평생 잊지 못할 것 같다.

극한 상황 속 생명의 가벼움

3월 밤바다의 구조 지령

2009년이었다. 아직은 서해바다의 꽃샘추위가 가시지 않은 3월 새벽, 조타실의 VHF 무전기 스피커로 구조지령이 떨어졌다. 서쪽 18마일 해상에 모래운반선 2척이 충돌하여 한 척이 침몰중이라는 내용이었다.

당시 조타실의 시야는 동 트기 전 어두운 새벽에다 안개가 자욱해서 우리의 250톤 함정 선수조차 보이지 않을 정도로 암흑 속이었다. 사고현장과 가장 가까이에 있었던 우리 함정은 전속으로 사고지점을 향했다. 목표지점까지는 30~40분이 소요될 것이다.

기상은 짙은 안개에다, 파고는 3~4m의 악조건. 게다가 직선항로상에는 안강망 그물이 산재해 있는 해역으로 선박이 그물에 걸리면 꼼짝달싹 할 수 없어 평소에는 어선도 지나가지 않는 곳이다. 안강망 지역을 우회하면 20~30분이 더 소요되고 목표지점까지 도착할 수 있는 예상시간은 1시간 가량 걸리게 된다. VHF에서는 계속 사고정보가 흘러나왔다.

"충돌선박 선원 12명중 해상 투신 선원은 6명, 선내에 남은 인원 6명"

함장님은 직선항로를 택했다.

육안으로는 한치 앞도 보이지 않는 먹빛 바다에서 오직 레이더에만 의지한 채 함정은 전속력으로 달리고 있었다. 함내 모든 요원이 숨을 죽인 채 달리는 함정에 몸을 의지하고 있었다. 함정이 전속하자 집체만한 파도가 조타실 창문을 부술 듯이 두드린다.

조타실 레이더 전탐요원으로 앉았던 나는 등에 식은 땀이 흘러내리는 것을 느꼈다. 배를 타면서 그때처럼 긴장해본 적이 없었던 것 같다.

나는 레이더 물표(物標: target, 레이더 스크린에 반짝이는 점)를 잡고 즉각 즉각 함장님께 보고를 했다. 안강망 그물로 올라타는 경우엔 경비함정이 오히려 구조 받아야 하는 상황이었다. 함장님은 나의 전탐보고에 따라 조타 지시를 내렸다. 약 30분 후 경비함정은 사고지점에 도착했다.

하지만 사고해역은 여전히 걷히지 않은 안개 속에 아무것도 식별할 수 없는 해상이었다. 나는 레이더와 전자해도를 비교해가며 물표를 확인해 나갔다. 잠시 뒤 레이더에 사고지점에서 1마일가량 떨어진 곳에 큰 암초하나가 나타났다. 전자해도에 표시되지 않은 것으로 봐서는 아직 발견되지 않은 암초였다. 순간 그 곳이 사고 지점임을 직감적으로 알 수 있었다.

함장님은 발견된 암초 쪽으로 함정을 돌렸다. 잠시 뒤 경비함정이 도착한 지점에서 우리의 눈앞에는 산봉우리처럼 거대한 두 개의 물체가 눈앞에 나타났다. 그것은 선수를 하늘로 곤두세운 채 아랫부분부터 서서히 침몰중인 모래운반선이었다.

선내 진입이 불능한 상황에 마음이 조급해졌다. 즉각 상황실에 현상황을 보고하고 선내구조임무는 122구조대에 맡겼다. 그리고 함정은 해상 투신한 선원들을 찾아다녔다.

3월이지만 수온은 영상10도를 넘지 않는다. 저체온증으로 생명이 위급해지기 전에 한시바삐 구조해야하는 상황이었다. 전탐항해로 인근해상의 물표를 살폈다. 사고지점과 1.5마일 떨어진 곳에 희미한 부유물들이 레이더에 잡혔다. 즉시 함장님께 보고하고 함수를 돌렸다. 모든 요원들이 함수와 갑판으로 나와 육안으로 해상수색을 하고 있었다.

죄 지은 사람처럼 무거운 마음

물표에 가까워지자 침몰한 선박에서 떠내려 온 듯한 물건들이 보였다. 레이더상에 함수좌현 45도 쪽 300야드 거리에 몇 개의 물표가 나타났다. 우리는 다시 그쪽으로 선수를 돌렸다.

"뚜. 뚜... 익수자 발견! 단정요원 배치!"

보트를 내리고 익수자 3명을 경비함정으로 옮겼다. 그러나 이미 미동도 하지 않고 체온은 식어있었다. 모든 승조원이 번갈아가며 필사적으로 심폐소생술을 시행했다. 이후 계속된 노력에도 불구하고 우리는 나머지 3명의 실종자를 끝내 찾아내지 못했고 건져낸 3명의 익수자도 살려내지 못했다. 죄 지은 사람처럼 한동안 마음이 무거웠다.

해양경찰이라면 누구나 이러한 상황이 익숙할 것이다.

높은 파도와 비바람 속을 뚫고 조난선을 구조하기 위해 달려가는 동안 극한의 초조함을 느낀다. 극한의 상황 속에서 생명의 가벼움을 느끼고, 돌아올 때에는 내가 다시 살아있음에 안도한다.

해양경찰로서 지금까지 우리가 겪어왔던, 또한 앞으로 겪어야 할 동료들의 노고에 격려와 응원의 박수를 보낸다.

해경 갑옷 속은 상처 투성이

절망스럽도록 무겁고 긴 하루

  2009년 8월이었다. 무더위가 절정에 달하고 사람들은 한해를 기다려 바다로 여행을 떠나는 시기다. 나는 오늘도 소형함정에서 2박3일간의 출동임무를 수행하고 있었다. 이날 정오가 다 될 무렵 신고가 들어왔다.

  '인근 섬에 실종자 발생'

  가족행사로 20여명의 일가친척들이 인근 섬으로 들어와 놀다가 돌아갈 준비하던 중 일곱 살 아이가 없어진 것이다. 가족들이 인근 해안가 주변을 돌며 찾아봤지만 아이를 발견하지 못하고 신고한 것이었다.

  우리는 신고를 접수하고 섬 주변을 수색하기 시작했다. 넓은 해안선에 분포된 방파제 구석구석을 수색하는 작업이었다. 땡볕 아래 두 시간에 걸친 수색작업으로 온 몸이 땀에 절어 지쳐갈 즈음 나는 드디어 아이를 발견했다.

  '아이가 죽었다!'

아이는 해안가에 설치된 삼발이(TTP)에 거꾸로 매달려 있었다.
신고가 접수되기 전 이미 사고가 일어난 것 같았다.

'아이를 구하지 못했다.'

한순간 다리가 풀리면서 회의가 몰려왔다. 조금만 더 일찍 찾았더라면…
무거운 가슴을 이끌고 함정임무를 계속 수행하던 14시경 다시 사고 신고가 접수되었다. 인근에서 놀던 10대 소녀 두 명이 바다에 빠져 실종된 것이었다.

우리는 3명이 승선하는 단정을 내려 수색에 들어갔다. 가슴은 오전에 있었던 사고 장면을 자꾸만 떠올렸고 머리는 그것을 애써 잊으려 했다. 뜨거운 햇살이 단정을 벌겋게 달구는 듯했다.

한참이 지난 후 누군가 소리쳤다.

"저기 무언가 있습니다!"

드디어 바다에서 어린 자매를 발견했지만 이미 늦었음을 직감했다.
언니는 동생이 호흡할 수 있도록 두 손으로 동생을 떠받치며 가라앉아 있고 동생은 언니의 도움에도 불구하고 머리가 수면에 닿지 않은 상태였다.

이 가슴 아픈 장면을 바라보던 순간 우리 경찰관들 모두는 멈칫 굳어 버렸다. 그리고는 이내 하염없이 눈물이 흘렀다. 이런 느낌은 처음이었다.

발견과 동시에 사건의 내용을 짐작할 수 있었다. 13세인 여동생이 바다에 빠지자 14세 언니가 동생을 구하러 뛰어들었다가 둘 다 사망한 사고였다. 평소 지병이 있는 어머니를 간호하기 위해 여름방학을 이용해 시골집에 왔던 자매의 짧은 삶은 이렇게 끝이 났다.

이날 하루 동안 한 사람도 구조하지 못하고 3구의 시신만 수습했다. 그들이 살아 있었다면 세상은 얼마나 밝고 아름다웠을까.

절망스럽도록 무겁고 긴 하루가 그렇게 지나갔다.

방법이 생각났다

'해양경찰'이라는 갑옷을 벗고, 나약한 개인의 공간으로 돌아오자 무겁게 아파오는 마음의 상처가 느껴졌다. 그렇게 나는 한동안 그 상처에서 헤어나지 못하고 있었다.

우리 주변은 온통 상처투성이다.
눈에 보이지 않아 치료도 건성이고
누가 환자인지 보아서는 알 길이 없다.
아픈 사람들은 본의 아니게 서로를 힘들게 하기도 한다.

그러나 방법이 있다.

우리 모두가 '아픈 가족을 돌보는 마음으로' 동료를 대하는 것이다.
그리고는 '가족의 마음으로' 오랜 시간을 기다리는 것이다.
그러면 가을햇살처럼 서서히 주변의 모든 것들이 좋아질 것이다.

따뜻한 리더십과 동료들의 배려

실종자 수색

2012년 8월. 모처럼 경비함정이 휴무를 받던 날이었다. 오랜만에 가족들과 함께 바닷가로 가서 해수욕을 즐기고 있을 때 방수팩 속에 있는 핸드폰이 울렸다. 함정에서 걸려오는 전화였다.

"비상!"

옷도 갈아입지 못한 그대로 수영복에 상의를 대충 걸쳤다. 가족들을 뒤로한 채 급히 경비함정이 있는 전용부두로 향했다. 실종자 발생 상황이었다. 아버지와 아들이 함께 승선한 낚시어선이 신진도에 입항하던 도중에 아들이 보이지 않아 신고한 내용이었다.

함장님은 부장이 승선하지 못한 채 우리 함을 출항시켜야 했다. 그로인해 항해팀장이던 내가 부장의 임무까지 맡아야 했고 조타기를 잡아야 했던 것이다. 우리는 전속으로 이동해 사고 해역에서 실종자를 수색하기 시작했다. 하지만 아무리 돌아봐도 보이지 않았다. 해가 지고 시간은 어느덧 자정을 향하고 있었지만 짙은 어둠이 드리워진 밤바다는 수색이 여의치 않았다. 직원

모두가 지친 눈으로 바다를 보며 실종자가 발견되기만을 바라고 있었다.

새벽이 되어 2교대로 전환하고 직원들은 2시간 정도씩의 휴식을 취할 수 있었지만 피로가 가중되니 모두가 몸도 마음도 함께 지쳐 감을 느꼈다. 나는 그런 직원들과 의경들을 격려하면서 재차 수색에 만전을 기하려 애쓰는 수밖에 없었다. 먼동이 트기 전 해상은 해무로 인해 희뿌옇게 변해갔다. 수색 해역은 연안구역이라 암초와 어망들이 산재해 있어 어둠속에서의 수색에는 많은 어려움이 있었다. 그런 해역에서 밤새 수색을 하고 아침을 맞이할 때면 몸은 천근만근이 된다.

동이 트자 고속단정을 하강하여 연안해역 수색을 지시했다.
그때였다. 갑자기 '찌잉~~'하는 쇠에 긁히는 소리와 함께 뭔가 '덜컥'하며 내려앉는 느낌.

'아차 큰일 났구나!'

선저에 무엇인가 부딪힌 것이다. 엔진을 정지시키고 기관장과 나는 재빠르게 기관실로 내려가 파공부위를 찾기 시작했다. 기관실을 지나 갑판창고로 이동했을 때 해수가 급격하게 유입되고 있는 것을 발견했다. 해수는 금새 발목까지 차올랐다. 머릿속이 하얗게 되었다. 너무 큰 사고다 보니 조타기를 잡았던 나는 어떻게 해야 할지 몰랐다. 함장님의 눈만 쳐다볼 뿐이었다.

"일단 전용부두로 들어가자"

함장님은 어느 때보다 침착했다. 나는 '입항중에 방수작업이 완료되지 않으면 배를 어디에 좌주시켜야 할까'를 생각하고 해도를 봐야 했다. 머릿속이 복잡해졌다. 다행히 대원들의 방수작업이 침몰을 막은 채 전용부두로 입항할 수 있었다. 해양경찰서 전용부두에 있는 모든 세력들이 우리 함정으로 와

서 방수작업을 도왔다. 다행히 선저에 해중시멘트를 봉합하면서 해수유입을 막았고 응급조치는 끝이 났다.

"네 잘못이 아니다."

그러나 함정 방수는 완료되었지만 실종자 수색에는 실패했다. 실종자 가족들에게 미안한 생각이 들었다.

'내가 좀 더 신경 쓰고 항해했더라면 이런 일이 생기지 않았을 텐데'

스스로를 자책하기 시작했다. 응급 수리차 평택 해군 2함대로 이동하여 상가수리를 하는 기간 내내 자책감과 미안한 마음이 나를 힘들게 했다.

'내 실수로 경비함정이 수색에 실패했고, 이를 수리하느라 모두가 불편해졌다.'

수리가 끝나고 경비에 복귀한 뒤에도 나는 내내 없는 사람처럼 조용히 지냈다. 죄책감이 줄곧 나를 따라다니며 괴롭게 했다. 그런 어느 날 함장님이 조용히 부르셨다.

"힘내라~ 괜찮다! 네 잘못이 아니다."
"모든 책임은 조타실에서 지휘했던 함장의 탓이다. 내가 책임을 지겠다. 너희들에게 피해가 가지 않을 것이다."

만감이 교차했다. 눈물이 났다.
함장님과 직원들의 계속된 격려로 차츰 내 안에 있던 자책감을 씻어낼 수 있었다. 그때 함장님과 직원들의 격려가 없었더라면 지금의 나는 없었을 것이다.

두려운 마음에 어쩌면 두 번 다시 조타기를 잡을 수 없었을 나를 기나긴 자책의 터널에서 구해 주었던 것은 함장님의 따뜻한 리더십과 동료들의 배려였다. 이들이 곁에 있는 한 나는 어떤 폭풍우 속에서도 끝까지 조타기를 잡고 임무를 완수해 낼 것이다.🛟

 상가 수리 (上架 修理)

한글 표기로는 물건을 판매하는 상가(商家)로 여겨지는 해양 전문용어. 상가(上架)란 '배를 수면 밖 거치대(架: 시렁 가)로 들어 올린다(Lifting)는 의미'다. 옛날에는 배를 육상으로 끌어 올려 수리를 했지만 현대에 와서는 바다에 떠 있는 플로팅(Floating · 부유浮遊) 도크에서도 상가 수리를 하게 되어 상가를 반드시 육상에서만으로 한정하지 않는다. (편저자 주)

제6장

그래도 뜨겁게 사랑하는 바다

편저자의 글

내가 만나 본 해양 경찰

약 8,800 여명의 해양경찰들은 출신지가 각양각색이다. 한국 해양대학교, 목포 해양대학교를 나와 외항선 항해사를 거쳐 해경에 입직한 경우, 육군이나 해군과 공군에서 입직한 경우, 해군 UDT, SSU 또는 해병대에서 입직한 경우, 일반 산업잠수사로 활동하다 입직한 경우, 중국어 특기생으로 입직한 경우, 일반 채용시험을 거쳐 입직한 경우, 7급 이상 고시출신으로 해양경찰에 입직한 경우...등등

출신들이 다양한 만큼 입직 당시의 해경 소속도 변화무쌍하다. 해양경찰의 아버지가 이승만 대통령인데 반해, 어머니가 되는 해양경찰의 소속처는 지난 60년 동안 내무부, 해무청, 내무부, 경찰청, 해수부, 국토부, 해수부, 국민안전처, 다시 해수부로...무려 9번이나 바뀌어 왔다. 정권과 정책이 바뀔 때마다 인사권자가 달라지니 스타급인 경무관 이상은 어느 줄에 서야 할지 고민이 많다. 그만큼 소신과 철학을 가지고 해경을 이끌어가려는 지휘관들이 부족할 수밖에 없는 것이다. 지난 60년 동안 49명의 해양경찰청장들이 배출됐지만 정작 해양경찰로 입직해 해양경찰청장이 된 경우는 단 두 명뿐이다. 나머지는 경찰 고위직 인사가 어느 날 해양경찰청장이 되거나 고시 출신이 청장이 되거나 하는 식이었다. 물론 이들 대다수가 선상 근무 경험이 全無하다. 그러니까 해경청장들 가운데 바다를 아는 사람이 드물다는 이야기다. 이

들은 짧게는 1년에서 길게는 2년가량 근무하다 떠나곤 했다. 이들 대다수는 해양경찰청장이 되고나서야 비로소 바다와 해양경찰을 '공부'한다. 육지에서 잔뼈가 굵은 유능한 경찰관도 해경청장이 되고 나서야 비로소 해양경찰에 대해 새로운 것들을 접하게 된다. 육지의 논리와 개념이 해양에서는 어긋나고 생경한 것들로 바뀌는 것이다. 그리고 어느 정도 알만 할 무렵이면 떠나야 한다.

해양수산부 같은 정책 입안부서와 달리 군과 경찰처럼 해양경찰은 정책 집행부서이다. 그래서 현장도 잘 알고 부하들을 제대로 이끌 리더십을 갖춘 사람들이 수장이 되어야 한다. 그러나 우리나라는 어느 시절부터 집행부서의 수장자리를 정권의 입맛에 맞는 사람들에게 나눠주는 것이 관행으로 자리 잡았다. 권력을 잡은 정치인들이야 선심 인사를 하는 것이겠지만 정작 잘 모르는 부처의 수장으로 내려앉는 당사자의 심적 고충은 어디 하소연할 데도 없다.

육지 면적의 4배반이나 되는 광대한 해역을 커버할 함정은 모두 330척. 아스팔트가 아닌 수시로 변하는 해상이 함정들의 근무처이다. 주요 임무만 해도 경비 · 수색구조 · 안전관리 · 수사 · 정보 · 보안 · 외사 · 오염방

편저자의 글

제 등 분야가 다양할 뿐 아니라 매우 특수하고 전문적이다. 게다가 육·해·공군에 이어 제4군의 역할로서 동해와 서해의 NLL을 지켜야 하니 이 또한 쉬운 일이 아니다. 배 한번 타 본적도 없는 분들이 해경청장으로 근무해야 하는 것은 고통에 다름 아닐 것이다. 필자는 이 모든 일들이 바다를 모르는 사람들에 의해 결정되었기 때문이라고 생각한다.

필자가 만나 본 순수 해경들은 자신들이 훗날 해양경찰의 수장이 되어 자신의 잔뼈가 굵어진 해양경찰의 발전을 위해 무슨 정책을 펼쳐 보겠노라는 '꿈' 같은 것은 전혀 없었다. 처음엔 의아했으나 나중엔 십분 이해했다. 필자가 이해하는 데 걸리는 시간 이상으로 해경 상층부의 요인들도 그러할 것이다.

이 부분에서 조금은 먹먹해 지는 데, 해양경찰의 중하층을 메우고 있는 '진짜 해경들'에게는 국민의 한 사람으로서 미안해지는 것이다. 그 '진짜 해경들'은 임무를 받으면 '진짜' 열심히 달려가고, 헤엄치고, 잠수해서 국민의 생명과 재산을 지켜내고 있는 데, 육지의 배운 바 많은 분들에 의해 오늘도 건국 대통령처럼 온갖 수모와 홀대를 받고 있는 중이다. 선진국에서는 소방관과 구조대원들이 영웅인데 우리는 연봉으로 갸름하며 비하의 대상이 되고 있는 것은 누구의 책임일까.

 세월호 취재 중에 해경의 함정에서 여러 날을 보낸 적이 있었다. 함상에서 일주일 가까이 지내던 중 문득 이상한 느낌이 들었다. 사건도 사건이지만 워낙 여론몰이를 당해서 그런 줄 알았는데 알고 보니 그런 침울한 분위기는 그 전부터도 있었다. 무슨 이야기인가 하면, 60년이나 된 제복 입은 집단인데도 불구하고 사기 진작을 위한 해경을 위한 노래 하나 없는 것이다. 중국어선 단속 중에 동료가 세상을 떠나도 그저 소리없이 울기만 할 뿐이었다. 아마 그래서 세월호의 책임을 독박 쓰듯 뒤집어쓰고 '조직 해체'라는 수모를 겪으면서도 그렇게 속으로만 울고 있었으리라.

 필자는 이 원고를 읽어가면서 비로소 해경의 신음소리를 들을 수 있었다. 땀과 눈물로 범벅된, 그러나 맑은 슬픔의 정수(精髓)가 내 가슴을 관통하고 있었다. 그리고 그 끝은 언제나 삶을 긍정하는 미소로 마감되고 있었다. 천상 이들은 마음 넓은 바닷사람들인 것이다.

 이 책을 통해 해경들이 자신들을 위한 노랫말들을 건져 올려서 대대로 구전되는 노래들이 함상에서 울려 퍼지기를 기대해 본다. (편저자)

"왜 해경에 지원했습니까?"

찰나에 갈린 생사의 길

2011년 2월 23일. 인사발령 후 일주일이 지났다. 항공대로 전입 온 직원들은 예전에도 함께 근무했던 터라 친분이 있었다. 올해도 제주 항공대는 손발이 척척 맞는 베테랑들로 팀이 구성되었다. 이날 항공대 직원들과 저녁식사를 마치고 그동안 못 다한 이야기를 나누는 순간은 모두 어린아이가 된 것처럼 즐거운 시간이었다.

그 때 갑자기 항공대로 출동지시가 떨어졌다. 1502함에서 환자가 발생한 것이다.

동료들과 함께 헬기에 탑승했을 때 동료들이 나를 말렸다.

"너는 오늘 근무도 아니잖아."
"복귀 준비할 인원도 필요하니까 너는 내려."

나는 헬기에서 내려 사무실로 복귀했다. 환자를 긴급후송하기 위해 19시 30분경 516호(AW-139) 헬기가 제주공항을 이륙했다. 조종사 1명과 AIS 모

니터로 상황을 지켜보았다. 잠시 후 헬기가 1502함에서 환자를 싣고 떠났다는 연락을 받았다.

그러나 이후 상황이 바뀌었다. 헬기와 도무지 연락이 되질 않는 것이다. 헬기의 위치가 확인 되지 않았고 교신을 시도했지만 응답이 없었다. 공군 방공관제소와 제주공항 관제탑에 위치확인을 요청했지만 역시 확인되지 않았다.

이날 사고는 20시 20분경에 발생했다. 공중 호이스트를 이용해 1502함에서 환자를 후송 하던 516호 헬기가 해상으로 추락한 것이다. 이어서 항공대전 직원을 비상소집하고 공군에 수색협조, 우리 카모프(505호) 헬기가 수색에 투입 되었지만 아무것도 찾지 못했다.
그렇게 절망의 밤이 지나고 아침이 밝았다.

다음날 헬기 동체와 사체 1구가 발견되었다. 헬기가 추락한 것을 눈으로 확인한 순간 온몸에 전율이 일었다. 잘 다녀오겠다던 그 얼굴... 내 동료다.

이 허망한 느낌은 무엇인가.

이 날 대한민국은 해양경찰 5명을 잃었다.
이 후 내게 극심한 혼란이 찾아왔다.

내가 지금 살아있는 건 우연일까.
용감한 척 잊고 지내던 것들이 귓가에 맴돌기 시작했다.

'헬기가 추락한다! 헬기가 추락한다!'

내 주위에 온통 위험이 도사리고 있다.
사고 이후 잠을 잘 수 없었다.

정확히 말하면 1시간 이상 잠들 수가 없었다.

항상 마지막일 것 같은 출근길

악몽에 눈을 뜨면 새근새근 잠자는 아이들의 숨소리를 듣는다. 아이의 손을 잡고 중얼중얼 기도를 하는 버릇도 생겼다. 종교가 없는 나는 누구에게 기도하는지 조차 모른다.

출근길엔 네 살, 한 살 아이들에게 "엄마 말씀 잘듣고..." 하며 집을 나서는 걸음은 꼭 마지막일 것만 같다. 그렇게 시간이 흘렀다.

그 후 4년이 지났다. 오늘도 나는 역시 같은 일을 하고 있다.
비행에 나설 때면 어김없이 아내에게 전화를 한다.

"잘 다녀올게.."

사고 이후 많은 생각을 했다.

'헬기에 오르는 임무가 겁나고 떨리는데 나는 왜 계속 이 일을 하고 있지?'

십년 전 기억이 떠올랐다. 해양경찰 채용시험에서 면접관이 물었었다.

"왜 해양경찰에 지원했습니까?"
"보람 있는 직업이기 때문입니다. 해양경찰은 남을 돕는 일이지 않습니까?, 그래서 지원했습니다."

그래. 지금도 그때와 같다. 아직도 나는 내 일을 좋아하고 자랑스럽게 생각

한다. 그래서 오늘도 이일을 계속하는 게 아닌가.

　용기를 내어 본다.
　이제는 나 자신도, 동료도 잃지 않을 것이다.
　나도 우리 조직도 이제 어두운 과거를 훌훌 털고 일어나야 하지 않겠는가. 🛟

양치기 소년같은 파도 속 진실 찾기

정말 장난전화 일까?

상황실장 근무를 시작한지 얼마 되지 않았을 때였다.

2012년 9월 부산에서 불꽃축제를 준비하면서 우리서 경비함정 대부분이 지원 업무를 나가고, 당시 대형 함정과 3구역(현재 창원관내) 출동함정만이 있을 때, 울산상황실로부터 가덕도 갯바위에서 해상 고립 낚시객이 있다는 신고를 받았다.

당시 "122" 신고전화는 발신지 관할서로 접수되게 되어있었고, 장난·오인 신고전화가 80% 이상일 때라 신고접수자의 스트레스도 보통이 아니었다.

가덕도에서의 신고가 울산 122로 접수된 것도 이상하고, 접수받은 번호로 전화를 해도 받지를 않아, 담당자가 장난 전화 같다며 단순 오인신고로 처리하려했다.

상황실장인 나도 그러려니 하고 넘어 가려했는데 왠지 느낌이 이상했다. 신고인에게 전화해보니 신호음 유지되는 시간이, 안 받는 것도 전원을 끈 것

도 아니고, 신호를 못 찾는 것으로 나왔다.

혹시나 싶어 울산해경서로부터 접수 되었을 때의 신고 음성파일을 받아 들어보니, 어린 아이도 아니고, 목소리 톤이 긴박한 것이 장난 전화는 더욱 아닌 것 같아, 추정되는 곳 주변 해상과 육상을 수색하기 시작했다.

그리고 출항 가능한 낚시어선 선장들에게도 미 입항자가 있는지 수차례 확인 하였지만 파출장소로부터 미 입항자가 없다는 통보를 받았다.

의심가는 파출장소는 몇 번 확인하였지만 미입항 낚시객이 없다는 보고였다. 해상기상이 나빠 함정에서도 *"오인 장난 전화다"*, 파출장소에서도 *"그런 일이 없다"*고 해 상황종료로 흘러가고 있었다.

'내 고집으로 여러 사람이 힘들어 하는 것은 아닌가?', 내 스스로 *'이건 자주 왔던 장난 전화일 거야'*라고 생각하면서도 생각하며 스스로 많은 갈등이 있었다. 상황을 종료하기 전 마지막으로 119에 유사 신고 전화가 없었는지 확인하기로 하였다.

119에 확인해 보니 119에서 최초 접수 받았으며, *'해경으로 신고하라'*고 안내 후 전화를 끊었다고 했다. 그래서 당시 전화내용을 파일로 받아서 내용을 확인해 보니, 신고할 때 희미하게 선박이름이 나오는 것을 확인하고 그 배를 확인해 보았다.

산더미 같은 거짓 속의 진실 찾기

확인 결과, 그 배에서 미신고 승객을 태워주고, 날씨가 나빠 태우러 가려 했는데, 해경에서 수색을 하니, 출항을 미신고 한 것과 낚시 금지 구역에 승객을 내려준 것이 탄로 날까 싶어서, 묵인하고 있었던 것이었다.

이러한 경위를 거쳐 다행히 낚시객은 구조 되었지만, 그 과정에서 정말 속이 많이 타 들어갔다.

만일 이 신고전화를 늘 걸려오는 장난 전화라고 치부하고, 별일 아닐거라 생각하며 내 자신과 타협을 했다면, 2명의 인명사고가 생겼을 것이다.

모든 상황이 좋게 끝나 행복했고, 나 스스로도 안도의 한숨을 쉬었다.

장난전화라고 말한 우리 직원이 밉지도 않았다. 하루 수 백 통의 전화를 받으며 겪는 그 스트레스가 이해가 갔고, 이러한 경우가 있으니 내 역할을 잘 해야겠다는 생각이 들었다.

지난해 세월호가 침몰하는 대형사고를 통해 상황대응에 많은 변화가 있었고, 우리 모두가 체감하고 있을 것이다. 미국 911에서는 아이의 장난전화라 할지라도 현장을 방문해서 그것이 장난 전화라는 것까지 확인을 해야 상황이 종료된다고 한다.

우리나라 치안환경이 그렇게까지 할 수 없는 것이 현실이나, 이제는 국민의 입장에서 바라보고, 우리 스스로가 힘들다고 자기위안만 할 것이 아니라, 국민들의 입장에서 '해경에게 일이 많다, 힘들겠다.'라는 올바른 평가를 받아야 하지 않을까? 라는 생각이 든다.

80%넘는 장난, 허위 신고전화에 일일이 확인해야 하는 해경 상황실은 오늘도 '혹시'하는 마음으로 접수된 신고전화의 진위를 구분하려 애를 쓴다. 그 때 속앓이 하는 처지는 양치기 소년에게 몇 번이나 속으면서 늑대를 쫓으러 출동하던 마을 사람들과 비슷하지 않았을까.

이 동화의 주인공은 거짓 신고하는 양치기 소년이지만, 그 거짓말에 속으면

서도 출동한 마을 주민들이 진짜 주인공이 아닐까 생각해 본다. 양치기 소년의 우화는 비극으로 끝나지만, 비극을 피하기 위해서는 어리석을 만큼 우직하게 신고가 오는 대로 출동하는 마을 주민같은 해경이 있어야 하는 것이다.

장난 신고나 오인 신고에 대한 처벌 수위가 달라지고 그런 거짓에 대응하는 우리 사회의 태도가 선진국 수준으로 높아지기 전까지는 아무래도 우리가 어리석을 만큼 우직하게 근무할 수밖에 없다고 생각한다.

신고전화의 80% 이상이 양치기 소년들이라 할지라도 그 속에 진짜 신고전화가 20%는 되니까 우리는 끝끝내 어리석은 마을 주민들처럼 출동해야만 하는 것이다. 그래야 사고를 막을 수 있으니 말이다.

그것이 이 나라에서 해경으로 살아가는 법이니 말이다.

가슴 뿌듯한 보람 - 내 인생의 선외기

신고한 남편은 고주망태가 되어 수색 거부

지금으로부터 약 13년 전인 2002년 경 완도해양경찰서 회진센터에서 있었던 일이다. 그 때는 안전센터 근무가 지금과는 완전히 다른 근무체제였다. 경찰서 사무실 근무처럼 일과시간에 총원이 근무하고 야간에는 2명이 당직근무를 서는 근무형태였다. 지난 1년 동안 목포서 경비함정에 근무하면서 파도와 싸우며 중국어선을 나포해 오다가 육지근무를 하니 낙원에 온 듯 했다.

그러던 어느 날 이었다. 당직 근무를 서던 저녁 11시쯤 전화 한 통을 받았는데, 신고자의 아내가 낮에 조그마한 선외기(船外機)를 타고 나갔는데 아직까지 집으로 돌아오지 않았다는 거다. 선외기란 outboard motor라고 하는데 모터를 선체 외부에 부착한 동력선으로 일종의 모터보트를 말한다.

그때는 지금처럼 아무나 순찰정을 몰던 시대가 아니었다. 순찰정도 정장과 기관장이 따로 있어서 그 사람들만 운전을 했다. 제가 근무하던 센터에 정장은 없었지만 다행이 기관장이 당직이어서 순찰정은 전경 2명과 함께 야간출항을 했고, 나는 센터내에서 대기를 했다. 순찰정이 가볼 만한 곳을 포함해 약 1시간 남짓 수색을 했었지만 별 성과 없이 센터로 복귀했다.

신고자에게 다시 전화를 해보니, 거기도 아직까지 소식이 없다면서 내일 날이 밝으면 자기가 다시 나가본다고 하고는 전화를 끊었다.

나도 그러려니 하고 센터 내에서 대기를 하다 곰곰이 생각해 보니 만약 사고라면 이 추운날씨에 바다에서는 저체온증과 싸우며 오돌 오돌 떨고 있을 모습이 상상되었다. 체온보다 4도 정도만 떨어져도 사람은 의식이 희미해지고 목숨은 경각에 달린다. 안되겠다는 생각에 전경 1명을 대동한 채 순찰차를 몰고 신고인 집으로 찾아갔다.

그런데 신고인(남편)은 술이 고주망태가 되어 수색해 보자는 우리에게 도리어 화를 냈고 이 상태로는 도움이 되지 않아 동네 어촌계장 집을 찾아가기로 했다. 찾아가는 동안 일부러 순찰차의 경광등과 싸이렌을 크게 켜고 잠에 빠진 온 동네를 헤집고 다니기 시작했다. 그러니 동네 사람들이 하나 둘 눈 비비며 밖으로 나와서 우리에게 무슨 일이냐고 묻기 시작했다.

사정 이야기를 하니 그 말을 들은 어느 어르신 한 분이 *"약간 모자라는 청년과 아주머니가 같이 배타고 나가는 걸 봤다"*고 목격담을 말해주는 순간 사고라는 '의구심'이 '확신'으로 전환되었다.

순찰차 주변으로 모여든 동네 사람들은 하나같이 이 사건을 인지하고 걱정하기 시작했다. 몇 몇 분을 설득해 야밤에 선외기 4척 정도를 동원해 출항했다. 인근 해역은 양식장 그물들이 촘촘해서 그 사이로 배를 몰아야 하는 곳이다. 칠흑같은 밤이니 속력을 제대로 낼 수 없고 랜턴으로 수면을 비추면서 운항해야 했다. 그런데 양식장 끝까지 몇 번을 갔다 와도 배도 사람도 보이지 않아 마지막으로 한번만 더 다녀오자고 통 사정하여 동의를 구하고, 이번에는 다른 길로 가보자고 했다.

그러자 어떤 분이 "골목길도 아니고 4~5마일 트인 곳인데 굳이 그럴 필요 없다"고 하셔서 의견 충돌이 빚어졌고 결국엔 각자 예상되는 길을 찾아 떠났다.

엔진소리에 묻힌 "살려주세요"

약 20분쯤 갔을까 양식장 그물이 가로막은 막다른 길이라 배를 돌리려는 순간 희미하게 *"살려 주세요"* 라는 음성을 듣게 되었다.

엔진을 멈추고 다시 한 번 귀 기울여 봤는데 바람소리에 분명 "살려 주세요"라는 음성이 들려오고 있었다. 먹물같은 밤바다에서는 그 소리가 어디서 나는지 알 수가 없었다. 일단은 핸드폰으로 수색을 위해 흩어져 찾던 사람들을 제 주위로 오라고 불렀다.

배가 집결하기를 기다리고 있는데 핸드폰 벨이 울려 받아보니 이쪽으로 오던 한 분이 오는 길에 실종자를 발견해 배와 함께 항포구로 예인하고 있다는 소식이었다. 그 즉시 배를 돌려 항포구로 돌아왔고 그곳에서는 119 대원들이 그 분들을 맞이하고 있었다.

새벽항구에서 그분들을 보니 얼굴은 울음으로 범벅이 되어 있었고, 아주머니는 약간 모자란 총각과 함께 극심한 공포감에 시달렸다고 했다.

사건 개요는 아래와 같다.

그 아주머니는 오후 3시경에 한 시간 남짓 본인의 양식장을 둘러볼 요량으로 동네에서 약간 모자란 총각을 태운 채 선외기를 타고 바다로 나갔다고 한다. 일을 마치고 해질 무렵 들어오던 중 기름이 떨어져 비상용 기름을 보충하려 보니 누군가가 기름을 빼고 물로 채워둬 그 때문에 배가 하염없이 물살에 떠밀려가 막막하게 구조되기만을 기다렸다고 한다.

새벽 무렵에 구조 선박들이 자기네들 바로 앞을 지나가는데 큰 엔진소리에 구조 외침이 묻혀 아무리 큰소리로 목이 터져라 외쳐대도 아무도 듣지 못하고 그냥 지나쳤다고 한다. 만일 나 또한 막다른 양식장으로 엔진속력을 줄이지 않았더라면 구조의 외침을 듣지 못했을 것이다.

추위에 급격한 체온저하로 목소리도 쉬어 죽음 문턱 앞에 갔다 온 그분들은 날이 밝자 해경 덕분에 두 번 태어나게 됐다며 생일상이라고 우리에게 점심을 직접 지어 센터로 가져왔다.

해경생활을 하면서 그렇게 가슴 뿌듯했던 적은 없었다.

생각을 바꾸면 행동이 바뀌고, 행동이 바뀌면 미래가 바뀐다

『현장에 답이 있다』라는 말이 정말 맞는 것 같다. 신고자의 주장과 목격자의 주장 가운데 어떤 것이 맞는지 헷갈릴 때는 '만약 실종자가 내 가족이라면' 하고 생각하면 답이 나올 것이다.

흔히들 사람들은 보고 싶은 것만 보고, 믿고 싶은 것만 믿는다고 한다. 하지만 제복을 입고 타인의 생명과 안전을 지켜주기 위해 근무하는 이상 내가 보고 싶은 것만 보고 믿고 싶은 것만 믿는 삶은 아니라 생각된다.

과거 부평 경찰종합학교 신임교육 시절 정문에 크나큰 문구가 아직도 생생하다.

"생각을 바꾸면 행동이 바뀌고, 행동이 바뀌면 미래가 바뀐다."

그 날의 가슴 뿌듯했던 보람이 내 삶의 선외기가 되어 오늘도 힘차게 인생의 바다를 해쳐가게 되었다.

어려운 일과 쉬운 일은 없다

잘 해야 본전인 통신직별

한 달 모자라는 26년.

돌아보면 무척이나 기나긴 세월이다. 통신직별로 들어와 유난히 잦은 발령으로 가족들에게 미안한 가장이었다.

늦은 나이에 들어와 해양경찰의 역사와 함께 많은 시련을 겪었지만 그럭저럭 잘 견디었고 내년이면 정년을 맞이하는 감회가 남다르다.

현재는 해양안전 통신국으로 불리는 수신소에 배치된 것은 2009년이었다. 모르는 직원들은 수신소에서 근무한다고 하면, 하는 일 없이 앉아서 놀고 근무하기 편한 장소로 생각하고 있지만 그것은 잘못된 생각이다. 실제 수신소는 각종 통신에 의한 잡음과의 싸움터이며, 철저하게 일상을 관리해야하는 스스로와의 힘겨운 전쟁터이다.

수신소에 근무하는 동안 수십 건의 조난통신을 처리해 왔지만 칭찬은커녕 잘해야 본전이고 실수하면 온갖 꾸지람을 들어야만 했다. 그런 것에 좌절하

지 않고 성실하게 임무를 수행하는 것은 어렵지만 중요한 일상이었다.

2013년 7월10일 새벽 5시가 넘은 시각, 경보신호와 함께 DSC(Distress Collision: 충돌조난) 신호가 수신되면서 조난선박의 위치와 ID가 프린터 되어 나왔다.

위치는 울산 근해였다. 즉시 지방청 상황실에 조난선박의 위치와 ID를 보고했다. 확인결과 기장 대변항 동방 7.5마일 해상에서 파나믹스블레싱호(키프러스 선적/ 38000톤)와 하모니라이즈호(파나마 선적 1900톤급)가 충돌 후 하모니라이즈호가 침몰하면서 울린 경보였으며 승선원 12명은 구명보트를 타고 표류하다 출동한 해양경찰 경비정에 의해 구조되었다.

그동안 수신소에서 근무하면서 각종 잡음 속에서 조난 및 긴급통신을 가려서 찾아내고, 국민의 생명과 재산을 보호하는데 집중했던 노력을 보상받는 순간이었다. (그러나 대다수 DSC 조난 신호는 선박에서 장비 오작동과 승조원의 점검 중 실수 등에 의해 발생하는 경우가 많아 경각심이 약해질 수 있는 점을 후배들은 주의해야 한다.)

귀한 표창

그동안 음지에서 묵묵히 업무에만 전념했지만 표창이나 근무평정에서 소외되는 느낌은 어쩔 수 없었다. 그러나 사건 며칠 후 나는 처음으로 칭찬과 더불어 해양경찰청장 표창을 받았다.

'나에게도 이런 기회가 주어지다니...'

값지고 흐뭇했다.
통신직별에 근무하면서 '해양경찰청장 표창' 받는 경우는 매우 드물어 더

값지게 느껴졌다.

　나는 사실 경사와 경위로 근속승진하면서 표창을 채워본 적이 없었다. 그런데 지금 경위가 되자마자 청장 표창을 받게되어 영광이었고 자랑스러운 일이었다. 지금도 업무포탈의 인사정보에서 표창 - '울산서 충돌 선박조난통신 청취'라는 공적을 볼 때 무척이나 뿌듯한 보람을 느낀다.

　'내가 이 위치에서 할 수 있는 막중한 일을 잘 해내고 있구나.'

　그동안 힘들었지만 해양경찰 공무원임을 자랑스럽게 생각하고, 이제 얼마 남지 않은 근무기간 중 항상 주어진 임무에 최선을 다할 것을 다짐해본다.

　우리는 모두 같은 임무를 수행한다.
　해양경찰로서
　'국민의 생명과 재산을 지키고 공익을 위해 일하는 것'
　나와 남의 임무를 함부로 비교하고
　어떤 일이 쉽다고 비교해 말하는 것은 성숙하지 않다.
　어려운 일과 쉬운 일은 없다.

　필요 없는 임무를 맡은 사람도 없다.
　각자 서로의 임무를 존중하고 응원할 때
　조직이 성숙해질 것이고
　화합도 소통도 뒤따를 것이다.

　지금도 우리의 편견에 의해 소외된 부서가 있고
　의기소침 스스로와 힘겹게 싸우는 동료가 있을 것이다.

　'타인에 대한 배려'는
　우리들 중 인성과 용기를 갖춘 사람들의 움직임에서 시작될 것이다.

성과지표보다 의미있는 일

해양경찰서가 마지막 희망이던 남자

2010년 뜨거운 여름날이었다. 에너지 절약으로 여느 파출소처럼 에어컨도 켜지 않은 채 후끈한 저녁을 맞이하고 있었다. 그 무렵 우리의 모든 업무는 BSC(Balanced Score Card · 균형성과평가기록표) 중심으로 이루어져 있었고 평가항목이 아니면 마치 우리 일이 아닌 것처럼 간주됐다. 하여간 모든 업무의 초점은 BSC였다.

파출소는 해수욕장 인근에 위치한 탓에 야간이 되면 주취자, 폭행 등 온갖 신고가 끊이지 않았다. 해수욕장 안전관리와 파출소 기본근무를 병행하며 여름철 2교대 근무를 하는 우리를 보고 다른 기관 공무원들은 '철인'이라고 불렀다.

그 날 오후 소내 근무를 하고 있는데 남루한 행색에다 술냄새 풍기는 한 남자가 파출소로 들어왔다.

"나, 물 한 잔 주시오."

그는 내가 건넨 물 컵을 받아 시원하게 들이켰다. 빈 컵을 쥔 손으로 입가를 훔치더니 그때부터 자신이 살아온 인생 이야기를 풀어내기 시작했다. 여느 주취자와 비슷한 모습이었다. '이야기를 들어주고 귀가시키면 되겠지'라고 생각하며 앉아 있는데 주제가 약간 달라지더니 색다른 하소연을 시작했다.

"내가 많이 아픈데 병원에서도 받아주지 않고, 119로 전화해도 받아주지 않고, 경찰도 받아주지 않아요...."

여기까지는 그런가보다 하고 흘려듣고 있었다. 그런데 -,

"내 마지막으로 해양경찰을 찾아왔으니 나 좀 살려주시오."

'해양경찰이 마지막이다!'

머릿속에 어떤 울림이 일었다. 그 사람을 다시 살펴보았다. 그는 단순 주취자가 아닌 듯 했다. 우리 가족 중 한 명이 여러 관공서에 도움을 청했는데 모두 거절당했다면 얼마나 참담할까? 나는 그의 두 손을 잡으며 말했다.

"선생님. 어떻게 도와드리면 좋겠습니까?"

이야기를 들어보니 그는 뇌전증(간질)을 앓고 있었다. 그러나 가족이 없어 응급상황에 처해도 도와줄 사람이 없고 병원에 다닐 경제력 또한 없어서 치료가 불가능한 상태였다.

"선생님. 여기서 잠시만 기다려 보십시오."

병원과 관공서에 차례로 전화를 걸었다. 이런 민원인이 있는데 어떻게 하면 도울 수 있겠냐고 문의하기 시작했다. 다행히 얼마 후 부산의료원에서

이런 사람들을 도와준다는 사실을 알아냈다.

그때 마침 그 남자가 바닥에 쓰러지더니 간질 증세를 보이기 시작했다. 얼굴이 창백해지며 경련과 함께 입에 거품을 피워내고 있었다. 나는 기도가 막히지 않게 조치를 취하고 119에 도움을 요청했다. 곧이어 구급차가 도착했고 부산의료원으로 후송하도록 요청했다.

해양경찰의 진정성

후송되던 순간 의식을 찾은 그와 눈이 마주쳤다. 들것에 누워 바라보던 눈에는 눈물이 흐르고 있었다. 그 눈물이 발작 때문인지, 고마움을 표현한 것인지 알 수 없었다.

그가 떠난 뒤 많은 생각을 했다.
우리가 진정 해야 하는 일이 이런 게 아닐까.

단순하면서 명료하다
도움이 필요한 사람에게 도움을 주는 일.
우리는 꼭 필요한 일을 하고
국민은 해양경찰이 꼭 필요하다고 생각하는 것.

이날 나의 노고는 사소한 것이었다. 게다가 BSC 평가항목에도 없어 조직 안에서는 누구에게도 칭찬받을 수 없는 노력이었다.

그러나 성과지표에 없는 일, 언론에 나지 않은 일, 상부에 보고되지 않은 일이라고 해서 과연 의미 없는 일일까. 그것이 국민 만족과 연관되어 있음에도 정말 의미가 없는 것일까.
나는 다르게 생각한다.

내가 한 일은 다른 성과지표에 있는 것만큼 의미 있는 일이었다.
언론과 대중을 향해 우리를 알리려는 일방적인 외침보다 중요한 것은
한 사람의 국민을 직접 돌보고 고마운 마음을 심어주는 진정성이 아닐까.

그 시절엔 그런 생각을 했다.

'눈에 보이는 몇 개의 지표만 우리가 매달린다면
눈에 잘 보이지 않는 해양경찰의 진정성은 메말라버릴 수도 있겠구나.'

해양 경찰의 서글픈 숙명

타살로 믿고 싶은 피해자 가족

2013년 홍보실에 근무하고 있을 때 한 여대생이 비진도에서 사망한 사고가 발생했다. 여대생은 3월 5일 실종 된 후 3월 19일 오후 13:00 경 비진도 선착장 인근 해상에서 변사체로 발견될 때까지 2주간 실종된 상태였다.

해상에서 발견된 여대생 사체는 심하게 부패가 진행되고 있었는데 청바지 차림에 상의는 탈의되어 있는 상태였다. 형사들은 사체 발견 사실을 가족에게 알리고 정성스레 수습절차를 진행했다. 사체가 발견되자 연락을 받은 여대생의 아버지는 비진도에서의 딸이 행적에 의문을 가지고 여러 가지를 조사하기 시작했다.

여대생의 아버지는 딸의 죽음이 타살이라고 주장했다. 딸의 사진이 새겨진 전단지를 들고 사람들에게 그 행적을 물으며 다녔고 어느 민박집에서 여대생이 방을 구경하고 갔다는 사실을 확인했다. 여기에서 의심을 품은 여대생의 아버지는 민박집에 있는 칫솔을 특정해 딸의 것이라고 주장했고 민박집 주인이 소유한 선박에서 발견한 장갑을 딸의 것이라고 주장했다.

여대생에 대한 부검으로 사망원인 수사가 진행되고 있던 와중에 여대생의 아버지는 "민박집 주인이 내 딸을 살해했는데, 경찰이 딸의 죽음을 자살로 몰아가면서 진실을 은폐하고 있다"며 인터넷으로 퍼뜨리고 있었다.

또한 "민박집 주인이 통영서 고위관계자와 친인척 관계에 있어 그 압력으로 경찰이 제대로 수사하지 않고 범인을 방관하고 있다"고 주장했다. 그리고 "자신이 민박집에서 발견한 칫솔을 경찰이 바꿔치기 했으며, 민박집 주인의 선박에서 발견된 장갑 역시 어부들이 사용하는 것이 아니므로 딸의 것이고, 사체의 상의가 벗겨져 있는 것도 누군가에 의해 타살된 증거"라고 주장했다.

여대생의 사인에 대한 조사 중 그 아버지가 제기한 의혹에 대한 추가조사를 한 결과 민박집 주인의 통화기록, 호적, 제적등본 등을 모두 조사해도 민박집 주인은 경찰 고위관계자와 관계가 없었고 민박집에서 발견한 칫솔의 유전자 또한 남자의 것으로 밝혀졌다.

그리고 해상에서 발견된 익사체는 파도에 의해 상의가 모두 벗겨지는 것은 자주 발견되는 자연적인 현상으로 성폭행의 증거가 되기 어렵다는 소견도 나왔다.

분노한 사람과 만나야 하는 숙명

그러자 언론사 기자들이 여대생의 아버지가 인터넷에 제기한 의혹을 가지고 자극적인 기삿감을 낚아 챈 양 의기양양하게 해양경찰서로 몰려왔다. 내가 겪어 본 기자들은 사실과 다른 엉터리 기사를 써 내고도 이후에 생길 일파만파의 영향에 대해서는 책임지지 않는 사람들이었다. 그들은 엉터리 기사로 해양경찰을 못 된 집단으로 만들어 놓고도 사실이 드러났을 때 해양경찰의 실추된 이미지에 대한 그 어떤 책임을 지지도 않았다. 그들이 보도한 기사

가 허위로 밝혀져 소송을 통해 정정보도를 하더라도 이미 고꾸라진 해양경찰의 이미지가 회복된 적은 없었다. 결국 홍보실의 역할은 기자들 앞에서 일관된 태도를 가지고 의혹들을 하나하나 명확히 밝혀주는 것이었는데, 그 사건에서는 우리가 운이 좋았는지 오보는 양산되지 않았다.

그러나 오보를 막은 행운보다 더 중요한 점을 정리해 보고자 한다.

사고로 가족을 잃은 사람들은 그 슬픔에 당연히 분노하며 이성적일 수 없을 것이다. 그들이 해당 사건을 처리하는 경찰에 의혹을 가지고 공격적으로 대하는 점은 오히려 자연스럽고, 그런 좋은 기사거리를 놓치지 않고 오보를 양산하는 언론사의 행태 또한 생소하지 않다. 이미 우리는 유가족이나 언론사에게 양식있고 품위있기를 바래서는 안 된다는 점을 지난 세월호 사건을 통해 학습했기 때문이다.

해양경찰의 임무가 '예측되지 않는 해상사고에 대응하고 그에 대한 책임을 지는 것'이므로 사고가 있을 때 마다 해양경찰이 공공의 적이 되는 것 또한 이제는 자연스럽다. 그 책임의 범위는 선진국일수록 매뉴얼과 정당한 사정이 감안되는 반면 후진국일수록 정치적으로 범위가 늘어난다는 것도 우리는 체험을 통해 알게 됐다. 비현실적인 골든타임을 들먹거리며 결과에 대한 책임을 우리 해양경찰에게 뒤집어씌우는 일도 대한민국에서는 자연스러운 일이다.

이런 현상을 우리는 결코 피할 수 없다. 해상에서 사고가 일어나는 한 우리는 영원히 비난 받을 것이다.

이제 우리가 할 일은 맡은 역할을 묵묵히 수행하면서도 이 비난받는 운명도 묵묵히 받아들이는 것뿐이다. 우리가 가장 싫어하는 '겸허'라는 단어를 사용해서라도 받아들여야 한다.

언젠가 어떤 후배가 고민을 말할 것이다.

"왜 우리는 최선을 다하고도 항상 비난을 받는 겁니까."

나는 이렇게 대답할 것이다.

"임무가 그렇기 때문이지… 분노한 사람과 만나야 하는 일이니까. 그게 대한민국 해양경찰의 숙명이기 때문이지…"

6대2의 목숨 건 싸움

흉폭해지는 중국어선

2006년 인천특공대에서 근무하던 우리는 일주일씩 연평도와 대청도로 중국어선을 나포하기 위해 출장을 나갔었다. 당시 중국어선은 지금처럼 저항이 심하지는 않았고 우리도 나포장비가 지금처럼 좋지 않아서 경찰봉과 섬광 폭음탄만 가지고 나포하러 가던 시절이었다.

어쩌다 한 번씩 저항이 심한 중국어선을 만나기도 했는데 그 날이 바로 그랬다. 그 날 우리가 맞닥뜨렸던 흉폭한 중국어선은 점점 일상다반사가 되어가고 있다.

그 날은 나를 포함해 특공대 5명이 대청도로 출장을 온 날이었다. 우리는 숙소에 짐을 풀고 해군기지에서 대기하고 있었다. 오전에 갑자기 비상신호가 울리고 해군 참수리호가 홋줄을 푸는 모습이 보였다.

'중국어선이 넘어오는 시간이구나.'

긴장 된 상태로 우리도 보트에 승선했다.

10분후 무전기를 통해 '해양경찰특공대 출동하세요.' 라는 해군 요청이 들렸다. 우리는 리브보트에 경찰봉과 섬광탄, 통신기를 싣고 해군통신기에서 들려오는 위치를 향해 전속으로 이동했다.

파도에 튕겨지며 20-30분을 달리자 눈앞에 중국어선 한 척이 보였다. 갑판 위에는 3명 가량이 서 있었다. 팀장이 리브보트를 중국어선 현측에 대며 우리에게 외쳤다.

"2명은 올라가고 2명은 대기해"

대원 2명이 중국어선에 올라가고 선원들은 아무런 저항도 없이 순순히 나포하는 모양이었다. 나포한 어선의 선수를 180도로 돌려 우리 쪽 항구로 바꾸는 데 통신기에서 다음 지시가 들려왔다.

"인근에 있는 중국어선을 한 척 더 나포하라."

팀장에게 보고하고 중국어선 한 척을 더 나포하기 위해 리브보트가 속도를 올렸다. 보트가 전속으로 달리자 멀리 눈앞에 중국어선 한 척이 보이기 시작했다.

당시 중국어선은 한척에 7-9명 정도가 승선하는 것이 보통이었다. 저 멀리 눈앞에 우리가 단속할 또 다른 중국어선이 보였는데 이번에는 예전과 풍경이 달랐다. 갑판에는 쇠파이프를 쥐고 금방이라도 휘두를 기세인 선원 6명이 보이는 것이었다.

생명을 걸고 싸움을 해 본 적이 있는가?

리브보트는 운전자를 포함해도 3명인데... 팀장은 망설임이 없이 보트를

중국어선 현측에 붙이고 외쳤다.

"야! 올라타!"

앞에 있던 김 순경이 먼저 등선하자 '빽'하는 소리와 함께 쇠파이프가 김 순경의 머리를 내리치는 것이 보이고 김 순경은 휘청거리며 경찰봉을 꺼내 휘두르고 있었다. 동료가 맞고 있는 모습을 보자 그런 상황에 우리를 투입한 팀장이 원망스러웠다.

선택의 여지가 없었다. 나도 중국어선에 올라가 함께 싸우기 시작했다. 6:2의 싸움이었다.

중국어선 현측에서 김 순경과 나는 등을 마주대고 앞뒤로 달려드는 중국어민들과 맞붙었다. 경찰봉을 든 우리 둘과 쇠파이프를 든 여섯 명의 중국어민들과의 육박전이 벌어졌다. 김 순경의 머리를 타고 내린 붉은 피가 갑판을 적시고 있었다. 오랜 시간을 그렇게 싸운 것 같다.

내 앞에 있던 어민 2명을 먼저 제압해 기관실 안으로 밀어넣고 문을 닫아버렸다. 다시 돌아서서 김 순경 쪽에 합세해 싸웠다.

생명을 걸고 싸움을 해 본 적이 있는가?
지치면 우리는 끝장이다.

한참을 싸우는데 앞에 있던 중국선원 한명이 머리에 부상을 입고 쓰러졌다. 한 사람이 쓰러져 정신을 잃자 모두 쇠파이프를 버리고 손을 들었다. 저항의사가 더 이상 없다는 표현이었다. 모든 선원들을 한 곳으로 이동시키고 조타기를 180도로 돌렸다. 온몸을 타고 피 섞인 땀이 흐르고 있었다.

그 순간 머리를 다쳐 쓰러진 중국선원이 생각났다.

'많이 다치지 않았을까?'

중국어선과 함께 대청도로 돌아와 해군기지에 도착하자 해군고속정에서 찍은 사진을 우리에게 보여주었다. 리보브트가 중국어선에 접근하는 장면부터 선원들이 쇠파이프를 휘두르는 장면, 그리고 한참을 치열하게 싸웠던 모습이 자세히 찍혀있었다.

1주일 후 경찰서로 복귀하자 머리를 맞고 쓰러진 중국선원이 바로 선장이었고 1주일간 깨어나지 못했다는 소식을 들었다. 외사계에서는 '과잉진압'에 대한 조사를 받으라고 했다.

임무에 대한 열정이 커질수록 걱정되는 대원의 안전

만약 중국어선에 오른 우리 2명이 그 싸움에서 졌다면 어떻게 되었을까. 생각만으로도 아찔하다.

내가 느낀 경험으로는
'그들은 분명 쓰러진 우리를 바다에 던지고 도주했을 것이다.'
이 싸움은 처음부터 공평하지 않다.

우리는 소수고
저쪽은 다수다.

소수는 밀리면 목숨을 잃고
다수는 손들면 목숨을 보장받는다.

목숨을 거는 쪽은 적법한 공무를 집행하고 있고
목숨을 보장받는 쪽은 국경을 넘어 불법을 자행하고 있다.

해양경찰은 과연 합당한 싸움을 하고 있을까.
지금도 중국어선의 저항은 날로 심해지고 있다.
대원들의 임무에 대한 열정이 클수록 더 걱정스러운 것은
우리 대원들의 안전이다.
이렇듯 불합리한 싸움에서…

부끄럽지 않은 공직자

단호한 거절

해양관련 전공을 가지고 몇 년간의 원양어선 생활과 이후에 취직한 서울에서의 대기업 생활을 하던 중 IMF를 만나 퇴사했다. 그래서 방제정 기능직 생활을 거쳐 장년이 다된 나이에 늦깍이 해양경찰 순경이 되었을 때에 더욱 더 감회가 남달랐다.

대형함정을 거쳐 여객선 담당으로 해상안전과에서 근무하던 때, 사무실 근무는 처음이어서 접해 본적 없는 각종 점검과 특별수송 등으로 정신적으로나 육체적으로 힘든 시절이었다.

그 즈음 관할 구역안에 있는 대형 여객선사와 업무상 자주 접촉하게 되었다. 그 여객선사는 만 톤급 여객선을 여러 척 보유하고 있는 회사로 크루즈 여객사업을 확장하고 있었다. 국내 크루즈 사업은 생소한 분야여서 사업체와 담당자인 내가 자주 만날 기회가 많았고 자연스레 가까운 친분이 생겼다.

법에 저촉되지 않고, 안전에 문제가 없는 한 선사측에서 요구하는 사항을 반영할 수 있도록 협의하고 있었다. 명절이 가까워진 그날도 특별 수송기간

을 대비해 대형 여객선사로부터 만나자는 연락을 받았다. 선사측 담당자와 약속장소에서 만나 업무에 대한 여러 이야기를 하고 마무리 할 즈음 담당자가 갑자기 두툼한 서류봉투 하나를 꺼내더니 내 앞으로 들이밀었다.

"이게 뭡니까?"

재빨리 기억을 더듬어도 무엇인지 감을 잡을 수 가 없다.

"아. 별거 아니구요, 명절도 다가오고 해서 선물을 준비한 것입니다. 다른 직원들 것 까지 챙겼습니다."

두툼한 봉투를 보며 잠깐 동안 고민한 것은 '어떻게 거절할까' 였다.

"이건 받지 않겠습니다."

나는 단호하게 거절하는 쪽을 택했다.

"커피 한 잔으로 충분합니다. 고맙습니다."

초보 해양경찰인 내가 사업 시작초기부터 이런 것을 받는다면 나는 '원칙'이 흔들려 앞으로의 공직생활은 방향을 잃을 것이고, 사업자 측에서도 나 한 명의 태도를 보고 해양경찰 전체에 대한 '신뢰도'를 판단할 것이기 때문이었다.

단호하게!

그로부터 얼마 후 그 선사 안전담당자에게 만나자는 연락이 왔다.

"밖에서 만나기 어려우니 해경 사무실로 방문해 주시겠습니까?"

사무실에서 이야기 하던 중 선사 담당자가 은밀히 요청했다.

"따로 얘기할 게 있으니 구내식당으로 옮겨서 얘기 하시지요"

구내식당으로 우리는 자리를 옮겼다.
선사 담당자가 말을 시작했다.

"며칠 후 크루즈 운항이 계획되어 있는데, 여객선 엔진 2기중 한쪽이 수리 중인데 시간이 다소 걸리고 있습니다. 운항은 엔진 한쪽으로도 충분합니다. 허가해 주시면 인근만 운항하고 멀리 가지 않을 것입니다."

어이없는 일이었다. 선사에서 안전은 안중에 없고 '행사취소'와 '예약승객에 대한 환불'에 소요되는 손해에만 부담을 느끼고 있는 것이다. 여객선의 양쪽 엔진이 정상적으로 작동하지 않는 상태에서 승객들의 안전을 담보로 만 톤급 여객선을 운항하게 할 수는 없었다.

"출항은 안 됩니다."

대한민국이 위대한 나라가 될 그날을 기다리며 이번 대답은 더 단호하게 했다.

사무실로 돌아오면서 문득 이런 생각이 들었다.

'만약 명절 전 선사측에서 내민 봉투를 내가 받았더라면 오늘 단호하게 출항을 막을 수 있었을까'

커다란 예방주사를 맞았다는 생각이 들었다. 이날의 경험으로 나는 앞으로 다가올 여러 유혹에 견딜 수 있는 '면역력'이 생겼다.

모두가 공감하는 기본과 원칙에 입각해 업무를 처리한다면 우리는 최고로 유능한 해양경찰이 될 것이다. 해양경찰이 최고로 유능한 조직이 되었을 때 대한민국은 가장 위대한 나라가 되어있을 것이다.

그 날을 기다린다.

'나는 그 위대함을 이루는 한 명의 부끄럽지 않은 공직자다!'

상황을 뒤바꾸는 작은 성실

동네북인 해경

2009년 10월 1일, 함경북도 심포에서 일가족 11명을 실은 목선이 탈북해서 주문진항으로 들어온 사건이 발생했다. 늦은 하계휴가를 즐기던 나는 서장님 호출을 받았다.

인천이나 속초처럼 북한과 접하고 있는 지역은 탈북상황과 관련한 보안의 중요성이 부각되는데 당시 보안계에 근무하던 터라 보안상황이 발생했음을 직감했다. 휴가를 정리할 여유도 없이 현장으로 출동해 유관기관과 합동조사를 마치고 경찰서로 돌아가 결과를 보고했다.

10월 3일 추석을 맞은 나는 '형사활동 강화지시'를 핑계로 연휴기간 동안 탈북민들의 행적을 역추적해 볼 생각에 경찰서로 출근하여 그간 관할지역 기무부대와 군 R/S(레이더 사이트)를 방문하고 항적도와 통신운용일지 사본 등을 입수했다.

그런데 사건이 끝난 게 아니었다. 며칠이 지나자 합참에서는 이번 탈북민 관련 진상조사를 하겠다고 했고 장소는 뜬금없이 속초해경서 회의실로 정해

졌다고 경비과로부터 통보를 받았다.

'왜 우리 서에서 하지? 합동조사에 참여하는 기관은 국정원, 검찰, 기무사, 경찰 등 8~9개 기관이지만 해양경찰의 비중은 적은데...'

불안감이 엄습했다.

며칠 후 회의가 열렸다. 합참에서는 이기식 제독을 단장으로 영관급 장교 5~6명이 참석했고, 해경에서는 속초서장, 속초, 동해 경비과장, 정보과장등 8명이, 기타 국정원 등 유관기관 3~4명이 참여했다. 합심에 참여했던 나는 실무자로 회의실 구석에 앉았다.

회의가 시작되자 합참에서는 작심이라도 한 듯 이번 상황에 대한 해경의 대응을 문제 삼았다. 단장은 군에서 작성한 통신운용일지를 제시하며 말했다.

"동해서 관할구역인 안인진 군 R/S에서 해경 출장소에 미확인선박 확인을 요청했었는데, 해경이 모른다며 무성의한 대답을 해서 문제가 발생하게 된 겁니다."

말이 회의고 진상조사지 합참에서는 해양경찰을 희생양으로 삼을 생각으로 온 것이었다. 군은 우리에게 일방적인 추궁과 질책을 이어갔고 참석한 해경 간부들은 죄인의 심정으로 침묵을 지키는 죽은 숨소리만 들렸다.

조작된 통신 일지

하지만 나는 합참의 주장에 깜짝 놀라고 말았다. 탈북자 추적을 위해 추석 연휴에 확보해 놓았던 군의 통신 운용일지 사본에는 그런 내용이 없었기 때문이었다.

부리나케 사무실에 달려가 확보해 놓았던 통신운용일지 사본을 몇 장 복사해 들고 회의실로 다시 들어갔다.

일지를 확인해보니 군의 주장과 달리 R/S 기지에서 해경에게

"*현 시각 조업 중인 선외기가 몇 척 있는가?*"라고 물었고

이 질문에 대응한 동해서 하 경장은 군R/S 에 현 시각 입항한 척수와 조업 척수를 알려주고 있었다.

구석에 앉았던 나는 손을 들고 발언권을 얻었다.
증거로 제시된 통신운용일지를 잠시 보겠다는 양해를 구하고, 내가 확보한 것과 대조하기 시작했다. 두 장의 문서는 비슷하면서도 중요부분에서 확연한 차이를 보이고 있었다. 나는 군의 일지가 조작된 것을 직감했다.

"*단장님, 제가 확보한 통신운용일지에는 그런 내용도 없고, 또한 형식이 다른 부분도 있는데 설명해 주실 수 있습니까?*"

순간 정적이 흘렀다. 단장과 서장 등 참여자들에게 내가 확보했던 통신운용일지 사본을 나누어 주고 말을 이어갔다.

"*제가 일지를 확보한 것은 추석날인 10월 3일이고, 분명 해당부대에서 입수했습니다. 단장님께서 제시한 증거는 언제, 어디서 입수한 것입니까?*"

군 관계자들이 헛기침을 하는 사이 단장의 얼굴은 흙빛으로 변했다. 더 이상의 주장은 없었고 회의도 그 자리에서 끝이 났다. 배석했던 국정원 직원이 말했다.

"본 사안은 간과할 수 없는 것입니다. 본원에 보고하겠습니다."

이후 재차 합동조사팀이 꾸려졌다.

사건의 전말은 육군에서 통신운용일지를 변조하여 해경에 책임을 전가하고 자기들은 그사이 공적을 올려 합참 의장 표창을 나누어 가졌던 것이었다.

후에 군에 내려졌던 표창은 모두 회수되고, 관련자는 징계처분을 받았으며 초동조치를 완벽하게 수행한 소돌 출장소 하 경장은 특진을 했다.

작은 성실함이 거대한 힘이 되다

상황을 바꾸는 힘은
작은 움직임에서 출발한다.

결코 거대한 것이 아니다.

국민을 바다에서 구하는 일도
조직을 위기에서 건지는 일도
일개 실무자의
작은 성실함에 기인한다.

여기 성실함을 이루는 한 가지 질문을 해본다.

'지금 내가 준비해야 할 것은 무엇인가.' 🛟

해경은 내게 과분한 직업

죽을 뻔한 뒤 어업에서 손떼

섬에서 자란 소년이 해양경찰이 되었다.

어릴 적부터 나는 바다를 보고 자란 탓에 바다는 삶의 일부가 되었고 바다를 보면 마음이 편해진다.

부모님은 신안 임자도에서 35년째 어업을 하신다. 나는 학업을 위해 육지로 나와 할머니 손에서 자랐지만 학업에 큰 관심이 없었고 미래에 대한 화려한 꿈도 없었다. 그 시기에 나는 '할 게 없으면 차라리 아버지를 따라 어업을 하면 되지'라는 생각을 하고 살았다.

성인이 되고 자연스레 아버지 밑에서 수년간 어업을 배웠다.

통발시기에는 새벽 3시에 일어나서 전날 넣어둔 500여 개의 통발에서 잡은 고기를 꺼내 다시 미끼를 바꾸어 넣고 바다로 던져야 했다.

닻자망을 하는 시기에는 하루에 4번 밀물과 썰물을 관찰해 어구를 관리하

고 유자망을 하는 시기에는 새벽에 그물을 사리고 물때에 맞춰 그물을 던지고 올린다.

어업은 너무 힘들었다. 허리도 아프고 손도 저리고 손가락 마디마디가 굵어졌다. 한번은 물살이 센 사리 때였는데 새벽에 잠이 덜 깬 상태로 물을 보다가 그만 와이어 로프에 발이 감겨 바다로 끌려가게 됐다.
정신이 번쩍 든 나는 난간을 부여잡고 비명을 내질렀다. 그 소리에 달려온 갑판장이 재빨리 수습하는 바람에 천만다행으로 나는 목숨을 건질 수 있었다.
나는 아버지를 찾아갔다.

"아버지, 저 배 그만 타겠습니다."

공부해서 뭐라도 되어 볼 요량이었다.
배를 내려 본격적으로 공부를 시작하고 몇 년이 흘렀다. 공부에 취미가 없던 터라 해양경찰 채용시험 5수 끝에 최종합격을 하고도 성적이 좋지 않아 동기생보다 발령도 늦어졌다.

그러나 그건 문제가 아니었다.
내가 해양경찰이 된 것 자체가 기적이니까.

"제가 어업에 종사 했었습니다"

첫 발령지는 태안 1507함이었다.
함정생활 한 달이 지난 어느 날 조타실에서 근무 중에 함장님이 물으셨다.

"저 앞에 있는 배가 뭐지?"
"국내어선입니다."

당직관이 대답했다.

"국내어선인거 나도 알아."

함장님의 대답을 끝으로 조타실에 정적이 흐른다.

"함장님 닻자망 어선입니다."

내가 조심스레 대답했다.
함장님의 표정이 조금 나아졌다. 좀 더 시간이 지나 함장님이 또 물으셨다.

"저 닻자망 틀 부표 사이로 1500톤 경비정이 통과해도 되나?"
"예. 함장님"
"어떻게 그렇지?"

나는 설명했다.

"지금처럼 3-4월에는 닻자망 어선이 하층어류를 잡습니다. 서대나 갑오징어, 꽃게, 장대 같은 것 말입니다. 때문에 틀을 해저 밑으로 잠기게 하기 때문에 부표사이로 우리 함정이 통과 가능합니다. 그러나 5~6월은 상층에 있는 병어를 잡기 때문에 틀을 상층으로 띄워놓습니다. 그래서 그 시기에는 닻자망의 부표사이를 통과하시면 안 됩니다."
"오호, 그래?"

함장님은 모처럼 환하게 웃으셨다.

"윤 순경은 어떻게 그걸 다 알고 있나?"
"제가 어업에 종사했었습니다."

세상의 모든 경험은 소중하다

흐뭇했다. 그 전까지 어업은 정말 힘들고 필요 없는, 잊고 싶은 기억이었다. 그러나 지금 보니 그것들도 모두 나의 경험이며 지식이었던 것이다.

'아버지 밑에서 고생하며 어업을 한 경험이 해양경찰 임무에 도움이 될 줄이야'

나는 그날 '세상에 있는 어떤 경험도 소중하다'는 것을 느꼈다.

이후 나는 중국어선 단속, 실종자 수색, 선박화재진압 등 여러 경험을 거치며 해양경찰관이 되어갔다. 해양경찰이 나를 한층 성숙하게 만들어 놓은 것이다.

성적이 나빠 동기들보다 임용이 늦었고, 발령지도 내가 선택한 것이 아니었다.

그래도 좋다. 처음부터 해양경찰은 내게 과분한 직업이었다.
성적이 낮아도, 계급이 낮아도 좋다.
사람들이 선호하는 좋은 부서가 아니어도 된다.
그냥 해양경찰이면 된다.
해양경찰이 된 나는 줄곧 한 가지 생각을 했다.

'항상 맡은 일에 최선을 다해야겠다.'

동료애가 우리 조직을 빛나게 할 것

내 주변에 있는 동료들은 정말 소중한 사람들이다.

나도 모르는 각자의 지식을 가졌고, 헌신적이고, 모범적이기까지 하다.
그들을 계급이나, 세평으로 재단해 놓고
평가하려 하면 어떻게 될까?

결과를 놓고 '잘했다', '못했다'를 평가할 수 있는 사람은 흔하다.
그 정도는 누구나 할 수 있다.

정작 우리에게 필요한 것은
잘한 일을 찾아 칭찬할 수 있는 용기.
실수한 동료를 안아줄 수 있는 포용력이 아닐까.
동료를 사랑하는 조직문화는 우리자신을 빛나게 할 것이다.

누구를 위한 공소권인가

해상 충돌 후 뺑소니

조직개편으로 해양경찰청 남해본부 광역수사팀이 해체되고, 부산서 형사계로 지원근무를 하고 있던 2015년 1월 16일 06시경, 부산선적 4.97톤 어선인 A호 통신이 끊겼다. 즉시 부산해경이 수색에 나섰지만 해상에서 발견한 것은 A호 선체파편과 구명부환 몇 개였고 2명의 선원은 발견하지 못했다.

형사 3개반 6명이 이 사건을 배정받고, A호의 V-PASS 항적 확인과 부산항 VTS(해상관제센터)에서 사고당시 항적을 분석한 결과, 리베리아 선적의 5만 4천 톤급 화물선 B호가 용의선박으로 확인되었다.

그날 오전 11시경, 부산항 N-5 묘박지에서 중국 청도항으로 항해하고 있는 B호를 정선명령하여 부산항 묘박지로 회항하게 했다. 그 후 선장의 동의를 얻어 항적자료가 담긴 USB를 임의 제출받아 분석하여 사고 당시 근무자인 필리핀 선원 2명은 피의자 신분으로, B호의 선장은 참고인 자격으로 사고경위에 대해 조사했다.

처음 피의자들은 충돌사고 자체를 부인하였지만, 항적과 사고당시 조타실의 음성 등의 자료를 분석한 결과 항해당직자들은 사고사실을 인지하고 있었고 피해어선에 대한 아무런 구호조치도 하지 않은 채 운항을 계속한 사실을 확인하게 되었다.

그런데 법리검토를 하던 중 문제가 발생했다. 형법 제2조부터 제7조까지 속인주의, 기국주의, 보호주의를 규정하므로 국내 형사재판 관할권에 아무런 문제가 없었다. 그러나 사고발생 장소가 공해상이어서, 공해상 선박충돌의 경우 형사재판 관할권은 다음과 같다.

'유엔해양법협약 제 97조 : 충돌 또는 그 밖의 항행사고에 관한 형사 관할권은 선박의 기국이나 그 관련자(가해자)의 국적국의 사법 또는 행정당국 외에서는 제기될 수 없다.'

결론적으로 이 사건에 대해 피해국인 대한민국은 재판권이 없는 것이다. 비슷한 사례로 2010년 4월 대청도 서방 30마일 공해상에서 발생한 캄보디아 국적 화물선 TALYO호와 인천시 선적 98금양호가 충돌해 선원 2명이 사망하고 7명이 실종된 이 사건에서 법원은 '유엔해양법협약 제97조'를 근거로 '공소권 없음' 결정을 한 사례가 있었다.

국민에게 위해 가한 외국선박 공소권?

그러나 본 건은 B호 항해당직자들의 업무상과실로 A호를 충돌 후 구호조치를 취하지 않고 도주한 건으로, '특정범죄 가중처벌 등에 관한 법률위반(선박교통사고도주)', '업무상 과실선박매몰'을 적용해 피의자들을 긴급체포하고 구속영장을 발부 받아 구속 송치했다.

2015년 6월 15일, 이들에 대한 1심 재판결과 부산지방법원은 국제해양법협약 제97조 제1호를 근거로 B호의 국적인 리베리아, 피의자들의 국적인 필

리핀의 사법공조를 통한 해결은 별론으로 하더라도, 우리나라에서는 이에 대한 재판권이 없으므로 공소기각 처분과 함께 피의자들을 석방하게 됐다.

검찰은 항소를 했고 이 글을 쓰는 현재 2심이 진행 중에 있다. 유엔해양법협약 제 97조는 선박 충돌과 관련한 과실범에 대해서만 적용 가능한 것이고 선박충돌 사고로 인해 추가로 발생한 고의범죄에 대하여는 적용할 수 없다고 판단함에 있어 현재까지 피의자들을 구속송치 한 것이 법률에 위반되지 않았다고 생각한다.

또한 피의자들의 긴급체포, 구속 등 형사절차 진행을 대사관에 알렸지만 필리핀은 피의자들에 대한 재판권행사를 주장하지 않는 상황이고 대한민국이 재판권 행사를 포기할 경우 피의자들에 대한 사법적 정의를 실현하기 매우 어려운 상황임을 고려하고, 또한 공해상에서 유사한 사건이 발생할 경우 피해자인 자국민에 대한 보호를 위해서라도 대한민국 사법부의 현명한 판단과 법 개선을 기대했다.

해경과 검찰도 항소했지만 법원은 한국 해경에게 관할권이 없다며 항소를 기각시켰다. 이로서 구속된 외국 선원들은 전원 무죄 석방되었다.

각국의 해안 경비대

미국 해안경비대(USCG)

미국 해안경비대(US. Coast Guard : USCG)는 미 해군(USNAVY ·1775.10.13.)보다 앞서 1770년에 밀수품의 대량 유입으로 인한 경제혼란에 대처하기 위한 법 집행 세력인 군사조직으로 창설됐다. 전시에는 해군에 편입되지만 평시에는 국토안보부 소속으로 편제되어 있다.

전 세계 해양 경찰 기관 중 가장 폭넓은 임무를 수행하고 있으며, 해양은 물론 5대호 등 내수를 포함한 해상안전, 해상보안, 해상 수사, 국방 등에 관한 임무 5개 분야를 수행한다.

인력은 군인(장교와 사병) 약 4만 2천 명, 8천 여 명의 자원봉사자와 3만 2천여 명의 보조대를 두고 있다. 경비대장은 4성 장군이다. 자원봉사대와 보조대는 해양 우호세력으로서 해양 사고 발생 시 구조지원세력으로 활동한다. 이는 세월호 사건 당시 이러한 우호세력들을 모두 해경과의 이권 결탁세력으로 몰아버린 우리와 매우 다른 모습이다.

미국 해안경비대의 장비는 경비함정이 약 244척, 순찰보트가 약 1,700척, 쇄빙선 등 특수정 약 90척을 보유하고 항공기는 약 210대를 운영하고 있다.

이들의 신분은 군인 신분이며, 일반 사법경찰권이 아닌 특별사법경찰권을 갖고 있다. 수사관할과 권한도 행정경찰과 사법경찰의 역할을 동시에 할 수 있다. "미국 관할권내 공해와 수역에서 미국 법령 위반 범죄의 예방, 적발 및 퇴치를 위해 질의, 심사, 검사, 수색, 압류 및 체포를 행사할 수 있다."(Title 14 §89)

일본 해상 보안청(JCG)

일본 해상보안청(Japan Coast Guard : JCG)은 1947년 7월 해운총국에 불법입국선박감시본부를 설치 운영하면서 출범해 1948년 '해상보안법'을 제정함과 동시에 운수성 외청으로 공식 출범했다. 2001년에는 국토교통성 외청으로 이관했으며 해군에 해당하는 해상자위대는 1952년 4월에 방위성 소속으로 창설됐다.

일본 해상보안청은 1만 3천 여명으로 조직되어 해상 법집행, 수색구조, 수로 및 항로 표지, 해상

재해 등의 업무를 관장하고 있는데, 이들 중 90%가 해상 보안관이다. 청장은 장관급이다. 이들도 유사시에는 자위대가 속한 방위성 소속으로 활동할 수 있도록 편재되어 있으며 이는 미국 해안경비대의 규정을 모방, 창설된 데 연유한다.

일본 해상보안청의 장비는 경비함정 399척, 특수함정 40척(소방정, 수로 업무용 측량선, 방사능조사선, 실습선 등)이며 항공기는 고정익 27기와 회전익 46기 등 총 73기를 보유하고 있다.

해상보안청 직원의 신분은 공안직이며, 사법경찰직원으로 업무를 수행한다. 수사권의 종류에 대해 별도로 명시되어 있지 않아 통상 특별사법경찰권을 보유한 것으로 간주하고 있다.

중국 해경국(CCG)

중국 해경국(China Coast Guard : CCG)는 중국의 해안경비대로 중국 대륙과 하이난 섬 등 중국 공산당이 직접 통치하는 본토 부분의 해상 치안기관이다.

중국의 주권이 미치지만 행정권이 없는 간접 통치지대인 홍콩 특별행정구와 마카오 특별행정구는 사실상 독립국으로서 홍콩은 홍콩 경찰과 홍콩 소방처, 마카오는 마카오 경찰과 마카오 소방국이 해상 치안을 담당한다.

중국의 해경조직은 국가해양국 산하의 중국해감, 공안부 산하의 변방해경, 농림부 중국 어업국, 세관총서 산하의 해상 밀수 단속경찰, 교통 운수부 산하 해사국 등이 중국인민무장경찰부대의 변방부대 소속으로 기능하고 있었다. 2013년 3월, 중국은 해상 법집행 기구를 통합하고, 법집행의 효율성을 높이기 위하여 관련 부서들을 국가해양국 산하로 통폐합하면서 중국 해경국(CCG)을 창설했다. 지휘는 국가해사국에서 지휘하며 소속은 중국 인민무장경찰부대이다. 직원은 1만6천명 수준으로 해안경비대사령관 격인 중국해경국국장(中国海警局局长)은 장관급이다.

통폐합전 함정의 수는 많으나 1000톤급 이상의 함정 수는 적었고 무장도 빈약했다. 그러나 2016년부터 12,000톤급 경비함을 건조하기 시작하면서 장카이급과 장다오급을 기반으로 하는 대형 경비함을 건조하기 시작했다. 신형 함정은 76mm 함포와 AK-630 CIWS로 무장을 강화하고 화력 관제레이더, 2차원 대공/대수상레이더 등을 탑재해 미국 해안경비대 수준까지 무장을 확대했으나 신형 경비함부터는 주포 구경을 줄여 57mm Mk 110 함포를 탑재하고 있다. 한편, 함정세력에 비해 항공기세력 및 성능이 미약하며, 자국 개발의 항공기가 주 세력을 이루고 있다.

참여한 해경들

(가나다 순)

강석종	김정길	박진수
고강보	김태진	박태봉
김갑수	김태형	배성욱
김경규	류정석	부상봉
김대한	박동헌2	석진우
김성안	박상욱	소경근
김성욱	박성민	송경준
김송랑	박성준	신현주
김영민	박용실	안승효
김영민	박종호	안창준
김우현	박종환	양태철
김윤철2	박진석	염홍선

때로는 해무처럼 변화무쌍하게

때로는 해무처럼 산산이 부서지도록

맡은 바 업무에 최선을 다하는

자랑스러운 우리의 해경

옥용삼	장인수	조정현
유세종	장치승	조해진
유제환	장태익	차상용
윤만식	장태준	차진환
윤정훈	장흥국	채상훈
윤형오	정상훈	천지호
이공자1	정수영	최대승
이공자2	정재식	최대승
이상교	제강용	최명일
이종택	조규식1	최진성
이형규	조규식2	허재윤
임진철	조용렬	홍성필